Inhalt

I. Einleitung 7

II. Entstehung und Kritik der Freihandelsreligion 18

III. Die inhaltliche Alternative: Ethischer Welthandel 73
  1. Stellenwert des Handels 73
    1a) Handel ist kein Ziel, sondern Mittel 73
    1b) Abstimmung globaler Handelsregeln auf die Ziele
        der Vereinten Nationen 81
    1c) Die UNO als Sitz des Wirtschaftsvölkerrechts 82
  2. Für ein ethisches Handelssystems in der UNO 93
    2a) Schutz der Werte und Ziele der Völkergemeinschaft 94
    2b) Infant Industry Policy/Nichtreziprozität zwischen
        Ungleichen 134
    2c) Demokratischen Handlungsspielraum erhöhen 139
    2d) Ökonomische Subsidiarität, Autarkie,
        Regionalisierung, Subsistenz 143
  3. Pragmatische Alternative: Gemeinwohl-Bilanz 148

IV. Die prozessuale Alternative: Souveräne Demokratie 161
  1. Gretchenfrage Demokratie 161
  2. Demokratische Genese des (Wirtschafts-)Völkerrechts 185
  3. Ermutigende Beispiele 190
  4. Fragen an den Handelskonvent 193

Dank 200
Anmerkungen 201
Literatur 211

I. Einleitung

Freihandel und Protektionismus sind gleich überschießend. Freihandel macht Handel zum Selbstzweck und Protektionismus die Protektion: zwei gleichermaßen sinnleere Positionen. Handel kann wertvoll sein und Protektion sinnvoll. Aber Handel ist genauso wenig ein Ziel an sich wie das Verschließen der Grenzen. Maximale internationale Arbeitsteilung ist genauso blind und verbohrt wie das Anstreben nationaler Autarkie. Niemand kann eine dieser Optionen wirklich wollen. Und doch sind derzeit alle entweder für Freihandel oder bezeichnen diejenigen, die es nicht sind, als »Protektionisten«. Die Ausgangslage für eine differenzierte Sachdebatte – und für das umsichtige Entwickeln von Alternativen – könnte besser sein.

Die Mainstream-Ökonomie wartet leider auch nicht mit Vielfalt zum Thema auf: »Ökonomen streiten die ganze Zeit, nur beim Freihandel scheinen sich alle einig zu sein«, meinte der Träger des Anerkennungspreises für die Wirtschaftswissenschaften (vulgo »Wirtschaftsnobelpreis«) Paul Samuelson.[1] Kollege Paul Krugman schrieb 1987: »Wenn es so etwas wie ein Glaubensbekenntnis der Ökonomie gäbe, würde es mit Sicherheit die Sätze ›Ich verstehe das Prinzip der komparativen Kostenvorteile‹ und ›Ich unterstütze Freihandel‹ beinhalten.«[2] Jagdish Bhagwati, der »prime warrior of free trade«, bekennt, dass er »nicht müde wird, seine Studenten zu lehren, dass die Aufgabe der unaufhörlichen Verteidigung unserer wissenschaftlichen Erkenntnisse zugunsten von Freihandel (…) eine Pflicht ist«. Er habe zwar Verbündete in diesem Kampf, »aber das ist noch nicht die Armee (…), die ich befehlen kann und die wir benötigen«.[3] Glaubenskrieger Bhagwati bedauert gleichzeitig »die Tatsache, dass die Theorie nur selten in der breiten Bevölkerung auf Glaubwürdigkeit gestoßen ist«.[4]

Nach TTIP und CETA: Von der Traufe in den Platzregen?

Damit hat er ziemlich recht: Während dieses Buch geschrieben wurde, standen die bislang ehrgeizigsten Freihandelsprojekte CETA und TTIP ebenso auf der Kippe wie das transpazifische TTP. In Europa unterschrieben 3,2 Millionen EU-BürgerInnen eine Petition gegen das transatlantische Handelsabkommen TTIP. In Deutschland gingen 300 000 BürgerInnen gegen TTIP und CETA auf die Straße. Anfang 2016 befürworteten 15 Prozent der Menschen in den USA und 17 Prozent in Deutschland TTIP.[5] In Österreich sprachen sich im September 2016 in einer repräsentativen Umfrage vier Prozent für TTIP und sechs Prozent für CETA aus.[6] Eine Woche später stimmte der österreichische Bundeskanzler im EU-Rat *für* CETA. Doch auch wenn Hunderttausende gegen »Freihandel« auf die Straße gehen, sie sind deswegen keine Protektionisten. Sie wollen eine andere Handelspolitik, alternative Spielregeln, jenseits der Extreme und Ideologien. Das ist die gute Nachricht. Die schlechte ist: Auch wenn TTP, TTIP und CETA quasi besiegt sind, sind wir unverändert in der nur unwesentlich weniger schlechten Welthandelsorganisation WTO gefangen. Ebenso bestehen rund 3400 bilaterale Investitionsschutzabkommen weiter. Neben dem WTO-Tribunal, das sich auf Gesetze zum Schutz der Gesundheit oder Umwelt eingeschossen hat, gibt es Investitionsschiedsgerichte, welche Direktklagen von multinationalen Konzernen gegen Staaten entgegennehmen. Die Klage von Vattenfall gegen die Bundesrepublik Deutschland im Ausmaß von 5,6 Milliarden Euro wurde vor TTIP und CETA eingereicht, und die Klage von Fraport gegen die Philippinen, die der Konzern Ende 2016 gewann, geht auf ein bilaterales Abkommen zwischen Deutschland und den Philippinen zurück. Deutschland ist auch hier Weltmeister und hat 140 solcher Abkommen ratifiziert, die EU insgesamt 1400. Parallel zu CETA und TTIP verhandelt die EU mehr als zwei Dutzend weitere Freihandelsabkommen. Wir haben es also nur von der TTIP-Traufe in den Dauerplatzregen eines bestehenden vielschichtigen Freihandelsregimes geschafft.

Die Proteste gegen die Welthandelsorganisation WTO hatten schon früher begonnen. Sie waren 1999 in Seattle so heftig geworden, dass sie zum ergebnislosen Abbruch der Konferenz beitrugen. Dieselben, die gebetsmühlenhaft das Argument bemühen, dass Freihandel Demokratie bringe, verlegten die Folge-Konferenz nach Doha: eine Wüstendiktatur mit Demonstrationsverbot. Die angeschlagene WTO ist seither nicht genesen. Die »Doha-Entwicklungs-Runde« ist am Ende, der Glaube an den Freihandel schwindet weltweit. »Das multilaterale System löst sich allmählich auf«, schreibt Joseph Stiglitz.[7] Donald Trump, der konservative Milliardär, der eigentlich Reserveoffizier in Bhagwatis Armee sein müsste, tönte: »Die Welthandelsorganisation ist ein Desaster.«[8] Sigmar Gabriel kämpft für Freihandel, Donald Trump wettert dagegen, unter Beifall von Hillary Clinton, deren Mann den »Fehlschlag NAFTA«[9] verantwortet – da ist die Meinungslandschaft in kurzer Zeit ziemlich durcheinandergeraten. Anders als die Interessenlage.

»Fundamentalismus«[10]

Das Kuriose an der politischen Diskussion über Handel ist, dass sich nicht, wie vielerorts sonst, das goldene Maß, ein Kompromiss zwischen zwei Extrempositionen durchgesetzt hat, sondern eine der Extrempositionen: »Freihandel« ist am treffendsten damit zu definieren, dass Handel Selbstzweck ist. Und das ist bereits der Grundfehler. Denn das bedeutet, dass ein Mittel zum Zweck wird und die eigentlichen Ziele und Werte darunter leiden. Die Selbstzweckwerdung des Handels spiegelt im Kleinen die Selbstzweckwerdung des Kapitals im Großen wider: Im Kapitalismus ist das Kapital vom Mittel zum Zweck geworden. Alle anderen Ziele und Werte leiden darunter, am Ende das Gemeinwohl.

Absurdistan

Wie absurd die Position »je mehr Handel, desto besser« ist, zeigt sich spätestens, wenn man diesen Gedanken zu Ende denkt. Die WTO jubelt, dass das Volumen des Welthandels seit 1870 von 5,5 Prozent der damaligen Wirtschaftsleistung auf 17,7 Prozent Mitte der 1990er Jahre und seither noch schneller auf 30 Prozent 2015 angewachsen sei.[11] Der größte Jubel müsste dann logischerweise bei 100 Prozent stattfinden, wenn die internationale Arbeitsteilung und Spezialisierung so weit getrieben wird, dass alles, was weltweit produziert, exportiert und alles, was weltweit konsumiert, importiert wird. Das wäre der Zustand der vollständigen internationalen Arbeitsteilung und des freiestmöglichen Handels: eine neurotische Zwangsvorstellung. Wenn aber das Maximum nicht das Beste ist, dann muss das Nachdenken mit der Frage beginnen, warum 17,7 Prozent besser sein sollen als 5,5 Prozent. Und die In-Aussicht-Stellung, dass der transatlantische Handel durch TTIP um 80 Prozent[12] und dank CETA um über 55 Prozent[13] zunehmen könnte, wäre unter diesem Blickwinkel mehr ein Multi-Stress-Szenario für alle Betroffenen denn ein wünschenswertes Ziel.

Konzernmacht

Der Grund für die Selbstzweckwerdung des Handels könnte recht einfach darin liegen, dass mehr Handel schlicht mehr Geschäft für die Händler bedeutet. Und die maßgeblichen »Händler« sind heute transnationale Konzerne. Ein Drittel des Welthandels ist »Intrakonzernhandel«, ein weiteres Drittel Handel zwischen den Konzernen und das verbleibende Drittel Handel zwischen dem Rest der Akteure. Die Macht der Konzerne und ihrer Lobbys ist inzwischen so groß, dass im Völkerrecht tendenziell das Handelsrecht (inklusive dem Schutz von Investitionen und Patenten) über die Menschenrechte, Umwelt- und Klimaschutz, kulturelle Vielfalt oder Verteilungsziele gestellt wird und diese Rechte sogar außer Kraft zu setzen droht.

Freihandel wird zum allumfassenden Grundrecht von juristischen Personen – bei denen es einst fraglich war, ob sie überhaupt Rechte haben sollten. Und wie ein Grundrecht darf er auch nicht mehr eingeschränkt werden. Versuche der Regulierung, Steuerung, Dosierung oder Beschränkung von Handel werden zunehmend völkerrechtlich illegalisiert und kriminalisiert. Der lokalen, regionalen und nationalen Demokratie werden Handschellen angelegt, zum Beispiel durch:

– das Verbot der Bevorzugung lokaler Unternehmen im öffentlichen Einkauf und anderer regional-, arbeitsmarkt- und strukturpolitischer Maßnahmen;
– die Liberalisierung öffentlicher Dienstleistungen, mit Druck und sogar mit Zwang, wenn sie in Ausnahmelisten vergessen wurden;
– das Verbot, Anforderungen an Investoren zu stellen, vorgesehen zum Beispiel im 1998 gescheiterten Multilateralen Abkommen über Investitionen (MAI);
– Investitionsschutzabkommen, die Konzernen ausschließlich Rechte verleihen und Gaststaaten (Demokratien) ausschließlich Pflichten auferlegen;
– den strengeren Schutz von geistigem Eigentum als von Menschenrechten;
– direkte Klagerechte für Konzerne (ISDS) und die Einrichtung von Ad-hoc-Gerichten, welche diese Klagen entgegennehmen und verhandeln;
– neue suprastaatliche Institutionen, die verhindern sollen, dass neue Gesetze und Regulierungen den Handel stören; und diese entsprechend zurichten, bevor sie in die Parlamente kommen (»regulatorische Kooperation«);
– das Verbot, dass Gesetze zum Schutz der Gesundheit oder der Umwelt den Handel mehr einschränken »als nötig« – im Zweifelsfall entscheidet das WTO-Gericht.

Zwang statt Freiheit

Offene Grenzen für Waren und Dienstleistungen sind ein Kernelement des Washington Consensus, besser bekannt als »Neoliberalismus«. Ich verwende lieber »Pseudoliberalismus«, weil er mehr von der Freiheit spricht, als sie zu erfüllen: Es geht ihm einseitig um Wirtschaftsfreiheiten für juristische Personen (transnationale Konzerne). Und einseitig um den Schutz des Privateigentums auf Kosten aller anderen Freiheiten, Eigentumsformen und der kulturellen Vielfalt.

Der Washington Consensus startete in den 1980er Jahren rund um Weltbank, Währungsfonds und das US-Finanzministerium; politisch mit Ronald Reagan (Reaganomics) und Margaret Thatcher (Thatcherism) und ideologisch mit der österreichischen Schule der Nationalökonomie (Friedrich von Hayek, Chefberater von Margaret Thatcher) und den von ihr inspirierten Chicago Boys rund um Milton Friedman (Chefökonom von Ronald Reagan).

Der *New-York-Times*-Kolumnist Thomas Friedman, ein Befürworter des Washington Consensus, hat für die Kombination aus Freihandel, Standortwettbewerb und Austeritätspolitik den Begriff »Goldene Zwangsjacke« geprägt. Das ist verblüffend ehrlich: Es geht um Zwang, nicht um Freiheit. »Um in die Goldene Zwangsjacke zu passen, muss ein Land die folgenden goldenen Regeln entweder anwenden oder sich ihnen sichtlich annähern: den privaten Sektor zum primären Motor des Wirtschaftswachstums machen, die Inflation niedrig halten, die staatliche Bürokratie verringern, den Staatshaushalt so ausgeglichen wie möglich halten oder sogar im Überschuss, Importzölle eliminieren, Beschränkungen für ausländische Investitionen aufheben ...«[14]

Friedman benennt als Schneiderin der Goldenen Zwangsjacke Margaret Thatcher, die ehemalige britische Premierministerin, »die als eine der großen Revolutionärinnen der zweiten Hälfte des 20. Jahrhunderts in die Geschichte eingehen wird«. Gleich wie die Eiserne Lady bezeichnet auch er die Zwangsjackenpolitik nach dem

Zusammenbruch des Realsozialismus als alternativlos: »Der freie Markt ist die einzige Ideologie, die übrig geblieben ist.«[15] Diesen Gedanken hat Francis Fukuyama als »Ende der Geschichte« verbreitet. Die Goldene Zwangsjacke sei zwar »nicht immer schön oder nett oder bequem – aber sie ist da, und es ist das einzige Kleidungsstück im Regal in dieser historischen Saison«. Das Versprechen, dass die Zwangsjacke »umso mehr Gold produziert, je enger man sie anzieht«,[16] mag vielleicht für König Midas – die mythische Figur, die auf eigenen Wunsch alles zu Gold machte, was sie berührte, und dabei beinahe verhungerte – attraktiv klingen, doch für freiheitsliebende Menschen – und auch für Demokratien – bleibt auch ein goldener Käfig ein Gefängnis und eine Zwangsjacke eine Horrorvorstellung.

Zweck des Handels

Dieses Buch versucht konsequent den Zweck des Handels in den Blick zu nehmen. Der Zweck ist die umfassende Umsetzung der Menschenrechte, nachhaltige Entwicklung – die Entwicklungs- und Nachhaltigkeitsziele der UNO –, ein gutes Leben für alle oder eben das Gemeinwohl. Handel soll den Menschenrechten und den Grundwerten eines demokratischen Gemeinwesens dienen, dann ist er am richtigen Platz, dann erfüllt er seine Aufgabe und hat seine Berechtigung. In diesem Buch werde ich das Freihandelsparadigma argumentativ entkleiden – und ein anderes Paradigma vorschlagen: das Paradigma des ethischen Handels. Bei den Recherchen zum Thema fielen mir zwei Dinge auf: Zum einen gibt es eine überraschende Fülle an Alternativansätzen. Doch diese werden öffentlich kaum diskutiert und von der Freihandelsfangemeinde ignoriert. »Freihandel« ist offenbar hegemonial geworden: Menschen haben Angst, eine abweichende Position zu vertreten. Die folgende Übersicht zeigt, wie dogmatisch und orthodox die handelspolitische Diskussion geführt wird und wie vielfältig der Schatz der Alternativen ist.

Aktuelles Paradigma	
Autor/Autorin	Vorschlag/Idee
Adam Smith	Absolute Vorteile
David Ricardo	Komparative Vorteile
Heckscher-Ohlin-Theorem	Faktorproportionen-Modell mit Konvergenz-Annahme
Paul Samuelson	»Brauchen keine neue Theorie für den internationalen Handel«[17]
Jagdish Baghwati	Armee für Freihandelsidee
GATT	Meistbegünstigung + Inländerbehandlung
WTO	»Nichtdiskriminierung«
Thomas Friedman	Die Welt ist flach – Goldene Zwangsjacke
Francis Fukuyama	Ende der Geschichte
CETA	»Regulatorische Kooperation«
TTIP	»Goldstandard für den Welthandel«
BITs und ICSID	Klagerechte für Konzerne (ISDS)

Zölle als Mittel

Vielleicht nicht das wichtigste, aber auch kein prinzipiell zu verschmähendes Mittel der Handelspolitik sind Zölle, die heute unverändert eine Rolle spielen. Die von der EU im Durchschnitt erhobenen Zölle betragen zwar nur 1,3 Prozent, doch die 2014 daraus erzielten Einnahmen von 21,9 Milliarden Euro (minus 25 Prozent, die an die Mitgliedsstaaten gingen) trugen stolze 12,4 Prozent zum Gesamthaushalt der Europäischen Union bei – das war sogar eine Steigerung gegenüber 2013, wo es nur elf Prozent waren.[18] In Deutschland arbeiten 35 000 Menschen für den Zoll. In Russland gibt es 55 000 und in den USA und in China je 60 000 Zöllner.[19] Im Durchschnitt belegen die Industrieländer heute ihre Importe mit fünf Prozent Zoll.[20] In den nichtindustrialisierten Ländern fiel der durchschnittliche Zoll von 25 Prozent Ende der 1980er Jahre auf elf Prozent 2005.[21]

Alternatives Paradigma	
Autor/Autorin	Vorschlag/Idee
Friedrich List	Erziehungszölle
John Maynard Keynes	Clearing Union
Prebisch-Singer-These	Ungleicher Tausch und Importsubstitution
Vandana Shiva	Freihandel ist der Protektionismus der Mächtigen
Ha-Joon Chang	Eigenständige Technologie- und Industriepolitik
Helena Norberg-Hodge	Localisation
George Monbiot	Organisation für fairen Handel
UNCTAD	Handel als Mittel für nachhaltige Entwicklung
Dani Rodrik	Trilemma der Globalisierung
Corporate Europe Observatory und NGOs	Alternative Trade Mandate
Manfred Nowak, Julia Kozma, Martin Scheinin	World Court for Human Rights
Gemeinwohl-Ökonomie	Ethischer Welthandel

In den meisten Weltregionen machen Zölle immer noch ein Viertel der Steuereinnahmen aus, in Südostasien sind es 33 Prozent, in Süd- und Ostafrika 35 und in West- und Zentralafrika 42 Prozent.[22] In Mexiko haben sich die Zolleinnahmen nach dem NAFTA-Beitritt annähernd halbiert.[23] Das Wirtschaftswachstum pro Kopf ging in Mexiko in den ersten zehn Jahren nach NAFTA auf 1,8 Prozent zurück. Zwischen 1948 und 1973 lag es bei 3,2 Prozent.[24] Zölle sind ganz sicher kein Selbstzweck (im Sinne von: je höher die Zölle, desto besser). Sie sind aber auch nicht das Gegenteil von Freihandel (das wäre ein generelles, alle Warengruppen betreffendes Ein- und Ausfuhrverbot). Zölle sind ein wirksamer Hebel, um verschiedene Politikziele feinzusteuern. Auf einem Mittelweg zwischen Freihandel und Abschottung werden Zölle auch in Zukunft eine Rolle spielen – als Mittel der ethischen Handelspolitik und als nicht zu vernachlässigende Ressourcen im Staatshaushalt.

Qualitative statt quantitative Freiheit

Ein Hemmnis gegen eine erkenntnisorientierte Diskussion in den letzten Jahrzehnten war auch die Praxis, dass die neoliberale Ideologie Sonderinteressen einfach mit dem Wörtchen »frei« verknüpft hat und diese allein dadurch von vielen Menschen unterstützt wurden: Wer ist schon gegen »Freihandel«, »freie Marktwirtschaft«, »freien Kapitalverkehr« oder »free enterprise«? Doch Freiheiten liegen miteinander im Dauerkonflikt, genauso wie es die Interessen tun. Und die Freiheit des einen ist nicht automatisch die Freiheit des anderen – weshalb wir uns dem Freihandel und der freien Marktwirtschaft gerade aus einer Freiheitsperspektive sehr vorsichtig annähern müssen. Es bedarf sauberer Definitionen und am Ende einer demokratischen Entscheidung, welcher Freiheit wir Vorrang vor welcher anderen geben wollen.

Der Direktor des Weltethos-Instituts Claus Dierksmeier hat 2016 ein Werk vorgelegt, das uns hilft, Freiheiten qualitativ gegeneinander abzuwägen, anstatt dem quantitativen Kurzschluss aufzusitzen, dass jedes Mehr jeder Freiheit immer besser sei.[25] Für die Diskussion der Für und Wider des Freihandels ist dieses Instrumentarium äußerst hilfreich. Manche Abwägungen sind klar und einfach, zum Beispiel: Ist die Wirtschaftsfreiheit des Sklavenhalters höher einzustufen als die Menschenwürde und das Recht der betroffenen Menschen auf Freiheit, einen legalen Arbeitsvertrag, ein menschenwürdiges Einkommen und humane Arbeitsbedingungen?

In zahllosen anderen Zielkonflikten liegt es nicht sofort auf der Hand, es gilt aber ebenso differenziert *qualitativ* abzuwägen, anstatt einfach *Freihandel* zu propagieren – mit der Unterstellung, dass dadurch alles für alle besser würde. Zum Beispiel:
- Ist uns die zusätzliche Freiheit, neben solarer Energie, Wind-, Biomasse- und hydraulischer Energie auch noch Atomenergie wählen zu können, mehr wert als die Freiheit, ohne Angst vor Verstrahlung und einem GAU zu leben?
- Zählt die Freiheit der Bayer-Eigentümer, Monsanto kaufen zu

dürfen, mehr als die Freiheit von Zulieferern, KonsumentInnen und PolitikerInnen und der Gesellschaft, nicht von einem noch mächtigeren Großkonzern abhängig zu sein?
– Ist die Freiheit Deutschlands, einen Rekord-Leistungsbilanz-Überschuss zu erzielen, höher einzustufen als die Freiheit, sich in einem multilateralen Handelssystem zu wissen, in dem alle teilnehmenden Staaten tendenziell ausgeglichene Leistungsbilanzen aufweisen?
– Ist die Freiheit, Produkte und Dienstleistungen mit hohem ökologischen Fußabdruck zu konsumieren, höher einzustufen als die gleichen Lebensrechte und -chancen zukünftiger Generationen?
– Ist die Investitionsfreiheit wichtiger als die Freiheit, ausländische Investitionen demokratisch zu regulieren?

Wenn nein, warum ist das alles dann legal und im Einklang mit den WTO-Spielregeln? Wieso haben so wenige Ökonomen ein Problem damit, dass Freihandel ohne Rücksicht auf Menschenrechte, Arbeitsbedingungen, Umweltschutz und nachhaltige Entwicklung durchgesetzt wird?

Die EU-Kommission schreibt in ihrer aktuellen handelspolitischen Strategie ganz pauschal und undifferenziert: »Europa darf nicht in Protektionismus verfallen. Protektionismus erhöht die Preise für Unternehmen und Verbraucher und verringert die Auswahl.«[26] Punkt und Ende der Durchsage. Das ist zu einfach. Wie konnte Freihandel zur »Religion unserer Zeit«[27] werden?

II. Entstehung und Kritik der Freihandelsreligion

Adam Smith: Absolute Vorteile

Der erste prominente Fürsprecher des Freihandels war Adam Smith. Mit seinem zweiten Hauptwerk, dem »Wohlstand der Nationen«, legte der schottische Moralphilosoph 1776 den Grundstein für die klassische Wirtschaftswissenschaft. Darin schrieb er gegen den damals vorherrschenden Merkantilismus an, dessen Strategie lautete: möglichst viel exportieren, möglichst wenig importieren. Smith verwies zwar wiederholt auf die Tatsache, dass »der Binnenhandel wohl die wichtigste Handelssparte überhaupt [ist], in der sich mit gleich viel Kapital der Wohlstand des Landes am stärksten erhöhen und die größte Wirkung auf die Beschäftigung erzielen lässt«.[1] Gleichzeitig beklagte er die Allgegenwart von Zöllen: »Wer sich nicht gut in den Zollgesetzen auskennt, kann überhaupt nicht ermessen, wie hoch die Zahl der Waren ist, deren Einfuhr nach Großbritannien entweder völlig oder unter bestimmten Umständen verboten ist.«[2] Smith entwickelte vor diesem Hintergrund die Theorie der »absoluten Kostenvorteile«: Wenn ein Land A aufgrund seiner geografischen, klimatischen oder kulturellen Gegebenheiten bestimmte Güter kostengünstiger oder in besserer Qualität herstellen konnte als ein anderes Land, und Land B andere bestimmte Güter, läge es im Interesse beider Länder, diese »Spezialitäten« im freien Handel ohne Zollhürden auszutauschen. Smith leitete seine Theorie aus dem Prinzip der Arbeitsteilung ab und startete den Gedankengang in der Familie: »Ein Familienvater, der weitsichtig handelt, folgt dem Grundsatz, niemals etwas selbst herzustellen versuchen, was er sonst wo billiger kaufen kann.« Man merke: niemals. »So sucht der Schneider, seine Schuhe nicht selbst zu machen, er kauft sie vielmehr vom Schuhmacher. Dieser wiederum wird nicht eigenhändig seine Kleider nähen, sondern lässt sie vom Schneider anfertigen. Auch der Bauer versucht sich weder an dem einen noch an dem anderen, er kauft beides jeweils vom Handwerker«, so Smith, der nicht Familientherapeut war, sondern Moralphilosoph: »Alle finden, dass es im eigenen Interesse liegt, ihren Erwerb uneingeschränkt auf das Gebiet zu verlegen, auf dem sie ihren Nachbarn überlegen sind, und den übrigen Bedarf mit einem Teil ihres Erzeugnisses oder, was dasselbe ist, mit dem Erlös daraus zu kaufen.«[3] »Uneingeschränkt« ist eine ebenso unvorsichtige Wortwahl wie »niemals«. Im nächsten Gedankenschritt überträgt Smith die Idee einer lokalen arbeitsteiligen Ökonomie auf ganze Nationen: »Was aber vernünftig im Verhalten einer einzelnen Familie ist, kann für ein mächtiges Königreich kaum töricht sein. Kann uns also ein anderes Land eine Ware liefern, die wir selbst nicht billiger herzustellen imstande sind, dann ist es für uns einfach vorteilhafter, sie mit einem Teil unserer Erzeugnisse zu kaufen, die wir wiederum günstiger als das Ausland herstellen können.«[4] Diese Zeilen sind die Geburt der Freihandelsideologie.

Rasch wird bei dieser Ausgangsüberlegung jedoch klar, dass nicht alle Länder gleich viele und gleich häufig gebrauchte Güter am günstigsten herstellen können, weshalb es in einem globalen Handelssystem, das auf *absoluten* Kostenvorteilen beruht, GewinnerInnen und VerliererInnen geben würde: Ohne Ausgleichsmaßnahmen würde das System rasch aus dem Gleichgewicht geraten.

David Ricardo: Komparative Kostenvorteile

40 Jahre später, 1817, entwickelte deshalb David Ricardo den Grundgedanken von Adam Smith weiter. Er fand eine mathematische Lösung, wie ein Handelssystem allen beteiligten Ländern Vorteile verschaffen könnte, selbst wenn nicht alle Länder über absolute Vorteile bei bestimmten Gütern oder Dienstleistungen verfügten. Der Herr, dem Ricardo bei der Entwicklung seines Theorems diente, war das Gemeinwohl: »Bei einem System des vollkommen freien

Handels wendet natürlich jedes Land sein Kapital und seine Arbeit solchen Zweigen zu, die für jedes am vorteilhaftesten sind. Dieses Verfolgen des individuellen Vorteils ist bewundernswert mit dem allgemeinen Wohle des Ganzen verbunden.«[5] Ricardo führt seine Überlegungen anhand der Weinproduktion in Portugal und der Tuchproduktion in Großbritannien aus. Bei verteilten absoluten Vorteilen ist es verständlich, dass sich jedes Land auf das spezialisiert, was es besser kann als das andere. Doch selbst wenn Portugal sowohl Wein als auch Tuch billiger herstellen könnte als Großbritannien, würde es sich für beide lohnen, dass Portugal sein gesamtes Kapital in den Weinbau investiert und Großbritannien nur Tücher herstellt, weil Portugal in der Herstellung von Wein relativ besser ist: gemessen an dafür benötigten Arbeitsstunden (das wird später noch relevant). Lesen wir das Original: »England kann in einer solchen Lage sein, dass die Erzeugung des Tuches die Arbeit eines Jahres von 100 Leuten erfordert, und wenn es versucht, den Wein herzustellen, so wird vielleicht die Arbeit gleicher Zeitdauer von 120 Leuten benötigt werden. England wird daher finden, dass es seinen Interessen entspricht, Wein zu importieren und ihn mit Hilfe der Ausfuhr von Tuch zu kaufen. Um den Wein in Portugal herzustellen, ist vielleicht nur die Arbeit von 80 Leuten während eines Jahres erforderlich, und um das Tuch in diesem Lande zu produzieren, braucht es vielleicht die Arbeit von 90 Leuten während der gleichen Zeit. Es ist daher für Portugal von Vorteil, Wein im Austausch für Tuch zu exportieren.« Und jetzt kommt es: »Dieser Austausch kann sogar stattfinden, obwohl die von Portugal importierte Ware dort mit weniger Arbeit als in England produziert werden kann. Wenngleich es das Tuch durch die Arbeit von 90 Leuten erzeugen kann, wird Portugal dieses doch aus einem Land einführen, wo man zu seiner Herstellung die Arbeit von 100 Leuten benötigt, da es für Portugal von größerem Vorteil ist, sein Kapital in der Produktion von Wein anzulegen, wofür es von England mehr Tuch bekommt, als es durch Übertragung eines Teiles seines Kapitals vom Weinbau zur Tuchfabrikation produzieren könnte.«[6]

Möglicherweise ahnend, dass er seinen Gedanken noch nicht für alle verständlich auf den Punkt gebracht hatte, wird er in einer darauf folgenden Fußnote – der einzigen im Kapitel »Über den auswärtigen Handel« – unmissverständlich: »Zwei Menschen können beide Schuhe und Hüte erzeugen, und einer ist dem anderen in beiden Tätigkeiten überlegen. Aber in der Herstellung von Hüten kann er seinen Konkurrenten nur um ein Fünftel oder 20 Prozent überflügeln, und in der Schuherzeugung übertrifft er ihn um ein Drittel oder 33 Prozent. Wird es nicht in beider Interesse liegen, dass der Überlegene sich ausschließlich mit der Schuherzeugung und der Unterlegene mit der Hutmacherei beschäftigt?«[7] Das Kronjuwel der Außenhandelstheorie steckt in einer Fußnote.

Wäre das Dasein eine mathematische Matrix; würden alle Menschen kalkulieren wie Maschinen; und ginge es im Leben vor allem ums Geld, dann hätte so eine – korrekte – mathematische Rechnung auch Praxisrelevanz. Doch im Leben geht es nicht primär ums Geld, und Ricardos Rechnung lässt so gut wie alles außer vor, was das Leben lebenswert und überhaupt ausmacht: Werte, Sinn, Gefühle, Beziehungen, Gemeinschaft, Demokratie, Traditionen, Umwelt, kulturelle Vielfalt ... Der einleuchtende Vorteil von Ricardos Rechnung ist mehr Finanz-Effizienz. Doch geht es im Leben, geht es in der »Ökonomie« primär um Finanz-Effizienz?

Das Effizienzverständnis, das wir hier antreffen – Wie erreiche ich eine höhere Profitrate? Wie erziele ich die niedrigsten Preise? Wie erhöhe ich meine *quantitativen* Konsummöglichkeiten? –, ist bei genauer Betrachtung gar kein »ökonomisches«, sondern ein chrematistisches. In der Ökonomie geht es um das gute Leben; Geld und Finanz-Effizienz sind nur Mittel – anders als in der Chrematistik, dort geht es um Geld und Profit. Die Unterscheidung von »oikonomia« (die Ordnung des Hauses) und »chrematistike« (die Kunst des Gelderwerbs) verdanken wir Aristoteles.[8] In der »oikonomia« gilt Geld nur als Mittel und dient dem »guten Leben« aller Haushaltsmitglieder und einer gerechten »Gesellschaft«. In der Chrematistik wird es zum Ziel und Selbstzweck, auch wenn es den Haushaltsmitgliedern oder dem Haus selbst (»oikos«) schlechter geht. Wenn Gelderwerb zum Ziel mutiert, ist mehr Geld, eine höhere Rendite, ein höherer Profit und ein höheres BIP prinzipiell immer besser – ganz egal, wie sich alles andere entwickelt, von der Gesundheit bis zur Demokratie. Das gute Leben, das Gemeinwohl, zieht in der Chrematistik den Kürzeren.

In der als »Ökonomie« verkleideten chrematistischen Wissenschaft, die sich auch noch als Leitwissenschaft versteht[9], hat sich Ricardos Rechnung jedenfalls auf breiter Front durchgesetzt. Das Theorem der komparativen Kostenvorteile wird von Historikern als »Kronjuwel der Außenhandelstheorie«[10] angesehen und von der WTO sogar als »mächtigste Einzelerkenntnis der ökonomischen Wissenschaft«[11]. Eine der höchsten Autoritäten der Wirtschaftswissenschaft, Lehrbuchautor und »Nobelpreis«-Träger Paul Samuelson, meinte in einem Gespräch mit dem Mathematiker Stanisław Ulam, dass es sich wahrscheinlich um die einzige Hypothese in der wissenschaftlichen Ökonomie handle, die zugleich wahr und nicht-trivial sei: »Dass sie logisch wahr ist, braucht man einem Mathematiker gegenüber nicht zu begründen; dass sie nicht trivial ist, dafür zeugen die vielen Tausend bedeutenden und intelligenten Menschen, die es niemals geschafft haben, diesen Lehrsatz zu erfassen oder sich von ihm zu überzeugen, nachdem er ihnen erklärt worden ist.«[12] Ähnlich wie bei Bhagwati schwingt hier Bedauern über die Unbelehrbarkeit der Ungläubigen mit.

Ricardos Idee hat sich nicht nur gegen die Zweifel der NichtökonomInnen, sondern auch im Wirtschaftsvölkerrecht durchgesetzt. Die Welthandelsorganisation WTO ist das Herz des globalen Freihandelsregimes und beruht auf über 60 völkerrechtlichen Abkommen. Sie ging 1995 aus dem GATT (Allgemeines Zoll- und Handelsabkommen) hervor, das zwischen 1947 und 1994 in acht Verhandlungsrunden schrittweise ausgebaut und vertieft wurde. Die letzte, längst andauernde und umfangreichste Verhandlungsrunde mit neuen Themen wie Landwirtschaft, Textilien, Dienstleistungen (GATS) und geistigen Eigentumsrechten (TRIPS) war die Uruguay-

Runde (1986 bis 1994), die in die Gründung der WTO mündete. Der ursprüngliche Plan war allerdings ein anderer: Schon 1948 hätte eine Internationale Handelsorganisation ITO entstehen sollen, als dritte Schwester von Weltbank und Internationalem Währungsfonds. Aus den Bretton-Woods-Drillingen wurden jedoch nur Zwillinge. Denn die ITO wäre einer UN-Organisation würdig gewesen. Sie hätte Arbeitsrechte durchsetzen, Zahlungsbilanzen stabilisieren und Rohstoffpreise regulieren können.[13] Dagegen liefen die Wirtschaftslobbys Sturm, bis der US-Kongress einknickte und die ITO abschoss.[14] Aus dem Gründungsstatut der ITO, der »Havanna-Charta«, wurde lediglich der Abschnitt über Freihandel herausgelöst und daraus das GATT gezimmert. Anstelle einer ethischen Handelsorganisation kam ein Freihandelsabkommen in die Welt, mit dem Ziel des eindimensionalen Abbaus von Zöllen und »nichttarifären Handelshindernissen«. Letztere sind alle politischen Maßnahmen neben (tarifären) Zöllen, die den reibungslosen Handel in irgendeiner Form beeinträchtigen: technische Normen, Zulassungsprüfungen, Zertifizierungen, Ursprungsregeln, Hygiene-Anforderungen, aber auch Menschenrechte, Arbeitsstandards, Maßnahmen zum Schutz der Gesundheit, der VerbraucherInnen, der Umwelt, des Klimas oder der Verteilungspolitik. Nur mit der Brille des Freihandels (Handel ist Selbstzweck) kann mensch auf die Idee kommen, dass solche Maßnahmen etwas Negatives sein könnten. Doch in der WTO geht es nicht um das gute Leben, sondern um den freien Handel. Und sie beruft sich dabei auf Ricardo.

»The case for open trade« der WTO

Auf der Website der WTO finden wir die aktuelle Begründung für Freihandel: »Nehmen wir an, das Land A ist besser als Land B in der Herstellung von Autos und Land B ist besser als Land A beim Backen von Brot. Es liegt auf der Hand (Akademiker würden sagen ›trivial‹), dass beide davon profitierten, wenn sich A auf Autos spezialisieren würde und B auf das Backen von Brot, und sie ihre Erzeugnisse danach handelten. Das ist ein Fall von absoluten Vorteilen.

Aber was, wenn ein Land in allem schlechter ist? Würde freier Handel alle Produzenten aus dem Markt drängen? Die Antwort, nach Ricardo, lautet nein. Der Grund liegt im Prinzip der komparativen Vorteile. Es besagt, dass Land A und B immer noch vom Handel miteinander profitieren, selbst wenn A in allem besser ist als B. Wenn A beim Autobauen sehr viel besser ist und beim Brotbacken nur wenig besser, dann sollte A seine Ressourcen in das investieren, was es am besten kann – Autos produzieren – und diese nach B exportieren. Auch B sollte das tun, was es noch am besten kann – Brot backen – und dieses nach A exportieren, auch wenn es darin nicht so effizient ist wie A. Beide würden immer noch vom wechselseitigen Handel profitieren. Ein Land muss nirgendwo am besten sein, um vom Handel zu profitieren. Das ist das Geheimnis des komparativen Vorteils.«[15] So die Beschreibung des Kronjuwels 2016 auf höchster Politik-Ebene.

Ich frage meine StudentInnen an der Wirtschaftsuniversität Wien regelmäßig, ob sie dieses Beispiel überzeuge und ob sie es für klug hielten, es bei zwei Ländern, zum Beispiel China und Indien, in die Praxis umzusetzen. Die meisten kennen längst Ricardos Theorem und dessen Säulenheiligen-Status. Dennoch breitet sich regelmäßig betretenes Schweigen aus. Nach längerer Stille murmelt manchmal eine StudentIn etwas von »Effizienzgewinnen«. Korrekt, diese ließen sich bei der praktischen Umsetzung des Beispiels erzielen, zum Beispiel zwischen Indien und China, selbst wenn eines der beiden Länder der bessere Autobauer *und* Brotbäcker wäre. Doch ist das bereits ein ausreichendes und überzeugendes Argument für Freihandel?

»Die Theorie geht auf den klassischen Ökonomen David Ricardo zurück«, informiert die WTO weiter. »Sie ist eine der am breitesten akzeptierten unter Ökonomen. Sie ist aber auch eine der am häufigsten missverstandenen unter Nicht-Ökonomen, weil sie mit dem Prinzip der absoluten Vorteile verwechselt wird.« Aha. Die Unterscheidung in Gläubige, pardon: Verstehende und Nichtverstehende, gleichgesetzt mit »Ökonomen« und »Nicht-Ökonomen«, kennen wir schon.

Offenbar liegt hier mehr als nur ein Wissensgefälle zwischen ExpertInnen und Nicht-ExpertInnen vor. Offenbar huldigt der Mainstream der ökonomischen bzw. chrematistischen Wissenschaft einer Weltsicht, die von »normalen« Menschen nicht häufig geteilt wird – was Erstere offen beklagen. Das vorliegende Buch wurde von einem (akademischen) Nicht-Ökonomen verfasst, der die Sorgen und Zweifel der Nicht-ÖkonomInnen über weite Strecken teilt. Nach jahrelangem Nachdenken über die ökonomisch-chrematistische Wissenschaft betrachte ich sie zunehmend als Gefahr. Im Folgenden werde ich versuchen, das Kronjuwel Facette um Facette zu »zerlegen« – im Sinne wissenschaftlicher oder wenigstens logischer Dekonstruktion.

Kritikpunkt 1: Globale Planwirtschaft

Nach dem Kronjuwel der Außenhandelstheorie müssten diejenigen Länder, die alles besser können als andere, die Produktion und den Export jener Güter anderen Ländern überlassen, bei denen sie weniger überlegen und die anderen weniger unterlegen sind. Die Besseren müssten den Schlechteren diese Industriezweige in irgendeiner Form abtreten und die daraus resultierenden Gewinne schenken. Dass ein Land so einen generösen Zug getätigt hätte – im Namen einer berühmten Rechnung –, hat jedoch die Welt erstens bis heute nicht gesehen. Und zweitens führt die WTO dafür auch kein *praktisches* Beispiel an: Das Auto-Brot-Beispiel ist fiktiv. Das allein ist schon mehr als merkwürdig. Stehen wissenschaftliche Kronjuwelen über der Notwendigkeit, sich an der Praxis messen zu lassen?

Wäre so ein Zug überhaupt denkbar? Es müsste ja der eine »Mensch«, diesfalls die VertreterIn einer ganzen Volkswirtschaft, also die Handels- und WirtschaftsministerIn, die UnternehmerInnen der weniger überlegenen Branchen überreden, ihr Handwerk oder ihren industriellen Fleiß bleibenzulassen und freiwillig an ein Land – oder mehrere Länder – mit komparativen Vorteilen abzutreten. Realistisch? Ricardos Denkfehler Nummer eins besteht in der Gleichsetzung von Volkswirtschaften mit »Menschen« – diesen Lapsus teilt er, wie wir sahen, mit Familientherapeut Adam Smith, der eine sehr präzise Vorstellung davon hatte, wie ein Vater zu ticken hat. Smiths Gebot: Übe »niemals« zwei Handwerke gleichzeitig aus! – Selbst dann nicht, wenn du in beiden meisterhaft bist und großen Spaß an der Sache hast! Denn es würde dem Gott der Chrematistik nicht gefallen …

Zu meiner Erleichterung fand ich zwei Ökonomen, die denselben Logikfehler aufdeckten. Herman Daly und John Cobb, Jr. schreiben: »Nehmen wir an, Japan hat sowohl in der Autoproduktion als auch bei Elektrogeräten einen absoluten Vorteil und die USA nur einen relativen in der Autoproduktion. Würde das Japan irgendeinen Anreiz geben, nur noch Elektrogeräte zu erzeugen und Autos aus den USA zu importieren? Offensichtlich funktioniert das so nicht.«[16] Es ist noch verquerer: Die USA produzieren Autos und exportieren sie nach Japan; und Japan produziert Autos und exportiert sie in die USA. Die Realität verweigert sich der Theorie. Dieser zufolge müsste sich ein Land auf die Autoproduktion spezialisieren, damit alle die komparativen Vorteile realisieren können. Das wäre zumindest mathematisch am effizientesten.

Im Beispiel der WTO müsste der Handelsminister von Land A (zum Beispiel China) alle Bäcker auffordern, das Brotbacken einzustellen und ihr (in den meisten Fällen wohl bescheidenes) Vermögen in die Autoindustrie zu investieren, auf dass forthin Land B (zum Beispiel Indien) ganz China mit Brot versorge. Eine solch massive Regierungsintervention müsste im Rahmen der WTO auf globaler Ebene stattfinden, alle Handels- und Wirtschaftsminister müssten sich abstimmen und auf dem Reißbrett die Produktion aller Exportgüter »verteilen«. Die konsequente Umsetzung von Ricardos Idee würde eine globale Planwirtschaft erfordern. Doch diese war ganz sicher nicht seine Absicht, und schon gar nicht ist das heute die Politik der WTO. Ein Zentralkomitee für globale Produktionsplanung gibt es nicht. Der von Ricardo hochgelobte Adam Smith warnte sogar ausdrücklich vor einer solchen Anmaßung: »Der Einzelne vermag ganz offensichtlich aus seiner Kenntnis der örtlichen Verhältnisse weit besser zu beurteilen, als es irgendein Staatsmann oder Gesetzgeber für ihn tun kann, welcher Erwerbszweig im Lande für den Einsatz seines Kapitals geeignet ist und welcher einen Ertrag abwirft, der den höchsten Wertzuwachs erwarten lässt. Ein Staatsmann, der versuchen sollte, Privatleuten vorzuschreiben, auf welche Weise sie ihr Kapital investieren sollten, würde sich damit nicht nur, höchst unnötig, eine Last aufbürden, sondern sich auch gleichzeitig eine Autorität anmaßen, die man nicht einmal einem Staatsrat oder Senat, geschweige denn einer einzelnen Person getrost anvertrauen könnte, eine Autorität, die nirgendwo so gefährlich wäre wie in der Hand eines einzigen Mannes, der, dumm und dünkelhaft genug, sich auch noch für fähig hielte, sie ausüben zu können.«[17]

Die WTO geht offensichtlich stillschweigend davon aus, dass die Wirtschaftsbranchen aller Länder mit absoluten Vorteilen, aber komparativen Nachteilen, freiwillig in die Branchen mit komparativen Vorteilen wechseln, weshalb sie erst gar nichts unternimmt, dieser Annahme mit praktischen Regeln Vorschub zu leisten. Der WTO ist übrigens bei ihrem Brot-Auto-Beispiel eine kleine, aber feine Perfidie unterlaufen. In Ricardos Beispiel ist das Kolonialland Portugal in beidem besser als die Kolonialmacht Großbritannien. Sein Beispiel führt dazu, dass es dennoch die Produktion des Industrieprodukts (Tuch) an die Kolonialmacht abtreten soll, während es sich selbst auf den Primärsektor spezialisiert (Wein). Das Schulbeispiel der WTO wäre deshalb authentischer gewählt, wenn Land A im Brotbacken (Agrarprodukt) besser wäre als im Autobauen (Industrieprodukt) und ergo die Autoproduktion an Land B abgeben müsste. Da würden vermutlich schon mehr LeserInnen von Beginn an stutzig werden …

Dass die globale Aufteilung der Produktion nach komparativen

Vorteilen nicht funktioniert – oder gar kein realpolitisches Ziel ist –, beweist schon die einfache Tatsache, dass mehr als die Hälfte des Welthandels Redundanz-Handel ist: Export und Import von Autos von und nach Japan, Deutschland, Frankreich und den USA sind nur ein Beispiel der nicht erfolgenden Organisation des internationalen Handels nach komparativen Vorteilen. Die USA importieren Kekse aus Dänemark und die Dänen amerikanische Kekse. »Der Austausch der Rezepte wäre sicherlich wirtschaftlicher«, ätzt Herman Daly.[18] Neuseeländische Butter wird in Deutschland auf den Markt gebracht, so als ob es in Deutschland keine Kühe gäbe, und chilenische Äpfel werden nach Österreich verschifft, als würde dort nicht in jedem Garten ein Apfelbaum blühen. Im »Sustainability Impact Assessment« von CETA wird gleich als erstes Beispiel angeführt, dass der Import von Rind- und vor allem Schweinefleisch aus Kanada in die EU zunehmen wird.[19] Ja, Herrgott, gibt es denn keine Schweine und keine Rinder in der EU? Umgekehrt wird in Kanada eine Erhöhung der Einfuhren von Milchprodukten aus der EU erwartet – offenbar um den schlimmen Mangel in der kanadischen Milchwirtschaft zu beheben! In den Restaurants von Minnesota werden in Plastik verpackte hölzerne Zahnstocher aus Japan gereicht. Gleichzeitig produziert in Minnesota eine Fabrik jährlich eine Milliarde Wegwerf-Essstäbchen, die nach Japan exportiert werden.[20] In der WTO gibt es aber keine Instanz und keinen Vertragspassus, um diese radikale Verletzung des Prinzips der komparativen Kostenvorteile abzustellen und entweder die Essstäbchen-Produktion nach Japan oder die Zahnstocher-Produktion nach Minnesota oder, eigentlich selbstverständlich, an den globalen Ort mit den größten komparativen Vorteilen zu verlagern. Dieser Ort ist unbekannt, weil nicht einmal die Rechnung erstellt wird, was wo am effizientesten im Sinne Ricardos produziert würde – offenbar nimmt die Idee der komparativen Kostenvorteile niemand wirklich ernst. Gerd Zeitler schreibt, dass es »in der ganzen Wirtschaftsgeschichte keine konsequente Anwendung des Ricardo-Theorems gegeben hat«.[21]

Kritikpunkt 2: Mobiles Kapital macht relative (nationale!) Vorteile zunichte

Ein weiterer entscheidender Punkt, in dem Ricardo und Smith gemeinsam irren, ist die Annahme der Unbeweglichkeit des Kapitals und der Arbeitskräfte – oder anders ausgedrückt, ihre »Nichtauslastung« oder »Unterbeschäftigung«. Die Möglichkeit, dass entweder britisches Kapital oder portugiesische Arbeitskräfte nicht vollbeschäftigt sind und im Ausland nach Investition oder Beschäftigung suchen könnten, ist nicht Teil des Modells von Ricardo. Die Effizienz seines Vorschlags besteht gerade darin, dass britisches Kapital sich *in Großbritannien* auf das spezialisiert, »was es am besten kann« (WTO), und portugiesisches Kapital dasselbe in Portugal tut. Die Option, dass britisches Kapital in Portugal in die Wein-Produktion einsteigen und dort die komparativen Vorteile ausnützen, also in Portugal das produzieren könnte, was Portugal mit seinen Produktionsfaktoren – Know-how, Geografie, Klima, Arbeitskräfte – am besten kann, erwog Ricardo zwar und spielte das Szenario auch durch: »Sollte der Profit auf in Yorkshire angelegtes Kapital denjenigen übersteigen, den in London angelegtes Kapital erzielt, so wird sehr rasch Kapital von London nach Yorkshire abfließen und die Gleichheit der Profite herstellen. Wenn aber infolge der verringerten Ertragsrate auf den Böden Englands oder infolge einer Vermehrung von Kapital und Bevölkerung die Löhne steigen und die Profite fallen, so folgt daraus keineswegs, dass Kapital und Bevölkerung von England nach Holland, Spanien oder Russland wandern, wo die Profite vielleicht höher sind (...) Der diesbezügliche Unterschied zwischen einem einzelnen und mehreren Ländern ist leicht zu begreifen, wenn man die Schwierigkeit in Rechnung stellt, mit der das Kapital von einem Lande in das andere wandert, um eine profitablere Anlage zu suchen, und die Beweglichkeit berücksichtigt, mit der es sich fortwährend innerhalb eines Landes von einer Provinz zur anderen bewegt.« Es folgt ein beachtlicher Satz: »Es ist für die englischen Kapitalisten und für die Konsumenten beider Länder zweifellos vorteilhaft, dass unter diesen Bedingungen beides, Wein und Tuch, in Portugal hergestellt wird, und dass daher Kapital und Arbeit, die für die Erzeugung von Tuch in England verwendet wurden, zu diesem Zweck nach Portugal verlagert werden.«[22] Das spräche für die Verlagerung von Kapital und Arbeitskräften nach Portugal. Doch Ricardo kam zum Schluss, dass das gesamte Gedankenspiel irrelevant sei, weil er von der »natürlichen Abneigung jedes Menschen« überzeugt war, »das Land seiner Geburt und persönlichen Beziehungen zu verlassen und sich mit allen seinen eingewurzelten Gewohnheiten einer fremden Regierung und ungewohnten Gesetzen anzuvertrauen«. Er war sich sicher, dass diese »Gefühle die meisten Menschen mit Vermögen bestimmen, sich eher mit einer niedrigeren Profitrate im eigenen Land zu begnügen, als dass sie eine vorteilhaftere Anlage für ihren Reichtum bei fremden Nationen suchen«.[23]

In dieser Einschätzung folgte er Adam Smith, der davon ausging, dass Kapitalisten stets national agierten, also nicht auf die Idee kommen, ihr Kapital im Ausland zu investieren. Das ist sogar jene berühmte Stelle, an der er die unsichtbare Hand ein einziges Mal in seinem 800-Seiten-Monumentalwerk aufruft: »Wenn er es vorzieht, die nationale Wirtschaft anstatt die ausländische zu unterstützen, denkt er eigentlich nur an die eigene Sicherheit und wenn er dadurch die Erwerbstätigkeit so fördert, dass ihr Ertrag den höchsten Wert erzielen kann, strebt er lediglich nach dem eigenen Gewinn. Und er wird in diesem wie auch in vielen anderen Fällen von einer unsichtbaren Hand geleitet, um einen Zweck zu fördern, den zu erfüllen er in keiner Weise beabsichtigt hat.«[24] Smith und Ricardo gingen davon aus, dass alle Kapitalisten freiwillig und *aus Gewinnstreben* zu Hause investieren. Der legendäre Satz von Smith enthält eine dreifache Unterstellung:

1. Kapitalisten handeln aus Gewinnstreben.
2. Sie investieren *deshalb* freiwillig lieber im In- als im Ausland.
3. Diese Präferenz fördert das Gemeinwohl.

Die erste Annahme ist fraglich, die zweite aus heutiger Sicht faktisch falsch, die dritte folgt aus der zweiten und ist deshalb logisch falsch: Kapitalisten fördern das Gemeinwohl, weil sie lieber zu Hause investieren als im Ausland. Wenn sie das aber gerade nicht tun, fördern sie logischerweise das Gemeinwohl nicht oder zumindest in geringerem Maße. Diese unterstellte Gemeinwohl-Wirkung des Kapitalismus hat sich – nicht nur infolge dieses Irrtums – als Mythos herausgestellt, der St. Gallener Wirtschaftsethiker Peter Ulrich bezeichnet sie trefflich als »marktmetaphysische Gemeinwohl-Fiktion«.[25] Ich würde hier von der »nationalkapitalistischen Gemeinwohl-Fiktion« von Smith und Ricardo sprechen, der sie beide aufsitzen.

Heute ist im Unterschied zu Smiths und Ricardos Ansichten freie Kapitalmobilität nicht nur möglich, sondern globale Realität. Damit ändert sich das Bild grundlegend: Britisches Kapital kann in Großbritannien Tuch herstellen, in Portugal Wein, an beiden Orten die Arbeitskräfte schlechtestmöglich entlohnen, und die Gewinne in Steueroasen verlagern, wo sich die Vermögen der EigentümerInnen anhäufen und nicht »dem Wohl des großen Ganzen« dienen. Auch könnten arbeitslos gewordene britische Arbeitskräfte dem Kapital nach Portugal nachziehen und dort den Druck auf das Lohnniveau und die Arbeitsmärkte erhöhen. Zugespitzt gesagt gibt es heute im großen Maßstab gar kein britisches oder portugiesisches Kapital mehr, sondern primär globales oder transnationales. Und dieses sucht nicht nach relativen Kostenvorteilen, sondern nach absoluten: »Der indirekte Wettbewerb um komparative Vorteile wird durch einen direkten Wettbewerb um absolute Vorteile, genauer gesagt: um absolute Weltmarktpreise sowie zunehmend auch um absolute Weltmarktlöhne ersetzt«, schreibt Gerd Zeitler.[26] Konzerne fragen nicht: »In welchem Land kann ich am *relativ* billigsten produzieren?«, sondern: »In welchem Land kann ich *am billigsten* produzieren?« »Das Theorem [Ricardos] wird nichtssagend, wenn nicht nur Waren gehandelt werden, sondern auch Kapital transferiert wird«, folgern auch Altvater und Mahnkopf.[27]

Im real existierenden globalen Wettbewerb und »Freihandel« geht es also nicht um relative, sondern um absolute Vorteile – das

Kronjuwel ist ein Luftschloss. Beim Wettbewerb um absolute Vorteile geht es wiederum nicht zwingend um die höhere (Arbeits-)Produktivität oder Leistung, sondern um die niedrigeren Kosten, nicht selten: um Dumping. Denn ein Unternehmen kann in einem Land A zum Beispiel Fahrräder mit geringerer Produktivität herstellen (es produziert mit zehn Beschäftigten sechs Fahrräder an einem Acht-Stunden-Tag) als ein Konkurrenz-Unternehmen in einem Land B (welches mit zehn Beschäftigten acht Fahrräder pro Acht-Stunden-Tag erzeugt). Jedoch bezahlt das Unternehmen in Land A nur halb so hohe Löhne, nämlich sechs Euro pro Stunde, während das Unternehmen in Land B zwölf Euro pro Stunde bezahlt oder bezahlen muss. Dann hat das unproduktivere Unternehmen niedrigere Lohnstückkosten = Lohnkosten je Fahrrad, nämlich 80 Euro, als das produktivere Unternehmen, mit 120 Euro Lohnstückkosten. Das unproduktivere Unternehmen kann Fahrräder günstiger anbieten und gewinnt den globalen Wettbewerb um absolute Kostenvorteile. Was für ein in einem Land hergestelltes ganzes Fahrrad gilt, gilt – bei globaler Arbeitsteilung und freiem Kapitalverkehr – entlang der gesamten globalen Wertschöpfungskette. So wird der Kostendruck globalisiert und schlägt am Ort mit dem geringsten Widerstand (Löhne, Arbeitsstandards, soziale Sicherheit, Menschenrechte, Umweltgesetze, KonsumentInnenschutz ...) auf.

Wie irrelevant die Rechnung von Ricardo für die Realität sein kann, zeigt folgendes Beispiel: Land C ist in der Herstellung von Wein und Tuch schlechter als England und Portugal. Da es aber die niedrigsten Arbeitskosten oder Umweltstandards oder Sozialpflichten (oder sogar Menschenrechtsstandards) weltweit hat, kann es auf dem Weltmarkt beides billiger anbieten als England und Portugal. Das Gros der globalen KonsumentInnen hat nicht die Wahl, zum qualitativ besseren portugiesischen Wein oder englischen Tuch zu greifen, weil es sich die Hochpreis-Qualität schlicht nicht leisten kann. Das Ergebnis wäre unter heutigen Bedingungen – Glaube an »Freihandel«, dadurch freier Waren- und Kapitalverkehr ohne Regulierung, dadurch Realität der globalen Kosten- und Standortkonkurrenz – steigende Arbeitslosigkeit in England und Portugal bei miserablen, mitunter menschenunwürdigen Arbeitsbedingungen in Land C, wo transnationale Konzerne hohe Profite einfahren und die Eigentümer schneller reicher machen als anderswo auf der Welt. Die Gewinne aus globaler Arbeitsteilung und »Freihandel« kommen nicht, wie Ricardo es minutiös vorrechnete, den Kapitalisten des Landes, in dem produziert wird, zugute, welche – von unsichtbarer Hand geleitet – in Produktion und Beschäftigung »zu Hause« investieren; sondern einer transnationalen Eigentümer-Elite. Diese legt ihre Vermögen in Steueroasen an und lässt sie von Asset-Managern, Family Offices und Privatbankiers verwalten, welche ebenfalls in die globale Klasse der High Net Worth Individuals (HNWI) aufsteigen, während sich »unter ihnen« weltweit Arbeitslosigkeit und Prekariat ausbreiten – und die Welthandelsorganisation den »Nicht-Ökonomen« unverdrossen die »Trivialität« der Idee der komparativen Kostenvorteile vorsingt. Und Trump die Wahlen gewinnt.

Kritikpunkt 3: Wechselkurse vergessen

Das soeben beschriebene Problem hat seine Ursache darin, dass die Währung, in der Ricardo rechnete, Arbeitsstunden waren oder: Produktivität. Seine Rechnung funktioniert, wenn Arbeitsstunden mit Kosten gleichgesetzt werden und diese wiederum mit Preisen: eine Arbeitsstunde in England = eine Arbeitsstunde in Portugal. In einer Situation des Tauschhandels ist eine Arbeitsstunde eine vernünftige Einheit. Doch heute werden Produkte wie Wein und Tuch nicht in Stunden bezahlt, sondern in nationalen Währungen wie Pfund oder Euro. Und was wie viel im grenzüberschreitenden Handel kostet, hängt deshalb nicht nur von der Anzahl der in den Produkten steckenden Arbeitsstunden ab, sondern auch von der Höhe der Löhne und damit den Stückkosten (einer Flasche oder eines Ballens) in der Währung des Ursprungslandes; sowie drittens vom Wechselkurs und damit vom Preis im Zielland. Nur wenn Wechselkurse die Produktivitätsniveaus und die realen Kaufkraftparitäten widerspiegeln, gibt es hier kein (weiteres) Problem. Dazu müssten sie jedoch politisch festgelegt werden – und das ist seit den 1970er Jahren nicht mehr der Fall. Die »Preise für Währungen« – also Wechselkurse – bilden sich heute auf den »freien« Finanz- und Währungsmärkten und können morgen in die Höhe schießen und übermorgen in den Keller fallen, mit allen Konsequenzen für die »Austauschverhältnisse«, also die Preisrelation der ausgetauschten Güter und Dienstleistungen (»Terms of Trade«). Und damit auf die absoluten und relativen Kostenvorteile. Hier tut sich ein ganzer Problemkomplex auf. Gerd Zeitler argumentiert, dass Handelspartner heute, um Ricardos Idee umsetzen zu können, zunächst »vom Tauschhandel Abstand nehmen und untereinander bilaterale Wechselkurse vereinbaren müssen, die sie unmittelbar aus den Inlandspreisen ihrer Handelsprodukte herleiten und die es ihnen anschließend erlauben, komparative Vorteile zu identifizieren und zu nutzen«.[28]

	Wein	Tuch
Portugal	80 Stunden = Währungseinheiten	90 Stunden = Währungseinheiten
England	120 Stunden = Währungseinheiten	100 Stunden = Währungseinheiten

Ich wende Zeitlers Rechnung direkt auf Ricardos Beispiel an: Wenn England für eine Einheit Wein 120 Arbeitskräfte (Stunden) benötigt und für Tuch 100, sind das Kosten (Stunden) von zusammen 220 oder im Schnitt 110 Pfund (vorausgesetzt, eine Stunde wird gleich vergütet, der Einfachheit halber mit einem Pfund pro Stunde). Portugal benötigt für eine Einheit Tuch und Wein 90 und 80 = 170 Stunden oder im Schnitt 85 Escudos. Somit entsprächen 110 Pfund 85 Escudos, das wäre der »bilaterale Wechselkurs« zwischen dem (in Ricardos Beispiel produktiveren) Portugal und dem (weniger produktiven) England. Genauer: Ein Escudo sind 1,294 Pfund; und ein Pfund sind 0,773 Escudos. Teilen nun Portugal und England die Produktion von Wein und Tuch nach komparativen Kostenvorteilen auf, gibt Portugal das, was es weniger besser macht als England – Tuch –, an England ab. Statt Tuch selbst zu erzeugen um 90 Escudos, kauft es nun in England ein, das Tuch zum Preis von 100 Pfund produziert. Für 100 Pfund muss Portugal 77,3 Escudos hinlegen (statt 90 Escudos bei Eigenproduktion), was eine Ersparnis von 14,1 Prozent ausmacht. England hingegen, das Wein zum Preis von 120 Pfund erzeugen könnte, zahlt für Import-Wein aus Portugal 80 Escudos, das macht beim errechneten Wechselkurs von 1,294 Pfund pro Escudo 103,5 Pfund. Die Ersparnis für England beträgt 13,7 Prozent.

	Wein selbst erzeugt	Wein aus Portugal	Differenz/Ersparnis
England	120 Pfund	103,5 Pfund	– 13,7 Prozent
Portugal	90 Escudos	77,3 Escudos	– 14,1 Prozent
	Tuch selbst erzeugt	Tuch aus England	

So weit, so gut, beide gewinnen – nun können die Probleme beginnen. Ich behandle nur die drei wichtigsten. Problem Nummer 1: Ricardo hat die Transaktionskosten vergessen – oder bewusst vernachlässigt. Das ist an allererster Stelle der Transport, aber auch die Zolldeklaration (selbst bei Freihandel), Übersetzung, ausländische Vertriebspartner und andere. Machen diese Kosten rund 15 Prozent aus, wäre in beiden Fällen der Gewinn schon dahin. Der Anreiz zur Aufteilung der Produktion nach komparativen Vorteilen ginge verloren. Das Brot muss ja irgendwie von Südindien nach Nordchina kommen …

Gefahr Nummer 2: Die Produktivität und damit die Preise der Produkte, auf deren Produktion sich Länder spezialisiert haben, entwickeln sich unterschiedlich: Die »Terms of Trade« verschieben sich. Das heißt: Wein bleibt billig, Tuch steigt im Preis. Oder am Beispiel der WTO: Brot bleibt billig, Autos werden teurer. Oder ganz allgemein: Rohstoffe werden billiger, Industriegüter teurer. Im gesamten 20. Jahrhundert sind die Rohstoffpreise (ohne Öl) in Relation zu den Industriepreisen jährlich um ein Prozent zurückgegangen.[29]

1980 bis 2000 sanken die Weltmarktpreise von Metallen sogar um 41 Prozent, von Treibstoffen um 71 Prozent[30] und jene von 18 wichtigen Agrargütern um durchschnittlich 25 Prozent. Kaffee wurde um 64 Prozent, Kakao um 71 Prozent und Zucker um 77 Prozent billiger. Infolgedessen hatten zu Beginn des 21. Jahrhunderts 64 Entwicklungsländer eine negative Handelsbilanz.[31] Als Ausgleichsmaßnahme für die auseinanderdriftenden Preisrelationen müssten die betroffenen Länder entweder den Wechselkurs zwischen ihren Währungen (politisch) anpassen. Oder die Gewinner-Länder müssen weitere Produktionen an die Verlierer-Länder abtreten. Guten Morgen, WTO!

Problem Nummer 3 tritt auf, wenn zwar Löhne und Produktivitäten gleich bleiben, sich jedoch die Wechselkurse verändern. Das kann dann passieren, wenn wir die Bildung der Wechselkurse den freien Märkten überlassen. Dann können entweder die Währungsmärkte ihre ganz normale Irrationalität entfalten und sich von den realen Produktivitätsverhältnissen entfernen. Oder es können Finanzinvestoren auf den Plan treten und auf steigende oder fallende Wechselkurse spekulieren. Erreichen sie ihr Spekulationsziel, machen sie das Austauschverhältnis, unter dem die Handelspartner beidseitig gewinnen könnten, kaputt. Nehmen wir an, der Wechselkurs des Escudo sinkt infolge von Irrationalität oder Spekulation gegenüber dem Pfund auf 1,00: Ein Pfund ist einen Escudo wert und umgekehrt. Dann freut sich England, weil es Wein nun noch billiger kaufen kann, nämlich um 80 statt um 103,5 Pfund. Der Vorteil gegenüber den Kosten bei Eigenproduktion steigt auf ein Drittel oder 33,3 Prozent. Hingegen wird importiertes Tuch für Portugal teurer, sein Preis steigt auf 90 Escudos, das sind genau die Kosten der Eigenproduktion, und damit ist der komparative Vorteil für Portugal dahin (noch ohne Berücksichtigung der Transaktionskosten). Wir lernen: Auch stabile Wechselkurse sind eine Bedingung, damit die Ricardo-Rechnung aufgeht.

Irrationale Wechselkursschwankungen müssen gar nicht auf maligne Spekulation zurückgehen. Die Schweiz machte vor kurzem die schmerzhafte Erfahrung der Kombination aus marktgebildeten Wechselkursen und freiem Kapitalverkehr. Im Zuge der Eurokrise flutete globales Anlagekapital in das sichere Alpenland. Die Flut war so mächtig, dass der Versuch der Schweizer Nationalbank, den Frankenkurs zu deckeln, fehlschlug. Der Frankenkurs durchstieß den gezogenen Plafond, und in den folgenden Monaten waren Schweizer Produkte für Käufer in Euro im Schnitt um zehn Prozent teurer. 2015 gingen monatlich 6000 Arbeitsplätze verloren, die Regierungsprognosen zum Wirtschaftswachstum sanken im Verlauf von 2015 von 2,1 auf 0,8 Prozent, die Schweizer Hotels verbuchten zwischen Mai und Oktober 142 000 Übernachtungen weniger, und Unternehmens-Insolvenzen stiegen um sieben Prozent.[32] Die WTO hat für solche ganz realen Szenarien nichts aufzubieten.

Kritikpunkt 4: Ausgeglichene Handelsbilanzen kein Ziel

Damit alle an einem Freihandelssystem beteiligten Länder in gleichem Maße gewinnen können, bedarf es ausgeglichener Handelsbilanzen aller Beteiligten. Denn ob es den Fans »freier« Märkte gefällt oder nicht: Ein makroökonomisches Gleichgewicht kann nur bei ausgeglichener Handelsbilanz erzielt werden. Die Summe aller Handelsbilanzen weltweit ist null. Jeder Handelsbilanz-Überschuss eines Landes verursacht zwingend ein Defizit in einem anderen Land. Vorübergehend und in geringem Ausmaß stellt das kein Problem dar, genauso wenig wie zwischen zwei »Menschen«, wenn der eine dem anderen einmal mehr verkauft, als er ihm abkauft. Wenn aber ein Mensch dem anderen beständig mehr oder sogar deutlich mehr verkauft, als er ihm abkauft, dann verschuldet sich der andere Mensch immer tiefer beim ersten und ist früher oder später bankrott. Das ist auch für das Überschussland ein Problem, weil es seine Schulden nicht mehr eintreiben kann. In einem globalen Handelssystem besteht noch die Möglichkeit, sich einen anderen Schuldner zu suchen und den bisherigen Defizitpartner hängenzulassen –

das würde allerdings einer merkantilistischen Strategie entsprechen und nicht der Freihandelsidee, die ja das »Wohl des großen Ganzen« zum Ziel hat.

Deutschland erzielte 2016 einen Rekordüberschuss von fast 250 Milliarden Euro oder 8,5 Prozent seines BIP.[33] 2015 waren es 7,6 Prozent gewesen. Damit Deutschland diesen Überschuss erzielen kann, benötigt es eines oder mehrere – in Summe gleich große – Länder, welche sich in diesem Ausmaß verschulden, was ein Land rasch an den Rand des Staatsbankrotts bringt, sonst geht die Rechnung für den Exportweltmeister nicht auf. Ein vertrautes Beispiel: Zwischen Deutschland und Griechenland baute sich zwischen dem Beginn der Euro-Währungsunion 1999 und dem Ausbruch der Eurokrise 2009 ein mächtiges Handelsungleichgewicht auf, das maßgeblich zum Absturz Griechenlands beitrug. Nach Ricardos Idee hätten Deutschland und alle anderen Länder, die einen Handelsüberschuss mit Griechenland haben, so lange Produktionszweige an Griechenland abtreten müssen, bis Griechenland wieder gleich viel exportiert wie importiert, denn »es ist sinnlos zu sagen, dass ein Land in keinem Produkt einen komparativen Vorteil hat«, lehrt die WTO.[34] Deutschland könnte beispielsweise seine gesamte Landwirtschaft an Griechenland und andere Handelspartner abtreten, dort hat es nicht einmal absolute Kostenvorteile – weshalb es aus der Sicht der komparativen Vorteile sogar nahelege. Es gibt auch »Ökonomen«, die das ernsthaft vorschlagen.[35] Und die WTO erklärt uns den Freihandel ja gerade damit, dass nicht jedes Land sein tägliches Brot selbst erzeugen soll ...

Eigentlich hätte es aber gar nicht zur Exportweltmeisterschaft kommen dürfen: Das Stabilitätsgesetz der Bundesrepublik von 1967 sieht ein »außenwirtschaftliches Gleichgewicht« vor: »Bei außenwirtschaftlichen Störungen des gesamtwirtschaftlichen Gleichgewichts (...) hat die Bundesregierung alle Möglichkeiten der internationalen Koordination zu nutzen. Soweit dies nicht ausreicht, setzt sie die ihr zur Wahrung des außenwirtschaftlichen Gleichgewichts zur Verfügung stehenden wirtschaftspolitischen Mittel ein.«[36] Zum

Beispiel Ricardo! Deutschland müsste, um das Gesetz zu erfüllen, entweder den Wechselkurs anheben (was im Euro schwierig ist) oder intern aufwerten (Lohnerhöhung in allen Exportbranchen) oder Exportzölle einheben (was in der Zollunion schwierig ist) oder aber eben das Prinzip der komparativen Kostenvorteile umsetzen und den Handelspartnern Produktionszweige überlassen. Funktionieren kann ein Handelssystem jedenfalls auf Dauer nur, wenn alle Beteiligten ausgeglichene Handelsbilanzen aufweisen. Das wiederum kann nur erreicht werden, wenn die globale Verteilung der Produktion so gestaltet wird, dass alle Länder Güter und Dienstleistungen in vergleichbarem Wert exportierten. Überlässt man die Entwicklung der Handelsbilanzen dem Zufall – oder dem Stärkeren –, geht ein Teil der Länder früher oder später bankrott, und der andere bleibt auf Forderungen (»Vermögen«) sitzen: Staatsinsolvenz und »Schuldenschnitt«.

2015 hatten weltweit 62 Länder einen Handelsbilanz-Überschuss, 123 Länder ein Defizit.[37] Manche der Ungleichgewichte, etwa das zwischen China und den USA, sind so groß, dass einige AutorInnen darin »das bedeutendste unmittelbare Gefahrenpotenzial für die Weltwirtschaft« sehen.[38] Handelsungleichgewichte können verschiedenste Ursachen haben:
- Nicht alle Länder haben gleichwertige absolute Vorteile.
- Die Preisrelationen (»Terms of Trade«) verrutschen.
- Die Wechselkurse bilden nicht die realen Kaufkraftparitäten ab, sondern werden von den liberalisierten Finanzmärkten durcheinandergeworfen.
- Die KonsumentInnen in einem Land konsumieren auf Kredit, was die Importe übermäßig in die Höhe treibt.
- Mehrere Länder spezialisieren sich auf ähnliche Produkte (Kaffee) oder Dienstleistungen (Billiglohn-Sweatshops) und setzen lieber auf die Strategie absoluter Kostenvorteile (Süd-Süd-Konkurrenz) ... (England erschafft viele Portugals, um als Industriegüter-Sieger aus dem globalen Handelskrieg hervorzugehen.)

Schlussendlich ist aber entscheidend, dass eben nicht je ein »Mensch« pro Land die Produktion planen und so verteilen kann, dass alle gewinnen. Diese allmächtigen Einzelmenschen existieren in der Realität nicht, die Wirtschaft eines Landes besteht aus Tausenden von Unternehmen mit je eigenen Interessen. Und viele dieser Unternehmen kooperieren nicht im Sinne des größtmöglichen Gemeinwohls ihrer Volkswirtschaft, sondern sie suchen ihren eigenen Vorteil. Dazu werden sie von derselben klassischen Wirtschaftswissenschaft ermutig, die auch den Freihandel auf ihre Fahnen geheftet hat. Schon Adam Smith hatte formuliert, dass der Wohlstand der Nationen »nicht vom Wohlwollen« der Wirtschaftstreibenden abhänge, sondern »davon, dass sie ihre eigenen Interessen verfolgen«.[39] Warum aber sollten sie dann das Theorem der komparativen Vorteile umsetzen?

Damit das globale Handelssystem zum »Wohl aller« wirken kann, bräuchte es deshalb einen Mechanismus, der dafür sorgt, dass die Handelsbilanzen im Gleichgewicht bleiben, zumindest annähernd und über längere Zeiträume. Der britische Ökonom John Maynard Keynes hat einen solchen Ausgleichsmechanismus – heute würden wir ihn vielleicht »automatischen Stabilisator« nennen – entwickelt und 1944 auf der Konferenz von Bretton Woods vorgestellt, auf der die Nachkriegswährungsordnung festgelegt wurde. Dort scheiterte die Idee jedoch an US-Verhandlungsführer Harry Dexter White, der nicht wie Ricardo das Wohl des großen Ganzen im Blick hatte, sondern das der US-Regierung. Mit dem Bretton-Woods-System wurde die Dollar-Hegemonie errichtet, die bis heute währt: Der US-Dollar ist die Weltrohstoffwährung und Weltkreditwährung Nummer eins. Die Koppelung der Leitwährungsrolle an eine nationale Währung war der programmierte Zusammenbruch des Bretton-Woods-Systems, und es ist bis heute die zentrale Quelle weltwirtschaftlicher Instabilität. Seit dem Kollaps des Bretton-Woods-Systems Anfang der 1970er Jahre – nachdem die Golddeckung des Dollars verlorengegangen war – werden die globalen Währungs- und Finanzmärkte geschüttelt von heftigen Wechselkursschwankungen, Handelsbilanzungleichgewichten, Zwillingstürmen aus Devisenreserven und Staatsschulden, spekulativen Attacken auf Währungen und Staatsinsolvenzen. Hätten die Regierungen ein globales System der Instabilität *geplant*, sie hätten kein besseres Ergebnis erzielen können.

Die Gründung der WTO 1995 wäre die große Chance gewesen, einen Ausgleichsmechanismus zu entwickeln und Ruhe in die Währungs- und Finanzbeziehungen zu bringen. Die Teilnahme an einem Bretton Woods II im Sinne von Keynes hätte zur Bedingung für die Mitgliedschaft gemacht werden können. Doch erstens war die US-Regierung aus demselben Grund dagegen wie 50 Jahre zuvor – die »Interessenlage« der Supermacht hatte sich nicht verändert –, und zweitens war John Maynard Keynes' Ansehen inzwischen im Sinken begriffen: Die Monetaristen, Freihändler und Zwangsjackenverkäufer hatten das Kommando in der Wirtschaftswissenschaft übernommen, und das Attribut »Keynesianer« war in der Mainstream-Ökonomie zum Karriere-Hemmer geworden.

Dennoch wäre die Kombination »Ricardo« und »Keynes«, zumindest aus mathematischer Sicht, eine logische Hochzeit: Wir nützen die komparativen Kostenvorteile (A) und sorgen gleichzeitig für ausgeglichene Handelsbilanzen aller Beteiligten (B), damit die realisierten Effizienzgewinne tatsächlich allen Menschen, pardon: Staaten, in gleichem Maße zugutekommen.

Kritikpunkt 5: Ökologie

Selbst wenn alle Länder zu 100 Prozent ausgeglichene *finanzielle* Handelsbilanzen erzielten, könnte es passieren, dass sie alle zusammen die Ressourcen des Planeten weit schneller verbrauchen, als diese sich erneuern, und Abfallstoffe produzieren, welche die Ökosysteme der Erde dauerhaft belasten. Auf diese Weise baut die Menschheit insgesamt eine ökologische Schuld gegenüber dem Planeten und der Zukunft auf. Allerdings kann es sein, dass nur ein Teil der Länder mehr entnimmt, als seinen BewohnerInnen pro Kopf zusteht; während Menschen in anderen Ländern um ein Vielfaches über ihre ökologischen Verhältnisse leben. Weiters ist möglich, dass just die Länder mit überschüssigen finanziellen Handelsbilanzen die größten *materiellen* Defizite bei den Handelsbilanzen aufweisen und sich damit ökologisch am tiefsten verschulden. Beispiel EU: Im Jahr 2000 importierte die EU bei leicht defizitärer finanzieller Handelsbilanz Güter mit einer Gesamtmasse von 7,3 Milliarden Tonnen. Ihre Exporte wogen dagegen die Leichtigkeit von nur 2,3 Milliarden Tonnen.[40] In einem einzigen Jahr verschuldete sich die EU bei ihren Handelspartnern somit in der Höhe von 4 Milliarden Tonnen. Den als Ökonomen verkleideten Chrematisten sind solche Rechnungen fremd, sie lesen Bilanzen nur in Dollars. Die WTO sieht für ökologische Handelsbilanzen ebenso wenig einen Ausgleichsmechanismus vor wie für die finanziellen – sie erkennt nicht einmal das Problem der Übernutzung der planetaren Ressourcen: ein »handelsfremdes« Thema!

Das bekannteste Maß, in dem die Belastung der planetaren Ökosysteme durch die Menschheit dargestellt werden kann, ist der ökologische Fußabdruck, der in »globalen Hektar« gerechnet wird. Sämtliche Umweltbelastungen – Verbrauch und Rückgabe – werden in diese Einheit oder »ökologische Währung« umgerechnet.[41] 2012 standen je Mensch 1,7 globale Hektar zur Verfügung. Doch im Durchschnitt verbrauchte jeder Mensch bereits 2,8 Hektar – weil in 91 von 152 Ländern die Menschen den Planeten über Gebühr belasten. Insgesamt beansprucht die Menschheit bereits heute 1,5 Planeten.[42] Würden alle Menschen so viel verbrauchen wie die durchschnittliche BürgerIn in den USA oder Kanada, bräuchten wir 4,8 Planeten, wie eine ÖsterreicherIn, 3,6 Planeten, eine Deutsche 3,1 Planeten, eine ChinesIn 2 Planeten, eine InderIn 0,7 Planeten und eine Einwohnerin von Eritrea 0,25 Planeten. Mit genau einem Planeten würde die Menschheit auskommen, wenn alle Menschen so viel verbrauchen würden wie eine durchschnittliche Person in Marokko, Honduras, Lesotho oder Vietnam.[43]

Die Menschheit hat 50 Prozent der Landoberfläche umgestaltet und verbraucht 50 Prozent aller Süßwasservorräte der Erde. Die globale Waldfläche hat sich seit Beginn des Ackerbaus vor 10 000 Jahren halbiert; die Zahl der Feuchtgebiete seit 1950; der Fischbestand seit 1970. Ein Fünftel aller Korallenriffe und 35 Prozent der Mangrovenwälder sind verloren. Die Artenvernichtungsrate liegt heute tausendmal höher als vor dem Eintritt des Menschen in die Geschichte. Ein Drittel aller Säugetiere, Vögel und Amphibien ist vom Aussterben bedroht.[44] Zwischen 1970 und 2012 haben sich die Populationen der im Meer lebenden Arten um 36 Prozent verringert, der auf dem Land lebenden Tierarten um 38 Prozent und die der Süßwasser-Lebewesen um 81 Prozent.[45] Die Zahl von 33 Arten an Wiesenschmetterlingen ging zwischen 1990 und 2012 um durchschnittlich ein Drittel zurück.[46]

Ob es angesichts dieser nicht-nachhaltigen Wirtschaftsweise klug ist, ausgerechnet mit zwei der meistverbrauchenden Länder der Erde, Kanada und USA, »höchst ambitionierte« Freihandelsabkommen anzustreben, diese als »Goldstandard« zu titulieren und dabei die Problematik des ökologischen Fußabdrucks nicht einmal zu erwähnen? Eines Tages sollte so eine politische Entscheidung ein Fall für den internationalen Strafgerichtshof wegen Schwerverbrechens gegen die Mutter Erde werden.

Noch sind wir in der Freihandelslogik. Infolge der globalen Arbeitsteilung hat sich folgende für die Industrieländer doppelt günstige Arbeitsteilung herausgebildet: Der »Süden« spezialisiert sich auf die Ausbeutung und den Export von (unverarbeiteten und billigen) Rohstoffen, der Norden exportiert teure Industrie- und Gebrauchsgüter. Dabei gewinnt der Norden doppelt: einmal an den für ihn günstigen Austauschverhältnissen (»Terms of Trade«), ein andermal, indem er bei den Ländern des Südens unaufhörlich »ökologischen Kredit« aufnimmt[47], ohne dass diese wachsende Schuld irgendwo verbucht, geschweige denn ihre Rückzahlung eingefordert würde.[48] Einfordern tut nur der Norden die Finanzschulden des Südens, die sich infolge von Leistungsbilanzdefiziten ergeben sowie infolge eines »Freihandelssystems«, das stillschweigend dafür sorgt, dass der Süden unterentwickelt und in finanzieller Abhängigkeit des Nordens bleibt.

Ein weiterer Punkt ist, dass sich die reichen Industrienationen, die zwar viele Industrien in ärmere Länder ausgelagert haben, aber unverändert deren Erzeugnisse importieren, selbstverliebt als »Dienstleistungs-«, »Wissens-« oder gar »digitale« Gesellschaften bezeichnen – so als hätten sie das Industriezeitalter für immer hinter sich gelassen und würden dem Planeten kein Haar mehr krümmen.

Die SchweizerInnen verursachen laut einer Studie des Bundesamtes für Umwelt jedoch 60 Prozent aller Umweltbelastungen im Ausland.[49] Tim Jackson hat für Großbritannien recherchiert, dass sich eine scheinbare Reduktion der Treibhausgas-Emissionen von sechs Prozent zwischen 1990 und 2004 in einen Emissionsanstieg von elf Prozent verwandelt, wenn die Importe mitgerechnet werden.[50] In der EU hat der Anteil der die Umwelt besonders belastenden Güter an den Importen in den letzten Jahrzehnten stark zugenommen und beträgt inzwischen 70 Prozent.[51]

Während immer mehr Menschen klar wird, dass a) weiteres Wirtschaftswachstum in den USA und der EU nicht nachhaltig ist und b) weiteres Wirtschaftswachstum das Wohlbefinden und die Lebensqualität der meisten Menschen gar nicht erhöht, sondern bedroht, halten die Chrematisten unter den Ökonomen und die meisten WirtschaftspolitikerInnen am Wachstumsglauben sowie der Basisgleichung Handel = Wachstum = Wohlstand fest. Fest steht allerdings nur, dass der Handel schneller wächst als die Wirtschaft. 1950 bis 2002 hat sich das Weltwirtschaftsprodukt versiebenfacht, während der Welthandel um den Faktor 22 gestiegen ist.[52] 2005 machte der Welthandel 20 Prozent des globalen BIP aus, 2014 waren es 30 Prozent![53] Diese Zahl ist zum einen schier unglaublich, zum andern fragt man sich, was diese Explosion des Handelsvolumens gebracht haben soll außer einer Explosion des dazu nötigen globalen Transports und der Umweltbelastung. Denn so unsicher der Zusammenhang zwischen Freihandel und Wirtschaftswachstum ist, so gesichert ist der zwischen mehr Handel und höherem Ressourcenverbrauch.

Aus größeren Strukturen (»economy of scale«), längeren Transportstrecken und einem Anstieg des Handelsvolumens ergeben sich klarerweise ökologische Belastungen. In der EU hat die Menge der transportierten Nahrungsmittel seit 1970 um 20 Prozent zugenommen, die zurückgelegten Kilometer hingegen um 125 Prozent. Die Inhaltsstoffe für ein einfaches Erdbeerjoghurt sind in Summe 9000 Kilometer auf Reisen.[54] Der Transport eines Containers von Shanghai nach Nordeuropa kostete im März 2016 zeitweise 212 Euro. Damit war der Transport von 20 Tonnen Gütern über 20 000 Kilometer billiger als eine Ein-Personen-Bahnfahrt zweiter Klasse von München nach Göttingen und zurück, rechnet Harald Klimenta vor.[55] Frachter pusten nicht nur Treibhausgase aus, sondern auch Schwefeldioxid. Auf den Weltmeeren verkehren über 9000 Containerschiffe und Zehntausende kleinerer Handelsschiffe. Die Weltgesundheitsorganisation geht von bis zu 60 000 zusätzlichen Todesfällen durch diese »schwimmenden Müllverbrennungsanlagen« (Klimenta) aus. Hinzu kommt der für viele Tiere unerträgliche Unterwasserlärm, der den Lebensraum etwa des Buckelwals um 90 Prozent reduziert hat.

Grund für diesen Widersinn ist, dass Transport viel zu billig ist. Er wird kräftig von der Allgemeinheit subventioniert, und die Transport-Industrie kommt für die Schäden, die sie an Umwelt, Gesundheit und Wirtschaft anrichtet, nicht auf. Anstatt diese versteckten Subventionen als Wettbewerbsverzerrung in Frage zu stellen, freuen sich Chrematisten und Freihändler, wenn mehr Schiffe und Lkws im Einsatz sind. Gerd Zeitler bringt es auf den Punkt: »Es charakterisiert die WTO, dass sie das steigende Transportaufkommen als Beitrag zum Wirtschaftswachstum, nicht aber als globale Gefahr wahrnimmt.«[56]

Wir beginnen die WTO langsam zu verstehen: Das Beispiel mit den Autos und dem Brot wurde nicht aus Gedankenlosigkeit gebracht, sondern möglicherweise bewusst mit folgendem Kalkül:

Wenn Land A seine Broterzeugung einstellt, dann muss das Brot aus Land B mit immensem Transportaufwand herangeschafft und in Land A verteilt werden. So brummen nicht nur die Autofabriken und die Bäckereien, sondern zusätzlich die Lkws der Speditionsbetriebe, und das steigert das Bruttoinlandsprodukt!

PS: Sie mögen jetzt denken, gut, dass er uns nicht gequält hat, indem er vielleicht noch vorrechnet, wie lange der Brottransport im *worst case* von Kerala, der Südspitze Indiens, bis Heilongjiang in Nordostchina dauern würde und wie viele Tausend Kilometer das wären. Nein, gequält hätte ich Sie, wenn ich nicht zwei Nachbarländer für das WTO-Beispiel herangezogen hätte, sondern zum Beispiel Australien und Kanada, oder Chile und China. Hätte ja bei einer globalen Berechnung der komparativen Vorteile rauskommen können.

Kritikpunkt 6: Freihandel zwischen Ungleichen vergrößert die Ungleichheit

Wenn die Planung der umsichtigen Verteilung komparativer Kostenvorteile *nicht* stattfindet, kann es, wie schon beschrieben, zu gefährlichen Ungleichgewichten und sogar zum Handel gegeneinander kommen. Manche »Menschen« empfinden es sogar als sportlich, ihre komparativen Kostenvorteile *nicht* zu teilen und stattdessen den Exportweltmeistertitel anzustreben. Besonderen Schaden kann Freihandel anrichten, wenn hochindustrialisierte Länder in »Freihandel« mit armen Ländern treten. Die Industrieländer wenden viele verschiedene Tricks an, um ihren Merkantilismus unter dem Deckmantel des Freihandels fortzusetzen:
- Sie nötigen ihnen das Prinzip der Reziprozität (»Nichtdiskriminierung«) auf, demzufolge ungleiche Länder gleich behandelt werden und ihren Zollschutz gleich schnell absenken müssen wie die Industrieländer.
- Dessen ungeachtet heben Industrieländer gegenüber Einfuhren aus Entwicklungsländern immer noch drei- bis viermal so hohe

Zölle ein wie auf Einfuhren aus Industrieländern.[57] CETA und TTIP wären weitere Schritte in diese falsche Richtung.
- Sie betreiben die Spezialisierung der armen Länder auf Rohstoffexporte, was die technologische Kluft und damit den Entwicklungsabstand anwachsen lässt.
- Sie heben höhere Zölle auf Fertigprodukte ein als auf Rohstoffe (»Zolleskalation«), was die Höherentwicklung der Industrie behindert.
- Gleichzeitig sind die meisten Rohstoffkonzerne in der Hand des Nordens (Kanada, Australien), wodurch selbst diese Gewinne dem Norden zufließen.
- Sie predigen Export als vorrangige Entwicklungsstrategie, was den Fokus der Wirtschaftspolitik auf den Rohstoffexport richtet und ablenkt vom Aufbau einer diversifizierten Produktivbasis aus Handwerk, Gewerbe, nachhaltiger Industrie und Landwirtschaft.
- Sie halten sie in der Schuldenfalle gefangen, was den Druck zu exportieren auf dem Rohstoffsektor trichterhaft erhöht.
- Sie heizen die Süd-Süd-Konkurrenz an, was den Entwicklungseffekt klein hält und die Rohstoffpreise zugunsten der nördlichen Hochkonsumländer drückt.
- Sie protegieren eigene Branchen mit absoluten und relativen Nachteilen (zum Beispiel Mais oder Baumwolle in den USA) nicht nur mit Schutzmaßnahmen, sondern mit aggressiven Exportsubventionen, was jedes Bekenntnis zum Freihandel zur Farce macht.
- Sie packen die WTO-Agenda voll mit handelsfremden Themen wie Schutz geistiger Eigentumsrechte, Investitionsschutz, öffentliche Beschaffung und Dienstleistungserbringung im Ausland, die einseitig den reichen Ländern nützen.
- Sie haben durchgesetzt, dass in der WTO immer nur das Gesamtpaket aller Themen beschlossen werden kann, was enormen Druck auf arme Länder ausübt, sich in vielen Bereichen weit über das Maß zu öffnen, das ihnen guttut.

Reziproker Handel zwischen Ungleichen, oder eben Freihandel, führt dazu, dass Länder mit geringem Entwicklungsstand, die sich unvorsichtigerweise dem Weltmarkt ausliefern – oder gezwungenermaßen öffnen müssen (um ihre Überschuldung abzubauen) –, gerade *dadurch* noch weiter zurückfallen. Zahlreiche Länder in Südasien, Afrika und Lateinamerika wurden durch Marktöffnung und Freihandel ärmer. Ein paar Beispiele:
- 1960 bis 1962 lag das Pro-Kopf-Einkommen der 20 reichsten Länder 54-mal über dem der 20 ärmsten Länder, 2000 bis 2002 bereits 122-mal höher.[58]
- Zwischen 1980 und 1997 sank das Pro-Kopf-Einkommen in 59 Ländern.[59]
- In vielen Ländern führte Freihandel zu Deindustrialisierung: Argentinien büßte seine Maschinenbauindustrie ein, in der Elfenbeinküste kollabierte die Chemie-, Schuh- und Autozulieferindustrie. In Kenia schrumpften die Arbeitsplätze in der Textilindustrie von 120 000 auf 85 000.
- Auch zahlreiche Kleingewerbe und HandwerkerInnen wurden vom Freihandel hinweggerafft. In Sambia ging die Beschäftigung in den Handwerksbetrieben um 40 Prozent zurück, in Ghana sogar fast um zwei Drittel.[60]
- KleinbäuerInnen werden hinweggerafft: In Mexiko gaben nach dem NAFTA-Beitritt 1,3 Millionen BäuerInnen auf, in Kenia ging die Baumwollproduktion von 70 000 auf 20 000 Ballen zurück. Im Senegal sank die Tomatenproduktion von 73 000 auf 20 000 Tonnen.
- Die Nahrungsmittelimportabhängigkeit der Entwicklungsländer steigt: In den 1970er Jahren importierten sie erst vier Prozent des konsumierten Getreides, 2000 bereits fast zehn Prozent, und für 2030 wird eine Lücke von 14 Prozent erwartet.[61]
- Die Gruppe der am wenigsten entwickelten Länder (LDC) hat sich seit Beginn der Liste von 25 auf 48 Mitglieder 2015 verdoppelt. Nur vier Länder – Botswana, die Kapverden, die Malediven und Samoa – schafften es aus der Liste heraus.[62]

– Der »Sündenfall« der gezielten Deindustrialisierung ereignete sich in Indien, als das Land noch eine britische Kolonie war und die Kolonialmacht zum eigenen Vorteil die Schutzzölle für die indischen Baumwollwebereien eliminierte. In kurzer Zeit waren das Spinnerei-Gewerbe und die Stahlerzeugung in Indien Geschichte.[63]

Erkenntnis: »Reziproker« Handel darf grundsätzlich nur zwischen ökonomisch gleich starken Partnern stattfinden. Alle modernen Verfassungen verbieten die Gleichbehandlung von Ungleichen. Der WTO-Jargon der »Nichtdiskriminierung« ist zynisch, weil Unterschiedliches (Industrie- und Entwicklungsländer; Weltkonzerne und lokale KMU; Agrarmultis und KleinbäuerInnen) nicht unterschiedlich behandelt werden darf. Im GATT gibt es zwar seit 1979 das Instrument der »speziellen und differenzierten Behandlung (SDT)« von Entwicklungsländern, das jedoch kaum Wirkung entfaltete. Unter dem Strich sind die Mindereinnahmen, die die reichen Länder den armen Ländern durch Handelshemmnisse bescheren, dreimal höher als die gesamte Entwicklungshilfe, die sie leisten.[64] Vandana Shiva nennt deshalb Freihandel eine Form von Protektionismus: »Freihandel ist nicht Anti-Protektionismus. Es ist der Protektionismus der Mächtigen.«[65]

Ist ein niedriger Einheitszoll »Freihandel«?

»Freihandel« sucht definitionsgemäß die Öffnung der Märkte, was ein höheres Wirtschaftswachstum bringen und die Nutzung der Arbeitsteilung ermöglichen soll. Die Beseitigung der Zoll- und anderen Handelshürden würde höhere wirtschaftliche Effizienz bringen und die KonsumentInnen begünstigen.
In Chile wurde in den 1970er Jahren das neoliberale Modell nach den ökonomischen Prinzipien von Milton Friedman umgesetzt. Er stand für mehr Privatinitiative, einen kleineren öffentlichen Sektor und die Zurückdrängung des Staates. Chile hat als erstes Land diese Doktrin umgesetzt, allerdings mit Gewalt, und nicht per demokratischer Entscheidung. Auf diese Weise wurden die

Grenzen für Importe geöffnet, nichttarifäre Handelshindernisse ebenso beseitigt wir Zölle. Zunächst wurde ein Einheitszoll von zehn Prozent festgelegt, der später auf null Prozent für die meisten Märkte abgesenkt wurde, in zahlreichen Freihandelsabkommen, die teilweise in der bereits zurückgekehrten Demokratie abgeschlossen wurden. Diese Politik hatte zerstörerische Folgen für zahlreiche Unternehmen und Arbeitsplätze und führte zu einer Erhöhung der Ungleichheit im Land, zumal die meisten Wirtschaftssektoren nicht international wettbewerbsfähig waren, mit Ausnahme des Rohstoffsektors und einiger Bereiche der Landwirtschaft. Besonders schwer wurde die bis dahin blühende Textilindustrie in Mitleidenschaft gezogen, ebenso die Automobil- und Gebrauchsgüterindustrie.

Fairer oder ethischer Handel ist nicht gegen »Freihandel«, wenn dieser unter gleichen und fairen Bedingungen stattfindet. Unfair war, dass die Textilproduzenten, die in Chile hohe arbeits-, sozial- und umweltrechtliche Auflagen erfüllen mussten, »nichtdiskriminierend« mit Importeuren konkurrieren mussten, die in den Herkunftsländern vergleichbare Produkte nicht unter gleichen Bedingungen produzierten. Das ist unfairer Wettbewerb, aber nicht »freier Handel«. Wenn die Arbeitsbedingungen am Herstellungsort würdig und gesund sind und der Preis dennoch besser ist, dann sollten diese Produkte leichteren Zugang zu den KonsumentInnen haben, aber üblicherweise sind diese Produkte »subventioniert« durch unangemessene Arbeits-, Sozial- und Umweltpraktiken, die in Chile gar nicht erlaubt wären. Folglich handelt es sich um eine Situation der Ungleichheit und einer progressiven Verschlechterung der Entwicklungsmöglichkeiten zahlreicher Produktivsektoren.

Ein fairer und ethischer Handel sollte sicherstellen, dass die Herstellungsbedingungen gerecht sind, ohne grundlegende soziale, ökonomische und ökologische Rechte zu untergraben. Dann wird die Öffnung nicht infrage gestellt. Wenn der Beitrag zum Gemeinwohl nachgewiesen werden kann, sollten für ethische Unternehmen ein geringerer Zoll gelten als für jene, die ihren Beitrag zum Gemeinwohl nicht darstellen können oder ethisch zuwiderhandeln.

Gerardo Wijnant (ehemaliges Direktoriumsmitglied
der World Fair Trade Organization, Chile)

Kritikpunkt 7: Innerstaatliche Ungleichverteilung

Schon der Hausverstand sagt, dass internationaler Handel aus mindestens zwei Gründen auch die Ungleichheit *innerhalb* von Staaten vergrößert und die Gesellschaft in GewinnerInnen und VerliererInnen aufspaltet:

1. Exportorientierung führt zu größeren Wirtschaftsstrukturen, größeren Unternehmenseinheiten, ungleicheren Einkommen und Vermögensverhältnissen – wenn es nicht großzügige Arbeitslosengelder, Mindestsicherungen oder überhaupt bedingungslose Grundeinkommen gibt. Diese jedoch werden gerade aufgrund der Globalisierung tendenziell rückgebaut. (Und internationale Steuer-, Sozial- und Verteilungspolitik werden von den Zwangsjacken-Regierungen mit gleicher Leidenschaft abgewehrt, wie sie neue Freihandels- und Investitionsschutzabkommen beschließen.)

2. Arbeitsteilung, Spezialisierung und das Realisieren von Skaleneffekten verstärken diese Tendenz: In China werden die EigentümerInnen der Automobilkonzerne steinreich, während ein großer Teil der Bevölkerung an der Armutsgrenze lebt, weil keine Bäckereien mehr da sind und andere Produktionszweige an andere Handelspartner mit komparativen Vorteilen abgegeben wurden. In Indien werden riesige Backkonzerne entstehen, die wiederum Millionen kleiner Bäckereien in den Ruin treiben werden; die ehemals selbständigen BäckerInnen können dann als schlechtbezahlte Fachkräfte den Reichtum der EigentümerInnen der Backkonzerne mehren, während sie selbst arm bleiben oder einen nur sehr bescheidenen Wohlstand erwerben. Die Arbeitslosen beider Länder werden dorthin ziehen, wo die Situation weniger unerträglich ist. Selten werden ArbeitsmigrantInnen mit offenen Armen und gutbezahlten Jobs empfangen. Häufiger landen sie in Unterschicht-Ghettos, in denen sie die Wahl zwischen Niedriglohn-Jobs, Arbeitslosigkeit und Kriminalität haben. In solchen Ghettos gedeihen Gewalt und neuerdings auch Terrorismus. Freihandel ohne verbindliche Umverteilungsmaßnahmen vergrößert die soziale Ungleichheit:

- Zwischen 1990 und 2012 ist in einer deutlichen Mehrheit von 130 untersuchten Ländern die Ungleichheit gewachsen.[66]
- In den USA ist das Medianeinkommen vollzeitbeschäftigter männlicher Arbeitnehmer heute real (inflationsbereinigt) unter das Niveau von 1975 gesunken. Am unteren Ende der Einkommenspyramide sind die Reallöhne mit dem Niveau von vor 60 Jahren vergleichbar.[67]
- In Deutschland sank die Lohnquote zwischen 1980 und 2015 von 63,7 auf 56,6 Prozent; in Österreich von 63,9 auf 55,6 Prozent; in Frankreich von 65,6 auf 58,2 Prozent; und in den USA von 62,1 auf 57,6 Prozent.[68]
- Laut »World Wealth Report« schwoll das Vermögen der »High Net Worth Individuals« (Personen mit mindestens einer Million US-Dollar liquidem Anlagevermögen) von 16,6 Billionen 1996 (53 Prozent des Welt-BIP) auf 58,7 Billionen US-Dollar an (80 Prozent des Welt-BIP). Bis 2025 sollen es 106 Billionen US-Dollar sein – bei einem jährlichen Wachstum von drei Prozent der Weltwirtschaft wären das dann 107 Prozent des Welt-BIP.[69]
- Nach Berechnungen von Oxfam (auf Basis der Daten von Credit Suisse) überstieg 2015 das Vermögen von nur 62 Personen das gemeinsame Vermögen der halben Menschheit: 3,6 Milliarden Menschen. Nur fünf Jahre zuvor, 2010, waren es noch 488 Multimillionäre, die zusammen reicher waren als 50 Prozent der Weltbevölkerung.[70]

Ehrlich wäre es deshalb, vor Abschluss eines Freihandelsabkommens nicht mit prognostizierten Zuwächsen des Pro-Kopf-Einkommens zu werben, sondern auszusprechen, wer wie viel gewinnen und wer wie viel verlieren wird – erst dann kann ein demokratischer Rechtsstaat (nicht *ein* »Mensch«!) vernünftig entscheiden, ob er das tatsächlich möchte oder nicht. Oder welche gleichzeitig verbindlich vereinbarten flankierenden Maßnahmen, zum Beispiel Arbeitsplätze im öffentlichen Sektor oder Transferleistungen, als Teil der Vereinbarung garantiert werden müssen, damit die Menschen einem solchen Abkommen zustimmen. Die Handelsgesetze verbindlich zu vereinbaren, die soziale Sicherheit hingegen auf das Morgen oder die Hoffnung zu verschieben, ist keine Strategie, mit der das Vertrauen der Bevölkerung gewonnen werden kann. Es ist Wahlwerbung für die Trumps, Pegidas, Le Pens und Straches dieser Welt.

Als die Verhandlungen zum TTIP zwischen den USA und der EU gestartet wurden, prognostizierten beauftragte Ökonomen einen Pro-Kopf-Einkommensgewinn in geringer Höhe – ohne zu präzisieren, wen das wie treffen würde. Dani Rodrik schreibt, dass Wohlstandsgewinne zwischen hochentwickelten Volkswirtschaften, die nur noch geringe Handelsschranken aufrechterhalten, praktisch irrelevant sind. Umso stärker sei der Umverteilungseffekt weiterer Liberalisierung: »Es ist, als müssten wir David 50 Dollar wegnehmen, nur um Adam 51 Dollar reicher machen zu können.«[71] Was aber passiert mit David? Eine Anhebung des Umverteilungsvolumens, um den Freihandelsverlierern ihre Verluste zu kompensieren, wird von den Freunden des Freihandels oft mit gleicher Verve abgewehrt, wie sie für Freihandel plädieren. Kenneth Rogoff schrieb eine Hymne auf Paul Samuelson, weil dieser vorgerechnet hat, dass die Freihandelsgewinner den Verlierern die Verluste ausgleichen und beide immer noch besser dastehen könnten.[72] Doch wer schlägt so einen verbindlichen Doppelpack vor, um David ins Boot zu holen? Welches Freihandelsabkommen der Welt beinhaltet Umverteilungsprogramme von den GewinnerInnen zu den VerliererInnen?

Kritikpunkt 8: Standortwettbewerb

Freihandel in Kombination *mit* freiem Kapitalverkehr wird umgekehrt als Hebel verwendet, um Löhne, Arbeitsstandards, Sozialleistungen, Steuern oder Umweltstandards abzusenken, weil sonst die mobilen Konzerne an einen schöneren Ort abwandern würden oder die »Wettbewerbsfähigkeit« des eigenen Standorts verlorenginge: Der freie Kapitalverkehr macht Demokratien erpressbar und führt dazu, dass die einzelnen Staaten von den Konzernen gegeneinander ausgespielt werden. Genau das, was durch Globalisierung versprochen wird – Wohlstand, Arbeitsplätze, Überwindung der Armut –, wird durch Globalisierung in Form von freiem Kapitalverkehr und Freihandel bedroht und untergraben. Im Namen des Freihandels müssen wir auf menschliche Arbeitsbedingungen, gerechte Verteilung, sozialen Zusammenhalt, intakte Umwelt, Klimaschutz oder demokratische Regulierungen verzichten und uns permanent vorhalten lassen, dass wir, wenn wir diese Ansprüche stellten, den eigenen Wohlstand gefährdeten und ärmeren Ländern gleichen Wohlstand vorenthalten würden – während es als ganz selbstverständlich gilt, dass die Boni, Spitzengehälter, Unternehmensgewinne und großen Privatvermögen unaufhörlich wachsen. Diese Analyse ist seit der »Globalisierungsfalle« Common Sense: »In einer globalen Zangenbewegung hebt die neue Internationale des Kapitals ganze Staaten und deren bisherige gesellschaftliche Ordnungen aus den Angeln. An der einen Front droht sie mal hier, mal dort mit Kapitalflucht und erzwingt so drastische Steuerabschläge sowie milliardenschwere Subventionen oder kostenlose Infrastruktur.«[73]

Der Wettbewerb, um den es hier geht, ist kein ökonomischer, sondern ein politischer: Nicht Unternehmen konkurrieren um die beste Qualität und den niedrigsten Preis, sondern Gemeinwesen (Staaten, Demokratien) um die günstigsten Bedingungen für Investoren. Im Standortwettbewerb passen die Staaten fast alle Politikfelder den Bedürfnissen der Konzerne an – von der Arbeits- und Sozialgesetzgebung über den Umweltschutz und die Bildungspolitik bis hin zu Steuer- und Eigentumsregeln. Heute erhalten die Konzerne als »Draufgabe« auch noch Klagerechte gegen Staaten, für den Fall, dass ein Umweltschutzgesetz zu weit geht, ein Mindestlohn zu hoch oder der Entzug einer Konzession ihnen trotz klarer Verfehlungen als unbegründet erscheint. Der Regimewechsel von der wirtschaftlichen Kooperation der Staatengemeinschaft zur Standortkonkurrenz besteht darin, dass der Markt nicht mehr von Staaten reguliert wird – im Interesse des Gemeinwohls –, sondern der

Markt selbst zum Regulativ für Staaten wird. In einer »marktkonformen Demokratie« bestimmt nicht die Politik, wie gut es den Menschen gehen soll, sondern »die Märkte« oder der »strukturauflösende«[74] globale Wettbewerb. Ein paar Beispiele:

»Eine Verkürzung der Arbeitszeit gefährdet den Wirtschaftsstandort.« (Harald Kaszanits, Leiter der Abteilung Wirtschaftspolitik der Wirtschaftskammer Österreich)[75]

»Der Strompreis gehört um 30 bis 35 Prozent gesenkt.« (Helmut Draxler, CEO RHI)[76]

»Die Voest ist nicht mit Linz verheiratet.« (Wolfgang Eder, CEO Voest)[77]

»In Westeuropa sind die Löhne verdammt hoch. Da gibt es sicher kein Potenzial für weitere Steigerungen.« (Wolfgang Reithofer, CEO Wienerberger)[78]

»Die Lohnnebenkosten müssen runter. Die Menschen in der Slowakei haben weniger Urlaub, die Karenzzeiten sind kürzer, und auch alle anderen sozialen Errungenschaften, die es bei uns gibt, gibt es dort in der Form halt nicht.« (Peter Mitterbauer, Präsident der österreichischen Industriellenvereinigung)[79]

Am 27. August 2004 meinte der deutsche Arbeitgeberpräsident Dieter Hundt in einem Interview: »Die Deutschen arbeiten zu wenig. Wir müssen wieder mehr leisten.«[80] Das gefiel dem chinesischen Arbeitgeberpräsidenten, der wenig später verlauten ließ: Die Chinesen arbeiten zu wenig. Wir müssen wieder mehr leisten. Kurz darauf sagte der brasilianische Arbeitgeberpräsident gegenüber den Medien: Die Brasilianer arbeiten zu wenig. Wir müssen wieder mehr leisten. Und so fort. Nach wenigen Monaten trat der Weltarbeitgeberbund zusammen und verkündete feierlich: »Die Menschen auf der ganzen Welt arbeiten zu wenig. Sie müssen wieder mehr leisten.« Verstehen Sie? Für die Alle-gegen-alle-Ideologie zugunsten der Oberen braucht es prominente politische Einpeitscher. An denen hat es in den letzten 20 Jahren nicht gemangelt:

»Wir müssen einfach besser sein als die anderen. Wir müssen die bessere Ausbildung haben, die besseren Ingenieure, die besseren

Produkte, die bessere Qualität (...) Die Wettbewerbsfähigkeit eines Landes beginnt schon im Klassenzimmer.« (Heinrich von Pierer, CEO Siemens)[81]

»Wir müssen die sozialen Sicherungssysteme verändern und aus dem wohlfahrtsstaatlichen Denken herauskommen. Europa muss immer einen Schritt schneller und auf vielen Gebieten absolute Weltspitze sein (...) Nur so können wir im globalen Wettbewerb bestehen.« (Wolfgang Clement, deutscher Arbeitsminister)[82]

»Wir müssen wettbewerbsfähig sein, wenn wir gut leben wollen. Ich meine nicht den Mercedes oder Golfschläger, sondern ein ganz normales Leben: normales Gehalt, ins Kino gehen, Urlaub, ab und zu essen gehen. Um das zu erhalten, müssen wir wettbewerbsfähig sein, und dabei messen wir uns nicht mit dem Michi von nebenan, sondern mit Amerika, China, Indien, Japan, Korea.« (Boris Nemšić, Telekom-Austria-Chef)[83]

»Wir können den Bürgern nicht versprechen, dass wir sie vor Wandel beschützen können. Im Gegenteil, der Strukturwandel wird weitergehen. Vieles, was wir jetzt erleben, ist erst der Anfang. Europas Wirtschaft darf und kann nicht vom Wettbewerb geschützt werden.« (Günter Verheugen)[84]

Darf nicht und kann nicht? Wer verbietet das denn? Und warum sollte es nicht möglich sein? Vor Standort- und Standard-Wettbewerb sollten die BürgerInnen gerade von ihren VertreterInnen in den Regierungen und Parlamenten geschützt werden. Niemand zwingt uns erpresserischen und strukturauflösenden Standortwettbewerb auf. Wettbewerb sollte überhaupt nicht zwischen Staaten praktiziert werden. Denn: »Wettbewerbsfähigkeit ist eine Fragestellung für Unternehmen, nicht für Staaten oder Volkswirtschaften.«[85] Warum ist dann das Thema »Wettbewerbsfähigkeit«, wenn es gar nicht für Staaten passend ist, so prominent auf der politischen Tagesordnung? In »Das kritische EU-Buch« ist nachzulesen, dass die »Platzierung von Wettbewerbsfähigkeit auf Platz eins der EU-Agenda« der zentrale Lobbying-Erfolg des »European Round Table of Industrialists«, einer der mächtigsten Industrie-Lobbys in der EU, ist.[86]

Der freie Kapitalverkehr – genau das, was Ricardo nicht mitbedachte – ist das mächtigste Erpressungsinstrument der Konzerne. Wäre die Situation wie unter Smith (»der Kapitalist zieht es vor, die nationale Wirtschaft anstatt die ausländische zu unterstützen«) und Ricardo (»natürliche Abneigung, das Land seiner Geburt zu verlassen«), dann hätten die Nationalstaaten keine Mühe damit, die Multis zu regulieren, angemessen zu besteuern und eine Größengrenze für Unternehmen vorzugeben. Die Welt sieht heute aber anders aus als zu Zeiten von Smith und Ricardo – und benötigt deshalb auch anderes als Freihandelsabkommen.

Kritikpunkt 9: Machtkonzentration, Demokratie- und Freiheitsverlust

Seit Jahren wird eine leidenschaftliche Diskussion darüber geführt, wer bei der Gestaltung der Globalisierung Regie führt: Sind es die Nationalstaaten, die formal die völkerrechtlichen Beschlüsse – gleich wie die Unterlassungen – vornehmen? Der Ministerrat der WTO setzt sich aus den Handels- oder Wirtschaftsministern der Mitgliedsstaaten zusammen. Oder sind es die transnationalen Unternehmen, die immer größer, verzweigter und einflussreicher werden auf allen Ebenen: Medien, öffentlicher Diskurs, Forschung, Investitionen, Big Data, Handel und Eigentumskontrolle? Die UNCTAD informiert regelmäßig über die Entwicklung der Zahl und Größe der transnationalen Konzerne (TNC, Transnational Corporations): 1990 registrierte sie 35 000 solcher TNC mit gemeinsam 150 000 Tochterunternehmen, 2008 waren es bereits 82 000 mit 807 000 Tochterunternehmen. Zusammen dominierten sie zwei Drittel des Welthandels: Ein Drittel ist »Intrakonzernhandel«, ein weiteres Drittel Handel zwischen diesen Konzernen, nur bei einem Drittel des Welthandels mischen sie nicht unmittelbar mit. Zwischen 1990 und 2009 fanden 2200 Fusionen im Wert von mindestens einer Milliarde US-Dollar statt. Insgesamt wurden Unternehmen im Wert von 7,2 Billionen US-Dollar übernommen.[87] Die Umsätze der 200 weltgrößten Unternehmen betrugen 1983 25 Prozent des globalen BIP. 2005 waren es bereits 29,3 Prozent.[88] Die UNCTAD bezeichnet TNC als die »stärkste Kraft der ökonomischen Integration«.[89] Mit der ökonomischen steigt auch die politische Macht der Konzerne. Auf ihrer Lobby-Agenda stehen: Abbau von Handelshemmnissen, Schutz geistiger Eigentumsrechte (90 Prozent der Patente sind unter der Kontrolle westlicher Konzerne) und von Investitionen im Ausland inklusive direktem Klagerecht gegen Staaten. Vergleicht mensch diese Prioritäten mit den handelspolitischen Taten der Regierungen und Parlamente, fällt die weitgehende Übereinstimmung auf. So erklärt sich auch der Widerspruch, dass Regierungen zwar formal die politische Entscheidungsmacht innehaben, die wichtigsten Gesetze und völkerrechtlichen Abkommen (WTO, TTIP, CETA, TTP, NAFTA) jedoch vorrangig im Interesse von TNC liegen.

Ergebnis dieser »konzerngesteuerten Globalisierung« ist die fortschreitende Vermachtung von Märkten und die Bildung von Oligopolen in immer mehr Branchen; einige Beispiele:

- In der Automobilbranche haben Volkswagen (13,55 Prozent), Toyota (12,19 Prozent) und General Motors (9,81 Prozent) zusammen über 35 Prozent Weltmarktanteil – jedes dritte Auto stammt von einer dieser drei Firmen.[90]
- Das Betriebssystem Android für Mobiltelefone hat 86 Prozent Weltmarktanteil. Das grenzt an ein globales Monopol. Microsoft, Apple, Google, Amazon und Facebook wachsen dorthin. Als Südkorea ankündigte, gegen Microsoft wegen marktbeherrschender Stellung vorzugehen, drohte der Konzern seinen Rückzug aus dem Land an. Joseph Stiglitz kommentiert: »In gewissem Sinn bestätigte der Konzern damit die Anschuldigung, eine marktbeherrschende Stellung innezuhaben, denn andernfalls wäre seine Rückzugsdrohung sinnlos gewesen.«[91]
- Sechs Tabak-Giganten teilen sich 81 Prozent des Weltmarktes (China National Tobacco Corporation, Philip Morris International, British American Tobacco, Japan Tobacco International, Imperial Tobacco, Altria Group).[92]

– 2015 kaufte AB InBev (Belgien) für fast 100 Milliarden Euro SAB-Miller (Großbritannien). Damit beherrscht ein einziger Braukonzern 31 Prozent des globalen Bier-Marktes.[93]
– In der Lebensmittel-, Biotech- und Agrarchemie-Branche kontrollierten 2007 die jeweils zehn größten Unternehmen weltweit 55 Prozent des Pharma-Marktes, 66 Prozent des Biotechnologie-Marktes, 67 Prozent des privaten Saatgut-Marktes (Monsanto hielt allein 23 Prozent Weltmarktanteil) und sogar 89 Prozent des Marktes für Agrarchemie – Bayer und Syngenta haben je knapp 20 Prozent Anteil am Weltmarkt.[94] Die Übernahme von Monsanto durch Bayer erscheint vor dem Hintergrund der bereits bestehenden extremen Konzentration eine sehr schlechte Idee. Ein Blick auf die Eigentümer der Konzerne macht stutzig: Blackrock ist der größte Aktionär bei Bayer (sieben Prozent) und mit die Nummer zwei bei Monsanto (5,75 Prozent). Vanguard ist der größte Aktionär bei Monsanto und die Nummer vier bei Bayer. Die Capital Group steht bei beiden an dritter Stelle.[95] Zugespitzt formuliert verkaufen drei Finanzinvestoren Monsanto an sich selbst. Ganz ähnlich wie bei Monopoly. Die Fusion stellt einen weiteren Schritt unkontrollierter Eigentums- und Machtkonzentration dar.

Eine Studie der ETH Zürich hat erstmals die Machtkonzentration bei transnationalen Konzernen untersucht. Gegenstand der Forschung waren 43 000 transnationale Unternehmen (TNC) nach OECD-Definition und speziell die Eigentumsbeziehungen von und zu diesen TNC. Zentrales Ergebnis ist, dass die Eigentumskontrolle noch zehnmal stärker konzentriert ist als das Eigentum selbst. 737 Konzerne kontrollieren 80 Prozent des Eigentums aller 43 000 TNC und nur 147 fast 40 Prozent. »Die Top-Eigentümer im inneren Kern können somit als ›Super-Einheit‹ im globalen Netzwerk der Konzerne betrachtet werden«, so die Studie.[96] Im inneren Kern besitzen die mächtigsten Unternehmen »fast vollständige Kontrolle über sich selbst«: Goldman Sachs gehört der Bank of America gehört Merrill Lynch gehört Barclays gehört der Deutschen Bank gehört der Citigroup gehört der Credit Suisse gehört der UBS gehört Goldman Sachs. Außerdem sind drei Viertel der Unternehmen im inneren Kern Finanzkonzerne.[97] Die AutorInnen der Studie zeigen sich überrascht, dass sie die Ersten sind, die diesen Machtkern des Weltmarktes enthüllen: »Bemerkenswerter Weise wurde so ein Kern auf den globalen Märkten noch nie dokumentiert, weshalb bis heute keine wissenschaftliche Studie beweist oder ausschließt, dass diese internationale ›Super-Einheit‹ als Block agiert hat.« Man könnte auch globales Super-Kartell sagen.

Der Effekt: Nicht Länder sind die Gewinner des globalen Gegeneinanders, sondern transnationale Unternehmen und vermögende Eliten, welche diese kontrollieren und zunehmend konzentriert besitzen. Damit steht aber auch fest, dass das gegenwärtige Handelssystem nicht dem »Wohl der Allgemeinheit« (Ricardo) dient und die real existierende Freihandelsordnung ihr Ziel klar verfehlt.

Es liegt auf der Hand, dass es einer besonderen Kontrolle und Regulierung der mächtigsten Player auf dem globalen Parkett bedarf – und einer Begrenzung ihrer Größe. Doch so lang die Liste der WTO-Themen auch ist, Maßnahmen gegen Machtkonzentration, Kartellgesetze oder eine Obergrenze für Konzerngrößen sucht man dort vergeblich. BIT wie TTIP und CETA vergrößern sie weiter. So angelegt, wird »Freihandel« zu einer Gefahr für die Freiheit.

Kritikpunkt 10: Kulturelle Vielfalt, Innovation und Resilienz

Die konsequente finale Umsetzung von Ricardos Idee würde dazu führen, dass jedes Produkt und jede Dienstleistung auf dem Weltmarkt in nur einem Land oder allenfalls einer Handvoll Ländern hergestellt würde – genau daraus ergäbe sich die mathematische Effizienz der komparativen Kostenvorteile. Alle anderen müssten von diesem oder diesen wenigen Ländern importieren und wären von ihm abhängig. Diese mathematische Spezialisierung kann zwar dazu führen, dass das betreffende Land bei dem Produkt, auf das es sich spezialisiert, sehr innovativ ist – wobei selbst das in Frage steht: Würden die indischen industriellen Backkonzerne immer besseres Brot backen? Unstrittig ist, dass in sämtlichen Importbranchen, in denen die Eigenproduktion eines Landes zugunsten von Ländern mit komparativen Vorteilen aufgegeben wurde, Innovation und Entwicklung gänzlich zum Erliegen kämen, also zum Beispiel im Bäckerei-Gewerbe in China. Damit geht dem Land auch wertvolles Knowhow verloren, und im Fall des Falles kann dadurch ein Neustart misslingen oder verzögert werden. Wenn Portugal auf seine industrielle Entwicklung verzichtet, um sich auf Wein zu spezialisieren ... Trivial ist das nicht.

Mit der kulturellen und ökonomischen Vielfalt geht auch »Resilienz« verloren. Der Begriff kommt aus der Ökosystemforschung: Um langfristig stabil und am Leben zu bleiben, entwickeln Ökosysteme die Fähigkeit, Störungen abzufedern. Was, wenn die Bäcker in Indien in Streik treten und auch nur ein paar Tage nicht ausliefern? Was, wenn in Indien ein Bürgerkrieg ausbricht? Oder Terroristen wichtige Verkehrswege blockieren? Oder die Energieversorgung lahmlegen? Müssen dann die ChinesInnen verhungern? Die Nutzung der komparativen Vorteile setzt voraus, dass alle Menschen weltweit friedlich, politisch und moralisch stabil, streikavers, antiterror und fügsam sind. Damit auch noch die nächsten 10 000 Jahre Brot von Indien nach China gekarrt werden kann ...

Anderes Problem: Wenn die Bäckereien in China geschlossen werden, zugunsten komparativer Vorteile, stellt China dann auch die Getreideproduktion ein? Wenn nein, wird dann chinesisches Getreide erst nach Indien exportiert, dort zu Brot verarbeitet und das Brot nach China rückexportiert? Ganz abgesehen von diesem Aufwand: Wäre es nicht klug, dass die Müller und Bäcker in engem Kontakt bleiben und dieselbe Sprache sprechen? Der Gemeinwohl-Ökonomie-Betrieb Märkisches Landbrot in Berlin zeichnet sich dadurch aus, dass die Zulieferer, die regionalen Bauern, den Getreidepreis selbst bestimmen – so hoch ist das Vertrauen zwischen der mittelständischen Bäckerei und den Zulieferern. Wäre so eine Symbiose zwischen indischen Back-Multis und chinesischen Agrarmultis denkbar?

Ist es aus diesen Gründen nicht besser, dass möglichst viele Länder möglichst viele Produkte herstellen und *alle* Länder Brot? Dann können sich die Bäcker zum einen über die Landesgrenzen hinweg treffen und ihre Rezepte und neuesten Erkenntnisse austauschen, und zweitens bleibt die Chance erhalten, dass phasenweise mal die einen innovativer sind und dann wieder die anderen. Ist es nicht klüger, vernünftiger und sinnvoller, dass jedes Land Getreide, Obst, Wein, Holz, Baustoffe, Energie und alle Güter der Grundversorgung selbst herstellt – in größtmöglicher Vielfalt und unterschiedlicher Finanz-Effizienz? Ist Finanz-Effizienz am Ende das unwichtigste aller Argumente? Ist es nur ein grotesker Fetisch einer entrückten chrematistischen Sekte, die den Boden unter den Füßen ebenso verloren hat wie den Bezug zum Leben und eine Wirtschaftswissenschaft mitverantwortet, »die tötet« (Papst Franziskus).

Herman Daly schreibt: »Uruguay hat einen klaren komparativen Kostenvorteil bei Rinder- und Schafzucht; wenn es sich strikt an die Regeln von Spezialisierung und Handel hielte, hätten seine Einwohner nur die Wahl, Gaucho oder Schlachthausarbeiter zu werden. Aber die Bürger Uruguays wollen nicht nur einfache Tätigkeiten in Weidewirtschaft und Industrie ausüben, sondern auch ihr eigenes Rechts-, Finanz-, Gesundheits-, Versicherungs- und Bildungswesen haben. Diese Vielfalt mag zwar einen gewissen Verlust an Wirtschaftlichkeit mit sich bringen, aber sie macht überhaupt erst ein Gemeinwesen und eine Nation aus. Uruguay leistet sich sogar den Luxus eines eigenen Symphonieorchesters, obwohl es kostengünstiger wäre, sich bessere Gastkonzerte ausländischer Orchester im Austausch gegen Wolle, Leder, Lamm- und Rindfleisch einzuhandeln. Für jeden einzelnen Bürger bedeutet mehr Auswahl zugleich mehr Lebensqualität; auch vaqueros und pastores fühlen sich durch den Kontakt mit Landsleuten bereichert, die nicht Kühe und Schafe hüten. Ich will damit sagen: Das simple Argument, internationale Arbeitsteilung und Handel seien unbedingt gut, wenn dadurch mehr

Güter pro Kopf der Bevölkerung zur Verfügung stehen, geht völlig am gesellschaftlichen Charakter von Wohlstand vorbei.«[98]

Gerd Zeitler meint: »Mit rückläufiger wirtschaftlicher Diversität würde zugleich die strukturelle Arbeitslosigkeit anwachsen. England würde es bereits im ersten Austausch mit Portugal nicht gelingen, alle Winzer zu Tuchmachern umzuschulen, ebenso wie Portugal nicht all seine Tuchmacher in den Weinbergen einsetzen könnte. Zudem würden landesspezifische Spezialitäten nach und nach durch globale Einheitsprodukte ersetzt (...) Spätestens im Endzustand wirtschaftlicher Monostruktur würde jedes Land mit seinem letzten komparativen Vorteil in eine gefährliche Abhängigkeit und an den Rand des wirtschaftlichen und gesellschaftlichen Zusammenbruchs geraten.«[99]

Kritikpunkt 11: Sinn in der Arbeit und im Leben

Ein letztes Mal quäle ich Sie: Versuchen Sie sich vorzustellen, was mit dem Bäckereihandwerk in Indien passiert, wenn der chinesische Mensch und der indische Mensch sich tatsächlich nach der Logik der WTO auf China macht Autos und Indien bäckt Brot einigen würden: In Indien wird ein gigantischer Wachstums- und Verdrängungswettbewerb in der Bäckereibranche stattfinden, und von vielleicht zehn Millionen Kleinbäckereien würden fünf Mega-Backkonzerne übrig bleiben: ein Oligopol wie aus dem Schulbuch. Wenn wir die indische und chinesische Bevölkerung zusammenrechnen, bleibt jedem dieser fünf Oligopolisten ein KundInnenstock von 540 Millionen Menschen. Die WTO-Ökonomen werden hier erneut jubeln, weil dann die maximalen »economies of scale« (Skaleneffekte) genützt werden und die Freihandelsgewinne besonders hoch ausfallen. Mathematisch betrachtet ist das korrekt. Doch nun stellen wir uns die Arbeitsbedingungen in diesen Giga-Konzernen vor. Und in den agroindustriellen Zuliefer-Konzernen. Und wir stellen uns vor, welchen Sinn, welche Sinnesfreude, welche ästhetische Bildung und welche Persönlichkeitsentwicklung Menschen in solchen Strukturen erfahren. Und dann knüllen wir das Papier mit der Freihandelsidee achtsam zusammen und werfen es entspannt in den Papierkorb.

Schon heute hat die Arbeitsteilung einen Grad erreicht, der viele Menschen so gut wie keinen Sinn mehr erfahren lässt. Laut Gallup »Motivation at Work« erfahren in den USA 70 Prozent der Menschen, die einen festen und gutbezahlten Arbeitsplatz haben, so gut wie keinen Sinn mehr darin – sie sind »actively disengaged«, das bedeutet so viel wie »innerlich gekündigt«.[100] Immer mehr Menschen steigen deshalb freiwillig aus der »Mega-Maschine«[101] aus und entwerfen ihr Leben neu, nach Werten, Freude, Beziehungen und Sinn. Einer von ihnen war ein gutbezahlter Ingenieur bei Daimler-Chrysler, dort hat er elektronische Fensterheber perfektioniert. Technisch war das die passende Arbeit für ihn, er hatte die Ausbildung und Kompetenz dafür. Doch als 50-Jähriger 40 Stunden pro Woche, jahraus, jahrein einen ohnehin schon perfekt funktionierenden elektronischen Fensterheber weiter zu verbessern, war ab einem bestimmten Zeitpunkt einfach nur noch sinnlos. »Es gibt so viele wichtige Probleme zu lösen auf der Welt, und ich perfektioniere etwas, das schon perfekt funktioniert.« Im Kapitalismus der fortgeschrittenen Arbeitsteilung breiten sich »Wohlstand« und Sinnhunger gleichzeitig aus. Das System der Arbeitsteilung wird zur Sinn-Falle.

Kurioserweise können wir dieses Dilemma aus Effizienzgewinn und Sinnverlust schon bei Adam Smith nachlesen. Und zwar in der größtmöglichen Widersprüchlichkeit, die einem Autor in einem Werk gelingen kann. Denn gleich zu Beginn belehrt uns Adam Smith, dass es »sinnvoll« wäre, die Produktion von Stecknadeln in 18 Arbeitsschritte aufzuteilen und jeden Arbeitsschritt durch einen anderen Menschen ausführen zu lassen. Einzelne Menschen ganze Stecknadeln produzieren zu lassen wäre unendlich viel ineffizienter: »Mit anderen Worten, sie hätten mit Sicherheit nicht den zweihundertvierzigsten, vielleicht nicht einmal den vierhundertachtzigsten Teil von dem produziert, was sie nunmehr infolge einer sinnvollen

Teilung und Verknüpfung der einzelnen Arbeitsgänge zu erzeugen imstande waren.«[102]

Weiter hinten hält er im gleichen Werk eine Brandrede gegen maximale Arbeitsteilung: »Mit fortschreitender Arbeitsteilung wird die Tätigkeit der überwiegenden Mehrheit derjenigen, die von ihrer Arbeit leben, also von der Masse des Volkes, nach und nach auf einige wenige Arbeitsgänge eingeengt, oftmals auf nur einen oder zwei. Nun formt aber die Alltagsbeschäftigung ganz zwangsläufig das Verständnis der meisten Menschen.[103] Jemand, der tagtäglich nur wenige einfache Handgriffe ausführt, die zudem immer das gleiche oder ein ähnliches Ergebnis haben, hat keinerlei Gelegenheit, seinen Verstand zu üben. Denn da Hindernisse nicht auftreten, braucht er sich auch über deren Beseitigung keine Gedanken zu machen. So ist es ganz natürlich, dass er verlernt, seinen Verstand zu gebrauchen, und so stumpfsinnig und einfältig wird, wie ein menschliches Wesen nur eben werden kann.«[104] Smiths Einwand gegen »fortschreitende« Arbeitsteilung ist damit noch nicht zu Ende: »Solch geistige Trägheit beraubt ihn nicht nur der Fähigkeit, Gefallen an einer vernünftigen Unterhaltung zu finden oder sich daran zu beteiligen, sie stumpft ihn auch gegenüber differenzierten Empfindungen, wie Selbstlosigkeit, Großmut oder Güte, ab, so dass er auch vielen Dingen gegenüber, selbst jenen des täglichen Lebens, seine gesunde Urteilsfähigkeit verliert. Die wichtigen und weitreichenden Interessen seines Landes kann er überhaupt nicht beurteilen, und falls er nicht ausdrücklich darauf vorbereitet wird, ist er auch nicht in der Lage, sein Land in Kriegszeiten zu verteidigen. Ein solch monotones Dasein erstickt allen Unternehmungsgeist (...).« Wir staunen: »Fortschreitende Arbeitsteilung« ist einmal »sinnvoll«, und ein andermal wird ein menschliches Wesen dadurch »so stumpfsinnig und einfältig, wie ein menschliches Wesen eben nur werden kann«, sie führt zum »Verlust der gesunden Urteilsfähigkeit« und »erstickt allen Unternehmungsgeist«. Was nun? Sollen wir die Arbeit in möglichst viele Arbeitsgänge teilen – im Fall von Stecknadeln 18 – oder gerade das vermeiden? Ist höhere Effizienz sinnvoll oder widersinnig? Der unschlüssige Smith offenbart uns gerade durch seine Widersprüchlichkeit: Arbeitsteilung und Effizienz sind eine Möglichkeit, aber keine Ziele. Sie können in einigen Fällen sinnvoll sein, in anderen kontraproduktiv und destruktiv. Damit ist aber die Argumente-Lage für die Nutzung komparativer Kostenvorteile und »Freihandel« schwer in Frage gestellt. Und vor allem ist diese Frage nicht »trivial«, wie die WTO es sieht. Freihandel, der auf »fortschreitender Arbeitsteilung« beruht, raubt immer mehr Menschen den Sinn in der Arbeit. Dagegen braucht es wirkungsvolle Schutzmechanismen. Erraten: Wir werden diese nicht in der WTO finden. Und schon gar nicht in der chrematistischen Wissenschaft.

Kritikpunkt 12: Wein predigen, Wasser trinken: Die Doppelmoral der reichen Länder

Wir haben nun eine ziemlich lange Liste an schwerwiegenden Einwänden und Kritikpunkten an der Idee des Freihandels gesammelt. Es fehlt aber noch ein Kritikpunkt, der das ökonomische Absurdistan perfekt macht. Das Verdrehteste und Aberwitzigste an der Freihandelsdiskussion ist, dass kein einziges Industrieland selbst das Freihandelsrezept angewandt hat, das heute mit so penetranter Verve weltweit verbreitet wird. Diese Länder sind allesamt hinter Zollschutzmauern, mit industriepolitischen Maßnahmen und Subventionen groß geworden. Nun, da ihre Industrien wettbewerbsfähig sind, fordern sie Freihandel von den anderen, den Schwachen. Die heutigen Exportweltmeister waren in ihrer Entwicklungsgeschichte Protektionismusweltmeister.

Eine wichtige Datenquelle für die Entwicklung der Handelspolitik ist Paul Bairoch, Professor für Wirtschaftsgeschichte an der Universität Genf. In seinem Buch »Economics and World History. Myths and Paradoxes« räumt er mit einer beeindruckenden Reihe von Fehlannahmen gründlich auf: »Die Wahrheit ist, dass in der Geschichte Freihandel die Ausnahme und Protektionismus die Regel war.«[105] Ausgerechnet die USA waren im 19. Jahrhundert bis zum Ende des Zweiten Weltkriegs das protektionistischste Land auf dem Globus. Die Industrie-Zölle bewegten sich zwischen 1816 und 1945 ziemlich konstant um die 40 Prozent. Die USA erhalten von Bairoch deshalb den Titel »Mutterland und Bastion des modernen Protektionismus«.[106] Allerdings waren die USA nicht die Ersten. Sie haben diese Strategie von ihrem Mutterland Großbritannien abgeschaut, das zwar ab Mitte des 19. Jahrhunderts vergleichsweise offen war (zwischen 1846 und 1860 sank die Zahl der zollpflichtigen Produkte von 1146 auf 48[107]), jedoch erst, nachdem es seine eigene industrielle Entwicklung 150 Jahre lang konsequent protegiert hatte: mit Importverboten, Zöllen, Subventionen, Exportbeschränkungen für Unfertigprodukte und allem, was wirkt – und heute in der WTO verboten ist.[108] Ich verleihe Großbritannien deshalb den Titel »Großmutterland des industriepolitischen Protektionismus«.

Der in Cambridge lehrende Ökonome Ha-Joon Chang, der auf den Spuren Bairochs wandelt, schreibt ganz ähnlich: »Die Verfechter einer weiteren Liberalisierung des Handels sind überzeugt, dass alle heutigen Industrieländer ihren Reichtum allein dem Prinzip des Freihandels verdanken. Entsprechend kritisieren sie an den Entwicklungsländern, dass sie sich schwertun, das so bewährte Rezept für wirtschaftliche Entwicklung zu übernehmen. Nur ist diese Sicht der Dinge durch die historischen Fakten überhaupt nicht gedeckt. In Wirklichkeit haben die entwickelten Länder, als sie sich selbst noch in der Phase der Entwicklung befanden, keine einzige der politischen Strategien befolgt, die sie heute anempfehlen, schon gar nicht die viel gepriesene Freihandelspolitik. Die größte Diskrepanz zwischen Mythos und historischer Realität zeigt sich dabei ausgerechnet im Falle Großbritanniens und der USA, das heißt bei den beiden Ländern, die ihre führende Rolle in der heutigen Weltwirtschaft angeblich einer auf den freien Markt setzenden Entwicklungsstrategie verdanken.«[109]

Der Titel von Changs Buch »Kicking Away the Ladder« kommt vom deutschen Ökonomen Friedrich List, der als geistiger Vater der

»Erziehungszölle« (Infant Industry Policy) gilt. Das ist nicht ganz zutreffend: List wurde in den USA von Alexander Hamilton inspiriert[110] und entwarf die Deutsche Zollunion nach englischem Vorbild. List beschreibt zunächst, wie England in der eigenen Geschichte mithilfe einer Zollschutzpolitik reich geworden sei und danach die »Leiter weggeworfen« habe, mit der es über die Mauer der Armut geklettert sei. List schreibt im Original: »Es ist eine gemeine Klugheitsregel, dass man, auf dem Gipfel der Größe angelangt, die Leiter, vermittels welcher man ihn erklommen hat, hinter sich werfe, um anderen die Mittel zu nehmen, uns nach zu klimmen.«[111] Und konkret über England: »Eine Nation, die durch Schutzmaßregeln und Schifffahrtsbeschränkungen ihre Manufakturkraft und ihre Schifffahrt so weit zur Ausbildung gebracht hat, dass keine andere Nation freie Konkurrenz mit ihr zu halten vermag, kann nichts Klügeres tun, als diese Leiter ihrer Größe wegzuwerfen, anderen Nationen die Vorteile der Handelsfreiheit predigen und sich selbst reumütig anklagen, sie sei bisher auf der Bahn des Irrtums gewandelt und erst jetzt zur Erkenntnis der Wahrheit gelangt.« Er bezichtigt deshalb die englische Wissenschaft der Heuchelei: »Zum Übermaß des Hohns ward von allen Kathedern gelehrt, wie die Nationen nur durch allgemeine Handelsfreiheit zu Reichtum und Macht gelangen können.«[112]

List betrachtete Zollschutz als die bessere Entwicklungsstrategie als Freihandel: »Wenn die Theorie die Deutschen lehrt, dass sie nur durch allmählich steigende und dann wieder allmählich fallende, vorher bestimmte Schutzzölle ihre Manufakturkraft auf nützliche Weise fördern können und dass eine teilweise, obwohl sehr beschränkte Konkurrenz des Auslandes unter allen Umständen den Fortschritten ihrer Manufakturen förderlich ist, wird sie dem freien Verkehr am Ende viel bessere Dienste leisten, als wenn sie die deutsche Industrie erdrosseln hilft.«[113]

Aus dieser Perspektive entwarf er die Zollunion mit Schutzzöllen von bis zu 60 Prozent – und feierte ihren Erfolg: »Deutschland ist im Lauf von zehn Jahren in Wohlstand und Industrie (…) um ein Jahrhundert vorgerückt. Und wodurch? Es war hauptsächlich der Schutz, den das Vereinszollsystem den Manufakturartikeln des gemeinen Verbrauchs gewährte, was diese Wunder bewirkte.«[114]

Grundsätzlich war List aber kein »Protektionist«: »Der internationale Handel (…) ist einer der mächtigsten Hebel der Zivilisation.«[115] Langfristig träumte er den Traum von Kant weiter: »Die Universalunion und die absolute Freiheit des internationalen Handels, zurzeit bloß eine vielleicht erst nach Jahrhunderten realisierbare kosmopolitische Idee (…) so würden alle Nationen ihre Zwecke in einem viel höheren Grade erreichen, wären sie durch das Rechtsgesetz, den ewigen Frieden und den freien Verkehr miteinander verbunden.«[116]

Chang argumentiert, dass heute – ganz entgegen der wirtschaftswissenschaftlichen Orthodoxie und der Politik der WTO – den Entwicklungsländern dieselbe »Leiter« zur Verfügung gestellt werden sollte: Zölle, Subventionen und die Regulierung von Investitionen. Endlich, möchte man ergänzen, denn die Entwicklungsländer wurden schon im 19. Jahrhundert von den Kolonialmächten zum Freihandel gezwungen, während Letztere sich selbst protektionistisch verhielten. Bairoch schreibt, dass »der verordnete Wirtschaftsliberalismus in der Dritten Welt ein wichtiger Baustein für die Erklärung ihrer verzögerten industriellen Entwicklung ist«.[117] Indien ist nur ein Beispiel von vielen.

Abgerundet wird die Reihe entzauberter Mythen durch die Fakten, dass a) das protektionistischste Land, die USA, gleichzeitig das mit dem höchsten Wirtschaftswachstum war, b) das mit dem höchsten Exportwachstum und c) »nicht Handel ein Motor für Wirtschaftswachstum ist, sondern genau umgekehrt, Wirtschaftswachstum ein Motor für Handel«.[118]

Chang weist darauf hin, dass das Wirtschaftswachstum mit zunehmendem Freihandel immer geringer wurde: 1960 bis 1980, vor der großen »Liberalisierung«, wuchs das reale Pro-Kopf-Einkommen in 116 Staaten jährlich um 3,1 Prozent; zwischen 1980 und 2000, mit angelegter Zwangsjacke, nur noch um 1,4 Prozent. In Lateinamerika ging es 1960 bis 1980 jährlich um 2,8 Prozent voran; zwischen 1980 und 1998 nur noch um 0,3 Prozent. In Afrika, südlich der Sahara (durch die Bank WTO-Mitglieder) fiel der jährliche Zuwachs des Pro-Kopf-Einkommens von 1,6 Prozent jährlich 1960 bis 1980 sogar auf minus 0,8 Prozent pro Jahr zwischen 1980 und 1998.[119]

Offenbar ist alles anders, als bisher angenommen oder offensiv argumentiert. Die zeitgenössischen Missionare des Freihandels sind erst mehr als 100 Jahre nach Ricardos revolutionärer Rechnung auf den Geschmack des Kronjuwels gekommen. Bis Mitte des 20. Jahrhunderts hat Ricardo nur eine untergeordnete Rolle gespielt. Erst nachdem Großbritannien und die USA, Großmutter und Mutter der Protektion, sich mit Wein vollgesoffen haben (Infant Industry Policy, Erziehungszölle, Subventionen ...), fordern sie nun Freihandel von den anderen. Und rufen erst jetzt Ricardo dafür als Kronzeugen auf, nachdem sie ihn selbst 150 Jahre lang in der Mottenkiste aufbewahrt hatten. Auch Joseph Stiglitz sieht in den USA und in der EU den »Inbegriff der Doppelmoral«: »Wir predigten Freihandel und praktizierten Protektionismus.«[120]

Diese historische Inkohärenz und Unredlichkeit ist ein starker Hinweis darauf, dass die Freihandelsideologie samt »Kronjuwel« nur rhetorisch vorgeschoben ist, um den Merkantilismus mit anderen Mitteln fortzusetzen. Böse Zungen behaupten sogar, dass Ricardo die Rechnung nur erstellte, um Großbritannien einen Vorteil zu sichern, selbst wenn seine Kolonien in allen Branchen dem Mutterland überlegen sein sollten ... Vandana Shiva hat recht, dass es sich um Protektionismus unter der Maske des Freihandels (und der »Nichtdiskriminierung«) handelt. Diesem rhetorischen Trick sollten wir aber nicht aufsitzen, sondern dieselben Rechte für alle einfordern. Wer für sich selbst den Schutz junger Industrien, Subventionen und Schutzzölle angewandt hat, muss das auch anderen zugestehen. Ein »one size fits all«-Handelssystem ist definitiv der falsche Ansatz. Selbst bequeme Sportkleidung tragen und anderen die Zwangsjacke umschnallen, das geht gar nicht!

Die zwölf zu großen Bedingungen für ein funktionierendes Freihandelssystem

Die »single most powerful insight into economics« entpuppt sich als »single most incomplete insight into economics«, weil sie alles andere, was von (größerer) Relevanz ist, unberücksichtigt lässt und nicht mitdenkt. Oder es ist nur eine »insight into chrematistics«. Das »Kronjuwel der Außenhandelstheorie« wäre eine gute Idee, wenn zusätzlich folgende Bedingungen gegeben wären:

1. *globale Produktionsplanung*, damit alle Länder ihre relativen Vorteile realisieren können;
2. *ausgeglichene Handelsbilanzen*, damit alle in gleichem Maß vom multilateralen Handelssystem profitieren können;
3. die *Wechselkurse* werden politisch festgelegt und *stabil* gehalten;
4. Kapital muss »zu Hause« bleiben – der freie *Kapitalverkehr* wird beschränkt;
5. die *Transaktionskosten* werden berücksichtigt und mitgerechnet. Der Vergleich von Stundenlöhnen oder Stückkosten ist noch nicht die ganze Rechnung;
6. *ökologische Kostenwahrheit*, sodass sich nur Länder am Handelssystem beteiligen, die ihren Umweltverbrauch innerhalb der ökologischen Grenzen des Planeten halten;
7. *Nichtreziprozität*: Länder mit geringerem Entwicklungsstand müssen ihre Grenzen nicht im gleichen Maß öffnen wie hochindustrialisierte Länder;
8. verbindliche *Umverteilungsmaßnahmen*, die das Überschreiten eines – definierten – Maßes an Ungleichheit in jedem Land verhindern;
9. Verhinderung des *Standortwettbewerbs* durch gemeinsame Regeln für die Menschenrechte, Arbeitsrechte, Sozialstandards, Umweltschutz, VerbraucherInnen, Steuern und Finanzaufsicht;
10. Anti-Kartell-Gesetze, Fusionskontrolle und Obergrenzen für Marktanteile und die Größe von Unternehmen zur *Verhinderung der Machtkonzentration* auf den Weltmärkten;

11. Schutz lokaler und nationaler Wirtschaftszweige zum Erhalt *kultureller und ökonomischer Vielfalt* und *Resilienz* und um Abhängigkeiten zu vermeiden;
12. *begrenzte Arbeitsteilung.* Ein Handelssystem, das auf Arbeitsteilung baut, muss gleichzeitig ein Übermaß an Arbeitsteilung verhindern, damit die Arbeit am Weltmarkt nicht sinnlos wird.

Das sind nun aber so viele Ausnahmen und Bedingungen für ein funktionierendes »Freihandelssystem«, von denen jede einzelne so groß ist, dass spätestens hier offenkundig werden sollte, dass Freihandel schlicht der falsche Ansatz ist. Er stellt den Versuch dar, ein Mittel zum Zweck zu machen. Effektiver wäre es, das Pferd der Handelspolitik von vorne (Zweck) her aufzuzäumen und nicht von hinten (Mittel). Das heißt, den Zweck voranzustellen und Handel als Mittel nur so dosiert und gezielt einzusetzen, dass der Zweck erfüllt, die Ziele erreicht werden.

Ricardo sollte, wie sein Theorem in seinem Buch, zu einer Fußnote in der Wirtschaftsgeschichte werden. Seine Rechnung ist richtig, sie hat aber keine erkennbare praktische Relevanz und keinen politischen Wert. Was wäre denn eine sinnvolle daraus ableitbare politische Maßnahme? Das mag Chrematisten schmerzen: »Ökonomen strömen in Horden zurück zum Freihandel«, meinte Bhagwati 1998 nach einer Welle der Freihandelskritik, »die letzte Revolte, in den 1980er Jahren, ist zu Ende gegangen. Nur Neandertaler unter den Ökonomen engagieren sich gegen Freihandel.«[121] Auch Paul Samuelson meinte kurz vor seinem Tod im 21. Jahrhundert: »Der Großteil der Fakten stützt die Weltanschauung Ricardos und seine Freihandelslehre. Sein Gedanke der komparativen Vorteile hat sich beim Studium der Wirtschaftsgeschichte als sehr nützlich erwiesen. Außerdem gibt es keine überzeugende Alternative.«[122]

Auf zu den Alternativen!

III. Die inhaltliche Alternative: Ethischer Welthandel

1. Stellenwert des Handels

1a) Handel ist kein Ziel, sondern Mittel

Handel kann viel Gutes bewirken, er hilft, Arbeit sinnvoll zu teilen, er bringt Spezialitäten an ferne Orte, er bringt Menschen in Kontakt und öffnet Horizonte. Handel ist auch eine Freiheit, ein Teil der Wirtschaftsfreiheit. Doch Handel ist kein Ziel an sich, weder Selbstzweck noch Grundrecht. Und Wirtschaftsfreiheiten sind nur instrumentelle Freiheiten, keine finalen: Sie dienen höheren Werten, die sie nicht gefährden dürfen. Die Beispiele Sklaven-, Frauen-, Kinder- oder Organhandel machen das sofort eindeutig: Mindestens die Menschenwürde und die Menschenrechte stehen über der Handelsfreiheit. Aber nicht nur sie. Auch mit bedrohten Arten oder Giftmüll darf nicht nur nicht »frei«, sondern gar nicht gehandelt werden. Handel ist ganz grundsätzlich kein *Ziel* der Wirtschaftspolitik, sondern ein *Mittel*, um legitime und akkordierte übergeordnete Politikziele zu erreichen. Ziele der Politik sind die umfassende Umsetzung der Menschenrechte, eine global nachhaltige Entwicklung, sozialer Zusammenhalt, gerechte Verteilung oder kulturelle Vielfalt. Handel ist ein Mittel, das die genannten Ziele befördern oder gefährden kann. Je nachdem soll es mehr oder weniger oder eine andere Art von Handel geben. Je nachdem, ob das Mittel den Zielen dient oder diesen abträglich ist, darf und soll der Handel erleichtert und gefördert oder erschwert und beschränkt werden. Mit Augenmaß und in Abwägung der Ziele und Werte, denen er dient.

»Freihandel« würde bedeuten, dass das Mittel von der Rücksichtnahme auf die Ziele befreit wird, das ist der zentrale Fehler im gegenwärtigen Handelssystem: »Freihandel« macht Handel zum

Selbstzweck. Und das ist er nicht. Das sehen auch andere so: »Handel ist ein Mittel, aber nicht der Zweck«, meint der renommierte Kölner Völkerrechtler Bernhard Kempen.[1] »Offenerer Handel ist kein Selbstzweck«, schreibt auch das Entwicklungsprogramm der UNO.[2] »Gesundheit, Arbeitnehmerrechte, angemessene Löhne und sichere Arbeitsbedingungen sowie der Umweltschutz sind gesellschaftliche Ziele«, formulieren Mander und Cavanough, »Internationaler Handel und Investitionen sind dagegen lediglich Mittel, die helfen können, solche Ziele zu erreichen.«[3]

Was die grundsätzlich einfache Sache so schwer macht, ist ein dreifacher begrifflicher Trick. Teil eins: Man hefte das Wörtchen »frei« an das eigene Interesse, und schon ist es viel schwieriger, dagegen zu sein. Denn wer ist schon gegen die Freiheit? Freihandel klingt gut, wie Freibier, Freidenken oder freie Liebe. Wer nicht scharf nachdenkt oder nicht genau versteht, ist rasch dafür. Der Trick besteht darin, die Kritik am Freihandel dadurch zu immunisieren, dass den KritikerInnen unterstellt wird, sie seien gegen die Freiheit. Erstaunlicherweise wirkt dieser simple Trick sehr gut. Viele KritikerInnen knicken schon bei der ersten Rückfrage ein und beschwichtigen, sie seien »nicht grundsätzlich gegen Freihandel«. Ohne sich je darüber klar geworden zu sein, was sie denn genau darunter verstehen. Wer für »Freihandel« ist, gibt der Umwelt, der Gesundheit, den Menschenrechten und der Demokratie Nachrang. Eine differenzierte Antwort wäre: Ich bin nicht grundsätzlich gegen Handel, ich bin nur gegen Freihandel!

Zweiter Teil des Tricks: Wer gegen »Freihandel« ist, wird reflexartig in die Schublade des Protektionismus gesteckt. Als gäbe es nicht eine Unzahl von differenzierten Optionen zwischen »Grenzen auf« und »Grenzen dicht«. Beliebt ist die Unterstellung: »Aber Deutschland profitiert doch von offenen Grenzen.« Am häufigsten kommen Reflexe wie dieser: »Doch deshalb nun die Grenzen dicht zu machen, ist auch nicht die Lösung.«[4] Gerne wird auch die Auflösung der EU unterstellt: »Eine Rückkehr zu Nationalstaaten löst dabei kein einziges der großen Probleme.«[5] Im schlechteren Fall werden die KritikerInnen des Freihandels nach »Nordkorea« gewünscht, damit ist die Diskussion beendet. Ganz nach der Logik, Menschen, die es vorziehen, kein Fleisch zu essen, als »Ernährungsgegner« zu bezeichnen; Menschen, die lieber Rad fahren, als »Mobilitätsgegner«; oder Menschen, die Konflikte lieber gewaltfrei lösen, als »Sicherheitsgegner«. Die Unterstellung des entgegengesetzten Extrems kennen wir auch bestens aus der Diskussion der Wirtschaftsmodelle: Wer den Kapitalismus kritisiert, wird gerne postwendend in die Kommunismus-Schublade gesteckt. Etwas Drittes gibt es nicht. Die Schwarz-Weiß-Logik dient einer Interessengruppe, die zwar gute Argumente gegen den Kommunismus hat, aber keine Alternative zum Kapitalismus – obwohl jenseits beider Extreme eine Endloszahl von differenzierten Optionen vorstellbar ist. Die Gemeinwohl-Ökonomie ist weder das eine noch das andere, sie transzendiert die Extreme, indem sie ihre validen Kerne – die Werte Freiheit und Gleichheit – integriert und darüber etwas Neues entwirft. Das irritiert traditionelle Sozialisten und Kapitalisten gleichermaßen, und sie orten in der GWÖ das jeweilige Gegenteil und bezichtigen sie spiegelverkehrt des verkappten Kapitalismus[6] und Kommunismus[7]. Doch das Universum ist ein Ort der unendlichen Möglichkeiten, es gibt nicht nur ein Drittes und Viertes, sondern unendlich viele Abstufungen zwischen allen Polen. Zwischen Mann und Frau, zwischen Tag und Nacht, zwischen Kommunismus und Kapitalismus, und zwischen Freihandel und Abschottung.

Des Tricks Teil drei ist die Zurichtung der – juristischen – Sprache auf das neue Ziel. Der gesamte Sprachgebrauch wird magnetfeldhaft angeordnet um das neue »Supergrundrecht« (Heribert Prantl). In Schritt eins werden die eigentlichen Ziele zu »handelsfremden Themen« herabgewürdigt, zu »non-trade concerns«. Sollten sie dann noch stören, werden sie in den politischen Eintopf der »Handelshemmnisse« geworfen. Sodann werden legitime Schutzpolitiken – von Klein gegen Groß, Schwach gegen Stark, von Lokal gegen Global, von Ethisch gegen Skrupellos – mit der semantischen Waffe »Nichtdiskriminierung« attackiert, die bisher die Gleichbehandlung von Gleichen sicherstellte, nicht aber von Ungleichen. Die WTO-Prinzipien »Inländergleichbehandlung« und »Meistbegünstigung« sind weitere Flicken der Zwangsjacke, hinzu kommen Reziprozität, »Notwendigkeitstest«, wissenschaftlicher Beweis (bevor reguliert werden darf) und regulatorische Kooperation: Neue Gesetzesvorhaben werden nicht auf ihre Konformität mit Menschenrechten, den ökologischen Grenzen, Verteilungsgerechtigkeit oder Finanzstabilität hin geprüft, sondern auf ihre »Freihandelskonformität« – wodurch dieser zum höchsten Ziel avanciert.

Handel ist zwar ein Teil der Erwerbsfreiheit und hat damit auch eine grundrechtliche Wurzel, doch kann die Erwerbsfreiheit erstens eingeschränkt werden, siehe oben, zweitens besitzen nur natürliche Personen Grundrechte, nicht aber juristische Personen wie TNC. Und drittens nicht im Ausland! Der Handel durch juristische Personen ist ein Instrument des Wirtschaftens – gleich wie Investitionen, Kredite, Geld oder Unternehmen selbst: Sie alle sind kein Selbstzweck. Sie haben den Zielen des Wirtschaftens zu dienen. Die gesamte Wirtschaft ist kein Selbstzweck, sondern in der Mitverantwortung, die politischen Ziele eines demokratischen Gemeinwesens zu erreichen oder diesen zumindest nicht zuwiderzulaufen. Laut diverser Philosophien und Rechtstraditionen ist die Wirtschaft ein Mittel für ein »gutes Leben« (Indigene Lateinamerikas), eine »gerechte Gesellschaft« (Aristoteles), das allgemeine Wohl (Deutschland) oder das Gemeinwohl (bayrische Verfassung). Die Deutsche Bischofskonferenz meint: »Der Welthandel muss dem Weltgemeinwohl dienen.«[8]

Bernhardin von Siena schrieb bereits im 15. Jahrhundert: »Ich möchte Dir sechs Überlegungen mitgeben, die man jemandem gegenüber hegen muss, der Handel treibt und ihn nutzt ... Die erste besteht darin, dass man den Menschen in Betracht ziehen muss, der Handel treibt. Die zweite gilt der Wahrnehmung der inneren Einstellung des Handelstreibenden. Drittens muss man die Art und Weise sehen, wie der Handel betrieben wird. Viertens ist der Ort zu berücksichtigen, wo der Handel stattfindet. Fünftens ist auf die

Zeit zu achten, wann der Handel stattfindet. Sechstens muss man auf das Konsortium schauen, mit dem der Handel betrieben wird. Eine siebte Überlegung, die von Scotus stammt, fügen wir an: Man muss Handel treiben für das Gemeinwohl.«[9]

Die Vereinten Nationen haben neben den Menschenrechten in jüngerer Zeit zunächst die »Millenniums-Entwicklungsziele« formuliert und, auf diesen aufbauend und sie verbessernd, im Oktober 2015 dann die UN-Nachhaltigkeitsziele. Wenn die UN-Mitgliedsstaaten diese Ziele der Staatengemeinschaft, wie zum Beispiel die »Eliminierung der Armut« (Ziel Nummer eins), wirklich ernst nehmen und kohärent handeln wollen, dann müssten sie ihre handelspolitischen Vorhaben, also bilaterale, plurilaterale und multilaterale Handels- und Investitionsschutzabkommen, dahingehend prüfen, ob und wie sehr sie diese Ziele befördern und mit entsprechenden Kapiteln, evaluierbaren Subzielen und konkreten Maßnahmen versehen. Handelsabkommen, die auf der puren Hoffnung oder losen Versprechen beruhen, dass sie einen Beitrag zur Verringerung der Armut leisten werden, jedoch ohne konkrete Ziele und Angaben, wie dies genau erreicht werden soll, müssten kohärenterweise entweder nachgebessert oder dürften gar nicht erst beschlossen werden. Beispiele TTIP, CETA oder die zahlreichen WTO-Abkommen.

Die Summe aus Menschenrechten, Entwicklungs- und Nachhaltigkeitszielen sowie weiteren Zielen der Staatengemeinschaft – zum Beispiel der Schutz indigener Kulturen oder der biologischen Vielfalt – könnte das »Weltgemeinwohl« bilden. In einer Reihe von Verfassungen ist das Gemeinwohl das ausdrückliche Ziel der Wirtschaftspolitik, in anderen die Grenze der wirtschaftlichen Freiheit. »Die gesamte wirtschaftliche Tätigkeit dient dem Gemeinwohl«, besagt die bayrische Verfassung (Art. 151). Laut kolumbianischer Verfassung sind »die wirtschaftliche Aktivität und die Privatinitiative frei, innerhalb der Grenzen des Gemeinwohls« (Art. 333). Gemäß der spanischen Verfassung ist »das gesamte Vermögen des Landes in seinen unterschiedlichen Formen und egal, wem es gehört, dem Allgemeininteresse untergeordnet« (Art. 128). Im deutschen Grundgesetz steht: »Eigentum verpflichtet. Sein Gebrauch soll zugleich dem Wohl der Allgemeinheit dienen« (Art. 14). Die Handelsfreiheit könnte als Unterfreiheit unter die Eigentumsfreiheit subsumiert werden. Und wenn schon die übergeordnete (Eigentums-)Freiheit gemeinwohlpflichtig ist, dann ist es die untergeordnete (Handelsfreiheit) umso mehr.

In der Bewegung der Gemeinwohl-Ökonomie schlagen wir vor, dass die Erreichung des Gemeinwohl-Ziels auf allen Ebenen der Wirtschaft – Volkswirtschaft (Makro-), Unternehmen (Meso-) und Investition (Mikroebene) – gemessen und den finanziellen Erfolgsindikatoren BIP, Gewinn und Rendite vorangestellt wird. Wirtschaftlicher Erfolg soll am Beitrag zur Erreichung der Ziele demokratischer Rechtsstaaten und der internationalen Staatengemeinschaft gemessen werden. Die Gemeinwohl-Bilanz existiert seit 2011 und wurde bisher von rund 400 Unternehmen freiwillig erstellt. Das Projekt Bank für Gemeinwohl wiederum hat eine Gemeinwohl-Prüfung entwickelt, die alle Projekte, die eine Finanzierung beantragen (unabhängig, ob Fremd- oder Eigenkapital), durchlaufen und bestehen müssen, damit ein Bankkredit oder eine direkte Investorenfinanzierung in Betracht kommt. Wird zudem die finanzielle Bonitätsprüfung bestanden, fließt das Geld – als Fremd- oder Eigenkapital – zu umso günstigeren Konditionen, je höher der ethische Mehrwert des Projekts ist.[10] Es existiert bereits eine Reihe von Alternativbanken, welche entweder nur in bestimmte Branchen wie Reformpädagogik, Biolandbau oder erneuerbare Energien investieren oder Evaluierungsinstrumente entwickelt haben, die sie bei der Kreditvergabe anwenden.

Für das Gemeinwohl-Produkt schlagen wir einen demokratischen Entwicklungsprozess vor: Die freien und souveränen BürgerInnen könnten sich in ihren Lebensgemeinden versammeln und zunächst den lokalen Gemeinwohl-Index aus den zum Beispiel 20 relevantesten Elementen von Lebensqualität komponieren. Darin werden sich voraussichtlich die Menschenrechte, Entwicklungs- und Nachhaltigkeitsziele wiederfinden – und eben alles, was zu einem guten Leben für alle (Lebewesen) gehört. Diese partizipative Erarbeitung der konkreten Bedeutung von »Gemeinwohl« entspricht dem »formalen« Verständnis von Gemeinwohl, das von der »inhaltlichen« Bedeutung unterschieden wird. Eine inhaltliche Definition steht von vornherein fest, sie müsste vom lieben Gott, dem »Naturrecht« oder einer DiktatorIn kommen – drei No-Gos.[11] Die formale Bedeutung meint, dass die konkrete Bedeutung nur durch einen breiten Beteiligungsprozess gefunden werden kann. Alle Studien und Vorarbeiten weisen darauf hin, dass im Ergebnis Fundamentalaspekte von Lebensqualität wie Gesundheit, Bildung, gutes Wohnen, intakte Beziehungen, sozialer Zusammenhalt, blühende Umwelt, Verteilungsgerechtigkeit, Demokratie, Sicherheit, Frieden, Sinnstiftung und Zeitwohlstand enthalten sein werden.

Wenn das demokratisch komponierte Gemeinwohl-Produkt steigt, wissen die Menschen verlässlich, dass es ihnen besser geht – weil ihre eigenen Prioritäten und höchsten Werte gemessen werden. Damit wäre ein »souveräner« Maßstab geschaffen, mit dem beurteilt werden kann, ob der Handel, ob mehr Handel, Investitionen oder Kredite den Zielen der demokratischen Gemeinschaft förderlich sind oder nicht.

Ein bemerkenswertes Beispiel für die Ausrichtung von politischen Programmen und Strategien an umfassenden Wohlfahrtsindikatoren liefert Bhutan. In diesem asiatischen Zwergstaat wird seit einigen Jahren das »Bruttonationalglück« gemessen – durch eine Umfrage in 6000 Haushalten. Gefragt wird nach dem subjektiven Wohlbefinden, der Gesundheit, Bildung, Beziehungsqualität, Umweltfaktoren, Mitbestimmung und Sicherheit – nach allem, was zu einem guten Leben gehört. In Summe bilden 133 Facetten von Lebensqualität das »Bruttonationalglück«. Auf dessen Basis hat Bhutan auch ein »Screening tool«, ein Evaluierungsinstrument, entwickelt, das politische Maßnahmen auf ihre Auswirkungen auf das Bruttonationalglück prüft. Dieses Instrument wird für alle möglichen politischen Entscheidungen verwendet, ähnlich einer Verfassungs-, Grundrechtsverträglichkeits-, Menschenrechts-, Nachhaltigkeits-, Gender-Mainstreaming- oder eben Gemeinwohl-Prüfung für neue Gesetzesvorhaben. Dieses Instrument kam auch zum Einsatz, als Bhutan vor der Frage stand, ob das Land der WTO beitreten solle. Vor dem »Screening« war die Mehrheit des Kabinetts für den Eintritt in die WTO. Denn mehr Handel war für sie gleichbedeutend mit mehr Wohlstand. Dann allerdings kam das 360-Grad-Screening, dessen Ergebnis war, dass die Zunahme des Handels die Beziehungen und den sozialen Zusammenhalt schwächen, die Ungleichheit erhöhen, die kulturelle Vielfalt vermindern und die Umwelt belasten würde. Auch die Demokratie hätte durch den Einzug transnationaler Konzerne gelitten. Nach der Gemeinwohl-Prüfung stimmten 17 von 24 Ministern gegen den WTO-Beitritt. Bhutan ist bis heute freihandelsfrei.[12]

Auch Deutschland sucht, wie die meisten anderen Industrieländer, nach Alternativen zum BIP: Der Bundestag beauftragte deshalb im neuen Jahrtausend eine Enquete-Kommission zum Thema »Wachstum, Wohlstand, Lebensqualität – Wege zu nachhaltigem Wirtschaften und gesellschaftlichem Fortschritt in der Sozialen Marktwirtschaft«. Diese schlug in ihrem Abschlussbericht im Mai 2013 die »W^3-Indikatoren« vor, die künftig Lebensqualität und Wohlstand in Deutschland messen sollen. Neben der Dimension »Materieller Wohlstand« sollen auch die Wohlstands-Dimensionen »Soziales/Teilhabe« und »Ökologie« in den Blick genommen werden, so der Bericht.[13] Dazu wurden zehn Leitindikatoren – darunter das BIP pro Kopf, die Beschäftigungsquote und der »nationale Vogelindex« (zur Messung der Artenvielfalt) – definiert sowie zusätzliche Warnlampen für den Fall, dass Grenzwerte überschritten werden. Zur Anwendung kamen die W^3-Indikatoren allerdings bisher nicht. Obwohl die Bevölkerung dies grundsätzlich wünscht: 2014 haben das Umweltministerium und Umweltbundesamt die Deutschen repräsentativ gefragt, ob sie die Wirtschafts- und Sozialpolitik weiterhin am BIP oder lieber an einem umfassenderen Indikatorenset für Lebensqualität orientieren möchten. 18 Prozent stimmten für das BIP, hingegen 67 Prozent für eine umfassendere Evaluierung, zum Beispiel durch ein »Bruttonationalglück«.[14] Eine demokratische Regierung müsste nach so einem Ergebnis alle politischen Programme und Maßnahmen, die auf ein Wachstum des BIP abzielen, umorientieren auf das Wachstum des »Bruttonationalglücks« oder zum Beispiel der W^3-Indikatoren. Oder sie gibt die demokratische Entwicklung eines Gemeinwohl-Produkts in Auftrag ... Welcher Vertrauensgewinn wäre es, wenn Regierungen und Parlamente die Handelspolitik an den Prioritäten der Bevölkerung orientieren und entsprechend gestalten würden!

1b) Abstimmung globaler Handelsregeln auf die Ziele der Vereinten Nationen

Noch gibt es aber kein globales Gemeinwohl-Produkt, und das Bruttonationalglück existiert nur in Bhutan. Zwar hat die OECD den »Better Life Index« entwickelt, aber noch keine Regierung ist auf die Idee gekommen, ein Handelsabkommen auf seine Auswirkungen auf dieses innovative Wohlfahrtsmaß zu prüfen. Auch sind weder der Better Life Index, das Bruttonationalglück oder das Gemeinwohl-Produkt völkerrechtlich verankert. Hingegen ist das sehr wohl bei vielen ihrer – voraussichtlichen – zukünftigen Komponenten der Fall: Menschenrechte, ILO-Arbeitsnormen, globaler Klimaschutz, Schutz der kulturellen und biologischen Vielfalt, Schutz der indigenen Bevölkerungen, Abkommen gegen Bestechung und Korruption und andere. Seit 2015 gibt es nun auch die UN-Nachhaltigkeitsziele. Von daher liegt es nahe, die Umstellung des globalen Handelssystems auf die bisher akkordierten Ziele und Werte des Völkerrechts abzustimmen, auf ihre progressive Erfüllung und Weiterentwicklung auszurichten und Zug um Zug ein konsistentes Zielsystem zu entwickeln. Anstatt ebendiese Ziele durch »Freihandelsabkommen« systematisch zu gefährden und mit ihnen in Konflikt zu bringen, könnte das Handelssystem (analog zum Finanzsystem) als Mittel gestaltet werden, um diese Ziele zu fördern und effektiver zu erreichen als heute. Das ist der Kern der Vision eines »Ethischen Welthandels« (analog zur Vision »Geld als öffentliches Gut«[15]).

1c) Die UNO als Sitz des Wirtschaftsvölkerrechts

Die gute Nachricht ist: Ein guter Teil der Grundlagen für ein ethisches Handelssystem – völkerrechtliche Abkommen, Deklarationen, Programme und Ziele – liegt bereits vor. Sie sind nur gegenwärtig nicht in das Handelssystem integriert, weil dieses bewusst außerhalb des Systems der Vereinten Nationen geschaffen wurde, um keine Rücksicht auf die Ziele nehmen zu müssen. Bezeichnenderweise werden die eigentlichen Ziele und Werte der internationalen Politik im Freihandelssprech zu »non-trade concerns« herabgewürdigt, zu »handelsfremden Themen«. Die WTO wurde bewusst im völkerrechtlichen Abseits installiert, um die strategische Vertauschung von Zielen und Mittel durchführen zu können – a) mit wissenschaftlicher Rückendeckung der Freihandelsideologie, b) mithilfe des Freihandelssprechs, der sukzessive rechtlich kodifiziert wurde, sowie c) durch undemokratische Entscheidungsprozesse – in Form der gezielten Umschiffung der Souveräne bei der Verhandlung und dem Abschluss völkerrechtlicher Verträge. Mir ist kein Fall bekannt, dass die Regierungen ihre Souveräne gefragt hätten, ob sie Mitglied einer Zwangshandelsorganisation abseits der Vereinten Nationen werden wollen.

Ist es nicht einleuchtend, dass die Regeln für den Welthandel grundsätzlich am Kristallisationskern des Völkerrechts gemacht werden sollen? *Wenn* eine internationale Organisation dafür geeignet ist, »dem Wohl des großen Ganzen« (Ricardo) und dem »ewigen Frieden« (Kant) zu dienen, dann ist das die UNO. Dort ist der vollständige Referenzrahmen für das »Mittel« Handel vorhanden – von den Menschenrechtspakten über die Umweltschutzabkommen bis zu den ILO-Arbeitsstandards, und die Spielregeln für den Handel könnten darauf Bezug nehmen, damit er diesen Zielen und Werten dient. Auch der Mehrzahl der Regierungen leuchtete diese Logik ein, weshalb 30 Jahre vor der WTO-Geburt eine Organisation für die Regelung des globalen Handels innerhalb der Vereinten Nationen gegründet wurde: die Konferenz der Vereinten Nationen für Handel und Entwicklung (UNCTAD). Nicht weniger als 77 Staaten betreiben ihre Einrichtung, und diese »Gruppe der 77« hat heute über 130 Mitglieder – mehr als doppelt so viele, wie die WTO (76) und auch die UNO (51) bei ihrer Gründung aufwiesen.

Die UNCTAD knüpfte an den Geist der nicht zur Welt gekommenen ITO an. In den ersten 15 Jahren ihrer Existenz versuchte sie eine »neue Weltwirtschaftsordnung« voranzutreiben, welche das Machtgefälle zwischen den ehemaligen Kolonialmächten und Kolonien verringern sollte. Ihr erster Generalsekretär, der Chilene Raúl Prebisch, war ein führender Vertreter der Schule der »Importsubstitution« als Alternative zum Freihandelsparadigma. Die UNCTAD entwickelte ein System der »bevorzugten Behandlung« ärmerer Länder im GATT sowie eine Reihe von Abkommen, um den Verfall der Rohstoffpreise aufzuhalten und Ländern, die von deren Export abhängen, ein angemessenes Einkommen zu sichern. (Anknüpfend an Ricardo: um zu verhindern, dass portugiesischer Wein im Vergleich zum englischen Tuch immer billiger wird und England damit das sportliche Freihandelsmatch gegen Portugal gewinnt.)

Doch zum einen hatten die – realmerkantilistischen – Industrieländer ein genauso geringes Interesse an stabilen Rohstoffpreisen wie an ausgeglichenen Handelsbilanzen. Zum anderen konnten sie dem Begehren des Südens, die Gestaltung der Globalisierung substanziell mitzubestimmen, grundsätzlich nichts abgewinnen, weshalb sie der UNCTAD die kalte Schulter zeigten und sie aufs politische Abstellgleis stellten. Stattdessen trieben sie die Gründung der autistischen WTO unter der ideologischen Flagge des »Freihandels« voran. In den 1980er Jahren wendete sich zudem die ideologische Großwetterlage, und auch viele arme Länder stimmten in das Hohelied auf Freihandel, Privatisierung und die Anlockung ausländischen Kapitals ein. Sie zogen sich die Goldene Zwangsjacke freiwillig an.

Die UNCTAD landete auf dem Abstellgleis, während das GATT 1995 in den Zielhafen WTO einmündete.

Aufgrund der Dominanz des Wirtschaftsvölker- und konkret des Handelsrechts wird die WTO von BeobacherInnen als die »real existierende Weltregierung« betrachtet.[16] Ihr wird im Vergleich zu den in vielen Fällen »weicheren« UN-Abkommen zugutegehalten, dass das Freihandelsrecht »hartes« Völkerrecht, das heißt sanktionierbar und somit durchsetzbar sei. Genau das war (und ist) ja auch das Ziel der Zwangsjacken-NäherInnen. Deshalb ist das bei genauerem Hinsehen gar keine erfreuliche Stärke, weil WTO-Klagen ausschließlich Wirtschaftsfreiheiten schützen, vom Marktzugang bis zum Patentrecht, und sich daher gegen Umweltschutz, KonsumentInnenschutz, aber auch eine eigenständige Technologie- und Industriepolitik richten und diese aushebeln können. Die EU wurde bisher von anderen WTO-Mitgliedern geklagt, weil sie den Import von hormonbehandeltem Rindfleisch verbot (dies führte zu vorübergehenden »Vergeltungszöllen« der Bush-Administration auf französischen Roquefort-Käse von 300 Prozent[17]), weil sie Gentechnik-Moratorien der Mitgliedsstaaten duldete und das Flugzeugkonsortium Airbus subventionierte – alles argumentierbare Politikentscheidungen und keine Schwerverbrechen. Keine dieser Politiken verstößt gegen die Menschenrechte, den Umweltschutz oder die kulturelle Vielfalt, ganz im Gegenteil. Das WTO-Tribunal kann nicht als Fortschritt im Völkerrecht betrachtet werden, wenn es gemeinsam mit der WTO wieder verschwände, wäre nichts verloren.

Vielleicht kommt dies schneller als vermutet. Denn zum Glück hat sich die WTO mit ihrem abwegigen Freihandelsansatz in eine politische Sackgasse manövriert – diese begann mit Massenprotesten bei der Ministerkonferenz 1999 in Seattle, welche ergebnislos zu Ende ging, weil die Entwicklungsländer der Abschlusserklärung, welche die »Quads« (Kanada, USA, EU und Japan) in den sogenannten »Green Rooms« unter sich ausgeschnapst und aus machtpolitischer Gewohnheit dem »Rest« zum Absegnen vorgesetzt hatten, die Unterschrift verweigerten. Seither ist die WTO keinen entscheidenden Schritt mehr vorwärtsgekommen: Die Singapur-Themen (von der Konferenz 1996) sind ebenso gescheitert wie die »Doha-Entwicklungsrunde« (2001 bis 2015). Faktisch steht die WTO seit ihrer Gründung 1995 still, wenn auch auf viel zu hohem und schädlichem Niveau eines festgezurrten Zwangshandels. Dennoch: Das Argument der Ineffizienz gilt nun nicht mehr allein für die UNO.

Anstatt aber nach dem Scheitern »ihrer« WTO in den Hafen der UNO zurückzukehren und das Völkerrecht dort weiterzuentwickeln, setzten die Industrieländer auf bilaterale und plurilaterale (regionale) Handels- und Investitionsschutzabkommen. Ein wichtiges Parallelmanöver fand in der OECD statt, wo das Multilaterale Abkommen über Investitionen (MAI) 1995 angestrebt wurde. Doch auch dieses scheiterte am breiten Widerstand zivilgesellschaftlicher Bewegungen, dem das französische Parlament 1998 nachgab und »Non« sagte. Der dritte Anlauf findet aktuell vorwiegend auf bilateraler Ebene statt. In ihrer Mitteilung 2006 »Ein wettbewerbsfähiges Europa in einer globalen Welt« geht die Kommission in die Offensive und schlägt bilaterale Freihandelsabkommen vor – im Bewusstsein, dass das Verlassen der multilateralen Ebene umstritten ist: »Europa wird sich nicht vom Multilateralismus verabschieden (...) Freihandelsabkommen können aber auch mit Risiken für das multilaterale Handelssystem verbunden sein. Sie können den Handel komplizieren, das Diskriminierungsverbot untergraben und die schwächsten Volkswirtschaften außen vor lassen.« Genau. Aber: »Das wichtigste wirtschaftliche Kriterium für die Wahl neuer Partner für Freihandelsabkommen sollte das Marktpotenzial (Größe und Wachstum der Wirtschaft) sein sowie der Umfang der Schutzmaßnahmen, die gegen die Interessen der EU-Exportwirtschaft gerichtet sind (tarifäre und nichttarifäre Schranken).«[18] Aha: Es geht also weder um die schwächsten Volkswirtschaften noch um Entwicklung, noch um Nachhaltigkeit, nicht um die Menschenrechte und nicht um kulturelle Vielfalt, sondern ganz platt um neue Märkte und »die Interessen der EU-Exportwirtschaft«. Darum also CETA, TTIP und Dutzende weitere bilaterale Freihandelsabkommen, welche die Kommission seither in Angriff genommen hat, von Indien und Vietnam über die Mittelmeer-Anrainer und den Nahen Osten bis zu den Anden-Staaten. Das wichtigste Abkommen ist das TTIP zwischen der EU und den USA, von der Kommission als »Schlagader der globalen Wirtschaft« bezeichnet.[19] Die bilateralen Abkommen sollen leisten, was in der WTO im Moment nicht möglich ist: noch freieren Handel, noch strengeren Schutz von Investitionen und geistigem Eigentum, noch strengere Regeln für öffentliche Beschaffung und Dienstleistungen (»WTO plus-Themen«), noch mehr Fesseln für die öffentliche Hand im Einkauf, bei der Bereitstellung von öffentlichen Dienstleistungen und in der Regulierung von Investitionen und Märkten. Thilo Bode erhielt vom deutschen Bundeskanzleramt die hochoffizielle Auskunft, dass durch TTIP »der Regulierungsspielraum der EU und der EU-Mitgliedsstaaten in Teilen eingeschränkt werden kann«.[20] Nicht von ungefähr wird das TTIP von der US-Handelskammer als »Goldstandard« für alle weiteren internationalen Handelsabkommen bezeichnet.[21] Hätte sie gerne. Die Kapitel Menschenrechte, Arbeitsrechte, Verteilung, sozialer Zusammenhalt, KonsumentInnenschutz, Umweltschutz, Klimaschutz oder kulturelle Vielfalt sucht mensch vergebens in den Verhandlungspapieren, weshalb der Widerstand auch so enorm anwuchs.

Ein besonderer Zankapfel war die Ausweitung der Klagemöglichkeiten auf Konzerne. Damit werden transnationale Unternehmen nicht nur unmissverständlich Subjekte des Völkerrechts, sondern ihre Macht wird gezielt auf Kosten der demokratischen Regulierungs- und Entfaltungskompetenz von Staaten ausgebaut. Viele der heute 3400 bilateralen Investitionsschutzabkommen beinhalten Direktklagerechte für Unternehmen (ISDS) und stützen sich dabei auf internationale Ad-hoc-Gerichte, die massiv in der Kritik stehen, weil sie eine multiple völkerrechtliche Asymmetrie herstellen:

1. Sie setzen Ziele durch, die gar nicht Teil der UN-Abkommen sind (Investitionsschutz, Eigentumsschutz, Handelsfreiheit). Die eigentlichen Ziele des Völkerrechts verfügen über keine Gerichte,

zum Beispiel wenn TNC die Menschenrechte oder ILO-Arbeitsstandards verletzen.

2. Sie lassen Klagen aufgrund »indirekter Enteignung« und »unfairer Behandlung« zu, was vor nationalen Gerichten nicht möglich ist. Ebensowenig ist die »indirekte« Verletzung von Menschenrechten einklagbar.

3. Klagen können nur ausländische Unternehmen, nicht aber inländische: War nicht Nichtdiskriminierung das Sakrosanktum im Freihandelsrecht?

4. Sie genügen rechtsstaatlichen Grundsätzen nicht: Die Verfahren finden nicht an ständigen Gerichtshöfen statt, sie werden nicht von staatlichen Richtern geleitet (sondern von Experten zumeist für Handelsrecht oder von teils profitorientierten Anwälten), sie sind nicht öffentlich, die Urteile müssen nicht veröffentlicht werden, und gegen sie kann auch nicht berufen werden – das Mittelalter lässt grüßen!

Typischerweise fokussierte die Abwehr-Argumentation der ISDS-Promotoren ausschließlich auf die Asymmetrie Nummer vier. Bei den CETA-Verhandlungen hat die EU – nur dort – etwas nachgebessert: fester Gerichtshof, staatliche RichterInnen, öffentliche Verfahren, Berufung. Mit diesen Nachbesserungen konnte die EU-Kommission nicht einmal die RichterInnen überzeugen: »Das mit dem Vorschlag für ein Internationales Investitionsgericht offensichtlich verbundene Verständnis, die Gerichte der Mitgliedstaaten der Union könnten ausländischen Investoren keinen effektiven Rechtsschutz gewähren, entbehrt sachlicher Feststellungen«, kommentierte der Deutsche Richterbund in einer eigens verfassten Stellungnahme.[22]

Im überarbeiteten Verhandlungsmandat des EU-Rates von 2011, vor dem Ausbruch der öffentlichen Proteste, war noch vom »höchstmöglichen Niveau an Rechtsschutz und Rechtssicherheit für europäische Investoren in Kanada« die Rede.[23] Der EU-Rat hätte sein Misstrauen in den kanadischen Rechtsstaat nicht deutlicher zum Ausdruck bringen können – oder aber seinen Ehrgeiz, die schärfsten

Klagerechte für Konzerne weltweit zu präjudizieren, um die WTO bei der Installierung der Supergrundrechte zu übertreffen. Zum Einsatz kommen soll das Klagerecht wie gesagt bereits bei »unfairer Behandlung« und »indirekter Enteignung« – darunter kann alles und jedes verstanden werden. Alles, was den Gewinn schmälert, und jedes Gesetz zum Schutz der Gesundheit, Umwelt, VerbraucherInnen, ArbeitnehmerInnen, zukünftiger Generationen oder der Demokratie. So wird der Investitions- und Eigentumsschutz kontinuierlich auf Kosten des Umweltschutzes, Gesundheitsschutzes, Demokratieschutzes ausgebaut – *das* ist Protektion*ismus*: Der Schutz einer Sache wird zum Selbstzweck, obwohl diese Sache nicht die höchste ist. Eigentum ist nicht heilig, sondern sozialpflichtig (Grundgesetz). Direkte Klagerechte für Konzerne gegen »indirekte« Enteignung, bevor die direkte Verletzung von Menschenrechten durch Konzerne geklagt werden kann, sind und bleiben ein Skandal.[24]

Eine Untersuchung in Kanada hat ergeben, dass sich 40 Prozent der Klagen gegen Gesetze richten![25] Ein Beispiel für eine *direkte* Enteignung, womit das System der Konzernklagen gegen Staaten, das 1959 erstmals zwischen Deutschland und Pakistan eingeführt wurde, begründet wird, ist mir in der medialen Diskussion der letzten Jahre kein einziges untergekommen. Eindeutig ist hingegen die entwicklungsfeindliche Wirkung des Klagesystems: 85 Prozent aller Klagen stammen aus den Industrieländern, und drei Viertel aller Klagen richten sich gegen Entwicklungsländer.[26]

Die Schaffung einer rechtlichen Komfortzone für Investoren hat die Zahl der Konzernklagen in den letzten 20 Jahren exponentiell ansteigen lassen. Wurden 1987 bis 2000 weltweit nur 56 Klagen registriert, so waren es 2010 bis 2015 sechsmal so viele: 335 Klagen. Bis Ende 2016 waren 26,4 Prozent der abgeschlossenen Fälle zugunsten der Konzerne entschieden, weitere 25,7 Prozent haben in einem Vergleich geendet[27] – womit Konzerne in über 50 Prozent aller Klagefälle zumindest irgendetwas erreichten. In den günstigsten Fällen erhielten sie Entschädigungen in Milliardenhöhe.[28]

Wer klagt wen?	Fallbeschreibung	Ausgang/aktueller Stand
Vattenfall vs. Deutschland	Der schwedische Energiekonzern klagt gegen den Atomausstieg Deutschlands.	Vattenfall fordert an die 5,6 Milliarden Euro wegen entgangener Gewinne.
Occidental Petroleum vs. Ecuador	Ecuador kündigte eine Öl-Förderkonzession, nachdem der Konzern die Förderlizenz widerrechtlich weiterverkauft hatte.	Ecuador muss 2,4 Milliarden US-Dollar Schadenersatz an Occidental Petroleum zahlen.
Chevron vs. Ecuador	Ein ecuadorianisches Gericht hatte Texaco aufgrund von Umweltzerstörung und Menschenrechtsverletzungen zu 19 Milliarden US-Dollar verurteilt. Dagegen klagte Chevron, das Texaco aufgekauft hat.	Chevron gewann, das Urteil muss aufgehoben werden.
Ethyl vs. Kanada	Der US-Benzinhersteller klagte gegen ein kanadisches Gesetz, das giftige Mangan-Zusätze verbot.	Diversion: Ethyl erhielt elf Millionen kanadische Dollar Schadenersatz – und Kanada nahm das Gesetz zurück.
CMS, Suez, Vivendi vs. Argentinien	Die Multi-Utility-Konzerne hatten nicht mit der Auflösung der fixen Peso-Dollar-Bindung gerechnet und klagten nach der Finanzkrise und dem Peso-Absturz auf Schadenersatz für ihre geringeren Erlöse (in Dollar-Währung).	Das Gesamtklagevolumen betrug 2013 sagenhafte 65 Milliarden US-Dollar. Argentinien wurde mehrfach verurteilt und überlegte den Ausstieg aus 59 Freihandelsabkommen.[29]
Veolia vs. Ägypten	Ägypten hob die Mindestlöhne in der Abfallwirtschaft mit der Inflation auf 99 US-Dollar/Monat an. Konzessionär Veolia klagt auf Vertragsbruch.	Veolia fordert 82 Millionen US-Dollar Schadenersatz.
Al-Kharafi vs. Libyen	Libyen zog eine Baugenehmigung für ein Tourismusprojekt bei Tripolis zurück.	Der Investor erhielt 935 Millionen US-Dollar Schadenersatz, obwohl er nur fünf Millionen investiert hatte.

Wer klagt wen?	Fallbeschreibung	Ausgang/aktueller Stand
Lone Pine vs. Kanada	Das Öl- und Gasunternehmen aus den USA klagt gegen das Fracking-Moratorium in der kanadischen Provinz Quebec.	Lone Pine fordert 250 Millionen kanadische Dollar Schadenersatz.
Lone Star vs. Südkorea	Der texanische Investmentfonds möchte Steuertricks und die Entschädigung für Spekulationsverluste mit einer ISDS-Klage durchsetzen.	Verfahren läuft.
Piero Foresti vs. Südafrika	Das italienische Bergbauunternehmen klagte gegen ein Anti-Apartheid-Gesetz, demzufolge zumindest ein Viertel der EigentümerInnen und 40 Prozent des Managements aus der schwarzen Bevölkerung kommen müssen.	Die Investoren verloren diese Klage.
Eureko vs. Polen	Nach einer 30-prozentigen Privatisierung der staatlichen Rentenversicherung stoppte die polnische Regierung die weitere Privatisierung im Angesicht der Finanzkrise.	Eureko hatte zwölf Milliarden US-Dollar Schadenersatz gefordert und erhielt 1,5 Milliarden US-Dollar.
Eli Lilly vs. Kanada	Das kanadische Patentamt hat zwei Patente von Eli Lilly aberkannt.	Eli Lilly fordert 500 Millionen US-Dollar Schadenersatz.

Konzerne haben also allein schon aufgrund der Gewinnaussichten einen hohen Anreiz, es mit einer Klage zu versuchen. Doch es kommt noch dicker: Die ISDS sind neuerdings zu einem Geschäftsmodell geworden. Sogenannte Prozessfinanzierer bieten Konzernen an, dass sie die Gerichtskosten übernehmen. Als Gegenleistung erhalten sie im Fall einer siegreichen Klage eine kräftige Provision – in der Höhe von bis zu Hunderten Millionen US-Dollar.[30] Konzerne haben damit kein finanzielles Risiko, wenn sie klagen – das wird die Zahl weiter erhöhen. Der kanadische Rechtsprofessor Gus Van Harten sagt, dass »Investoren Milliarden Dollar Schadenersatz zugesprochen bekommen können, was sie unter nationaler Rechtsprechung nie erreichen würden. Es handelt sich um einen Jackpot für Spekulanten.« Und der spanische ISDS-Schiedsrichter Juan Fernández-Armesto schrieb: »Wenn ich in der Nacht aufwache und über die Schiedsverfahren nachdenke, bin ich immer wieder überrascht, dass souveräne Staaten Investitionsschiedsgerichten überhaupt zugestimmt haben ... Drei Privatpersonen werden mit der Macht betraut, ohne jede Einschränkung oder Berufungsverfahren, alle Handlungen von Regierungen, alle Gerichtsentscheidungen und alle Gesetze und Regulierungen der Parlamente zu überprüfen.«[31]

Nicht mehr alle: Im Frühjahr 2011 hat die australische Regierung bekanntgegeben, dass sie in Zukunft keine Investor-Staat-Schiedsgerichtsbarkeit in ihre Handelsabkommen mehr aufnehmen werde. Bolivien, Ecuador und Venezuela haben mehrere Investitionsschutzabkommen gekündigt und sind aus dem ICSID ausgetreten. Brasilien hat in seinen BITs aus Prinzip auf ISDS verzichtet.[32] Indonesien und Südafrika haben ihr bilaterales Abkommen mit Holland gekündigt; Südafrika hat zudem seine Investitionsschutzabkommen mit der Schweiz und Deutschland beendet.[33]

Der Widerstand gegen CETA und TTIP war sehr gut begründet. Dass der Vorsitzende des Handelsausschusses im EU-Parlament, Bernd Lange, beim Beinahe-Scheitern von CETA im EU-Rat – an Wallonien – meinte, dass dies einen »Schritt zur Zerstörung der EU« bedeute[34], ist eine gewagte These und nur eine andere Form zu behaupten, zur Goldenen Zwangsjacke gebe es keine Alternative. Gibt es, und es ist vielmehr die Goldene Zwangsjacke, die Europa zerstört, zusammen mit Eliten, die gegen die Souveräne regieren.

Zurück zum Ausgangspunkt: Die UN-Abkommen sind durch die Bank »weicher«: Zwar kann gegen die Verletzung von Menschenrechten geklagt werden, jedoch nur, wenn diese von Staaten verletzt werden, nicht von Unternehmen. Kriegerische Aktionen können sanktioniert und sogar militärisch beantwortet werden, doch nur, wenn sich der sehr selektiv zusammengesetzte Sicherheitsrat darauf einstimmig verständigt. Kriegsverbrecher können vor dem Strafgerichtshof in Den Haag zur Verantwortung gezogen werden, aber nur, wenn sie aus Staaten stammen, die das zugrunde liegende Abkommen ratifiziert haben oder das Verbrechen auf dem Territorium eines Vertragsstaats stattgefunden hat. Noch schlechter schaut es bei den Kernarbeitsnormen der ILO, beim Klimaschutz, der Artenvielfaltskonvention, dem Schutz indigener Bevölkerungen, der UNESCO-Konvention zum Schutz der kulturellen Vielfalt oder dem Global Compact der UNO für das Verhalten von Konzernen aus. Verstoßen Akteure gegen diese UN-Abkommen, passiert in der Regel – nichts. Kein Tribunal ist zuständig, keine RichterIn nimmt eine Klage an. Die Kritik, dass die UNO ein wirkungsloser Papiertiger sei, ist nicht unberechtigt, und die Frage, warum das so ist, muss an erster Stelle dem EU-Rat gestellt werden, der sich an anderer Stelle um das härtestmögliche Völkerrecht bemüht.

Man kann es aber auch optimistischer sehen: 1. Immerhin existieren für erste Abkommen und Ziele Sanktionsmechanismen. 2. Viele andere sind verbindliches Völkerrecht. 3. Die UNO ist erst 70 Jahre jung: Was nicht ist, wird früher oder später werden – vorausgesetzt, konkrete Menschen und Institutionen setzen sich dafür ein. Umso wichtiger ist es, dass die Handelsregeln mit den UN-Abkommen verflochten werden, weil absehbar ist, dass das UN-Recht eines Tages durchsetzbar sein wird. Die »eine Welt« wird kommen, vielleicht auf leisen Sohlen und im Schneckentempo, aber sie wird kommen. Der erste Schritt ist, es vorzudenken und vorzuschlagen. Harald Klimenta schreibt: »In einem ausgewogenen Welthandelssystem wird die WTO eine wesentlich geringere Bedeutung spielen und in das UN-System integriert sein.«[35] Mander und Cavanough schreiben: »Handel ist Mittel und nicht Zweck (...) Die Verantwortung für die Vereinbarung und Durchsetzung von Handelsregeln sollte bei Organisationen liegen, denen dieser Unterschied klar ist. Folglich sind wir der Ansicht, dass die Zuständigkeit für Handelsfragen auf UN-Behörden verteilt werden sollte, die sich mit Themen wie Entwicklung, Gesundheit, Ernährung, Arbeit und Umwelt beschäftigen. Sie sollte bei denselben Behörden liegen, die auch für die Ziele verantwortlich sind, denen der Freihandel dienen soll.«[36] Ich halte es auch mit Zeitler: »Jedem fortschrittlichen Nationalstaat ist deshalb zu empfehlen, einen kontrollierten Ausstieg aus den WTO-Verträgen einzuleiten und sich für eine neue Welthandelsorganisation einzusetzen«[37]: für eine Organisation für ethischen Handel im Rahmen der UNO. Vielleicht führt der dritte Anlauf nach der Totgeburt ITO 1944 und der »geschnittenen« UNCTAD, die sich seit 1964 auf dem Abstellgleis oder vielleicht besser im Wartesaal befindet, zum Erfolg. Die Vision eines ethischen Welthandelssystems könnte hier zwei Fliegen mit einer Klappe erledigen: Es könnten zum einen ethisch breit akzeptierte Regeln für den Welthandel errichtet und damit gleichzeitig die UN-Abkommen und -Ziele sanktionsfähig und durchsetzbar gemacht werden.

2. Für ein ethisches Handelssystems in der UNO

Die Ausrichtung des Handelssystems auf die Werte und Ziele der Völkergemeinschaft ist der inhaltliche Kern dieser Vision. Dennoch wollen wir, in Anbetracht der in Teil I getätigten Analyse und unter Bezugnahme anderer Analysen und Kritiken das Anforderungsprofil eines ethischen Welthandelssystems etwas breiter auffächern. Gesucht ist ein globales Handelssystem, jenseits der Extreme Freihandel und Protektionismus, das:

a) die *Werte und Ziele der Völkergemeinschaft* unterstützt;

b) *demokratischen Handlungsspielraum* auf *lokaler und nationaler Ebene* lässt (Tanzkleid statt Zwangsjacke);

c) *Ländern mit geringerem Industrialisierungs-, Technologisierungsgrad* ermöglicht, zu den weiter entwickelten Ländern aufzuschließen (»Entwicklungsleitern« für alle);

d) *kulturelle und ökonomische Vielfalt* sichert und damit *Resilienz* und *Innovationsfähigkeit*;

e) auf *ausgeglichene Leistungsbilanzen* aller Handelspartner abzielt, was am besten mit einer Handelswährung zu bewerkstelligen ist.

2a) Schutz der Werte und Ziele der Völkergemeinschaft

Das gegenwärtig »ebene Spielfeld«, von dem in der Globalisierungs- und handelspolitischen Debatte so gerne die Rede ist, hat einen logischen Schönheitsfehler: Es betrachtet primär die Voraussetzungen für Wirtschaftsaktivitäten wie die Einebnung von Zöllen und »nichttarifäre Handelshindernisse«. Mit Unebenheiten bei den Menschenrechten, Arbeitsrechten, der sozialen Sicherheit, Steuerfairness, Umweltschutz, Klimaschutz, Transparenz, Sicherheit für Gesundheit und Leben oder kultureller Vielfalt hat niemand ein vergleichbares Problem, hier darf das »Spielfeld« so eben sein wie ein Kalkgebirge. Es handelt sich ja um »handelsfremde Themen«, da ist es wurscht. Außer, die handelsfremden Themen werden selbst zu Handelshindernissen, dann gnade ihnen Gott Chrematistikus. Dann werden gesundheits-, umwelt-, sozial-, verteilungs- oder konsumentenschutzpolitische Maßnahmen entweder »gegenseitig anerkannt«, nach unten harmonisiert oder geklagt, entweder vor dem WTO-Gericht oder via ISDS durch ermächtigte Konzerne. Dass die WTO gemeinsame Menschenrechts-, Arbeits-, Umwelt-, Klimaschutz- oder kulturelle Vielfalt-Standards beschlossen hätte, ist bisher nicht bekannt. Was den Handel, das höchste Gut, das übergeordnete Ziel, stört, muss tendenziell weg.

Wie bei einem Computerspiel könnten wir das gesamte Arrangement auch umkehren: Das »ebene« Spielfeld bezieht sich auf die Menschenrechte, die Arbeitsrechte und die wichtigsten anderen »non-trade concerns«, und die Steuerung des Handels mit Zöllen, Kontingenten und anderen Maßnahmen zählt zu den Spielregeln (Foul, Abseits, Elfmeter), die für ein faires und effizientes (!) Spiel sorgen.[38] Das wäre ethischer Handel statt »Freihandel«. Nicht der Stärkere oder Skrupellosere, sondern wer fair spielt, darf mitspielen, weiterspielen und erfolgreich spielen (exportieren und investieren). Wer unfair zu spielen versucht, hat es schwerer, handelt unfreier und erhält beschränkten, teureren oder gar keinen Marktzugang. Diejenigen Staaten, welche die Menschenrechte, Arbeitsrechte und alle anderen UN-Abkommen respektieren, handeln freier miteinander, sie schalten das Dumping in allen Disziplinen aus und schützen sich gegen die Dumper: Staaten, welche die Menschenrechte, Arbeitsrechte, den Klimaschutz oder den Schutz der kulturellen Vielfalt nicht respektieren = die dazu vorliegenden UN-Abkommen nicht ratifizieren und umsetzen. Sie begründen eine »Ethische UN-Handelszone«.

Sofort höre ich die Rufe, dass das keinen Sinn hätte, weil sich nie alle Staaten auf so einen ethischen Handelsvertrag einigen würden. Dieses Argument hat keine Grundlage: Kein UN-Vertrag muss darauf warten, dass »alle mitmachen«, das ist ein reines Märchen. Die beiden Menschenrechtspakte traten in Kraft, nachdem 35 Staaten ratifiziert hatten. Das Römische Statut für den Internationalen Strafgerichtshof (ICC) aus dem Jahr 1998 trat nach Ratifikation durch 60 Staaten 2002 in Kraft trat, worauf der ICC 2003 in Den Haag seine Arbeit aufnahm. Die »Ethische UN-Handelszone« könnte in Kraft treten, wenn zum Beispiel 50 UN-Mitgliedsstaaten die Gründungsurkunde ratifiziert haben. Es muss auf niemanden gewartet werden, eine kritische Masse der Willigen, derjenigen, die es mit den Werten und Zielen der Vereinten Nationen ernst meinen, ist ausreichend. Anstatt von den anderen gegen die Wand gespielt zu werden – im Namen ökonomischer »Effizienz« und unter der Maske des »Freihandels« –, geben sie jetzt die Richtung vor. Andere können mitspielen, wenn sie sich an die Regeln halten. Jedes nicht ratifizierte und nicht eingehaltene UN-Abkommen wird als »Foul« geahndet, das dem Land einen unlauteren Wettbewerbsvorteil einbringen würde, der durch Schutzzölle gezielt neutralisiert wird. Am Ende muss es für Teilnehmer am Welthandel auf dem »ebenen Spielfeld« teurer kommen, dass sie foulen, nicht billiger. Der Kern des ethischen Handelssystems könnte darin bestehen, dass in einer Taxativ-Liste jene (existierenden, in Entwicklung befindlichen und angedachten) UN-Abkommen aufgelistet werden, deren Nichtratifikation zu Zollaufschlägen gegenüber den Ratifizierenden führt. Sodann werden, je nach Schwere und Relevanz des Abkommens, geringere oder höhere

Schutzzölle eingehoben. Zum Beispiel könnten bei schweren Weigerungen wie den Menschenrechtspakten 20 Prozent Zoll aufgeschlagen werden, bei Umweltschutzabkommen, dem Abkommen zum Schutz der kulturellen Vielfalt zehn Prozent und je Kernarbeitsnorm der ILO zum Beispiel drei Prozent. In eine Übersicht gebracht könnte ein ethisches UN-Handelssystem in etwa so aussehen.

Bereich	Zollaufschlag	Summe Bereich
1. Menschenrechte		30 %
UN-Zivilpakt	10 %	
UN-Sozialpakt	10 %	
Gerichtshof f. MR	10 %	
2. Arbeitsrechte		48 %
Kernarbeitsnorm 1–8	3 %	24 %
Konvention mit Priorität	1 %	4 %
ILO-Konvention	0,1 %	20 %
3. Umweltschutz		45 %
Je prioritärem Abkommen	5 %	
4. Ökologische Menschenrechte		30 %
Rechte der Natur	10 %	
Ökologische Menschenrechte	20 %	
5. Kulturelle Vielfalt		10 %
UNESCO-Abkommen	10 %	
6. Steuern		40 %
Abkommen mit automatischem Info-Austausch	10 %	
Vollständiger Finanzkataster	10 %	
1 % HNWI-Steuer für UNO-Finanzierung	10 %	

Country-by-Country-Reporting, Unitary Taxation, Mindeststeuersatz und Bemessungsgrundlage	10 %	
7. Fusionskontrolle		20 %
8. Insolvenzrecht für Staaten		10 %
9. Währungskooperation		20 %
10. Unternehmenspflichten		30 %
Größengrenzen	10 %	
Gemeinwohl-Bilanz	20 %	

Am Beginn des 21. Jahrhunderts über Zölle zu sprechen ist ein Wagnis. Zölle gelten heute in der Mainstream-»Ökonomie« als in etwa so verstaubt wie der Zölibat und als pathologisch wie die Zöliakie – Nobelpreisträger Samuelson bezeichnete Zölle als Quelle »wirtschaftlicher Arteriosklerose«.[39] Doch das Zollbashing ist geschichtsvergessen: Zölle haben sämtliche Industrieländer durch die letzten Jahrhunderte in Wellen treu begleitet, wie wir in Kapitel 1 gesehen haben. Und ausgerechnet diejenigen, die sie heute am lautesten verwünschen, haben in ihrer eigenen Geschichte am reichlichsten davon Gebrauch gemacht: die »Mutter« und die »Großmutter des Protektionismus« USA und Großbritannien. Zudem sind Zölle auch heute noch weltweit in Verwendung, und wie wir sahen, rühmt sich sogar die EU, dass zwölf Prozent ihrer Haushaltsmittel aus Zöllen stammen. In einigen armen Ländern machen sie die Hälfte der Staatseinnahmen aus. Ganz grundsätzlich ist der Zoll ein Steuerungsinstrument der Wirtschaftspolitik, so wie die Leitzinsen oder Steuern. Gleich gut könnte man Zinsen oder Steuern grundsätzlich ablehnen – mit den (leeren) Schlagworten »Freigeld« oder »Freistaat«. Doch genauso wenig, wie Zinsen das Ziel haben, Investitionen unrentabel zu machen, sondern die Konjunktur steuern sollen; und genauso wenig, wie Steuern dazu gedacht sind, Einkommen zu konfiszieren, sondern für eine gerechte Verteilung und die Finanzierung öffentlicher Güter sorgen sollen; genauso wenig richten sich Zölle grundsätzlich gegen Handel. Sie dienen der Selektion, Differenzierung, Dosierung und Steuerung des Handels. Wer die Zölle mit dem Badewasser des »Protektionismus« weggießt, beraubt sich selbst eines wichtigen wirtschaftspolitischen Lenkungsinstruments.

»Protektion« heißt schlicht Schutz und ist nicht schlecht, sondern lebensnotwendig. Wir schützen Kinder, Minderjährige, Minderheiten, bedrohte Arten, Verfassungswerte und das Briefgeheimnis. Alles Mögliche wird protegiert, und es ist gut. »Protektionismus« ist eine ebenso missglückte Begriffsschöpfung wie »Freihandel« und meint – spiegelverkehrt –, dass Schutz zum Selbstzweck wird. Das ist tatsächlich schlecht. Aber das fordert auch niemand. Zu keiner Zeit und nirgendwo. Das ist das doppelt Dumme an der Debatte.

Ein intelligentes und ethisches Handelssystem schützt:
– kleinbäuerliche vor agroindustriellen Strukturen;
– lokale Märkte vor fernen Konzernen;
– ethische Unternehmen vor Profitmaschinen;
– öffentliche Güter und Commons vor Wettbewerbsmärkten.

Eine ganz wichtige, legitime und mit allen Grundwerten im Einklang stehende Schutzpolitik ist eine solche, die Unternehmen, welche soziale, ökologische und andere ethische Rücksichten nehmen, vor jenen schützt, die dies nicht tun – den Dumpern in allen Disziplinen – und dadurch niedrigere Kosten und Preise und somit einen unfairen Wettbewerbsvorteil auf den Weltmärkten haben.

Diese Zollpolitik bedeutet nicht, dass ein Land einem anderen seine ökologischen oder moralischen Werte aufzwänge. Jedes Land kann die Werte schützen, die es will, und die dafür nötigen Regeln der Kosteninternalisierung für den eigenen Markt aufstellen. Auf diesem Markt aber müsste jeder Anbieter sich an die geltenden Regeln halten oder einen Zoll zahlen, der die durch niedrigere Standards bedingten Wettbewerbsvorteile ausgleicht. Wenn in einem Land bestimmte Arbeitsstandards gelten, ist es unfair, dass Unternehmen, die in einem Land produzieren, wo diese Standards nicht gelten, freien Zugang zu den Märkten des Landes mit den höheren

Standards haben. Wird dieser freie Zugang gewährt, ist das nicht nur ein Unterlaufen und Aushebeln der in diesem Land gültigen gesetzlichen Bestimmungen und Verfassungswerte (auf denen die Gesetze beruhen), sondern eine glatte Einladung an die Unternehmen des Landes mit den höheren Standards, die Produktion in das Land mit den niedrigeren Standards auszulagern, jedoch weiterhin denselben Zielmarkt (mit den höheren Standards) zu beliefern. Transnationale Konzerne spalten ihre gesamte Wertschöpfungskette nach absoluten Kostenvorteilen auf. Ohne ethische Schutzzölle können sie sich den Standort mit den niedrigsten Steuer-, Umwelt-, Sozial-, Gesundheits- und Menschenrechtsstandards kostenlos aussuchen. Das ist eine Form a) des Sozialismus (der Kostenübernahme durch die Allgemeinheit) und b) des Eigentumsprotektionismus, der bewirkt, dass Eigentum seiner sozialen Verantwortung nicht mehr nachzukommen braucht und damit eigentlich verfassungswidrig ist.

Anti-Dumping-Maßnahmen stehen übrigens in der WTO schon heute auf der Tagesordnung: Protektion im Sinne des Schutzes vor unfairem Wettbewerb ist erlaubt (weil diese Form von Protektion in die Logik des Freihandels fällt). Die EU hat allein zwischen 1998 und 2008 über 330 Anti-Dumping-Fälle untersucht und in 200 Fällen auch Anti-Dumping-Maßnahmen verhängt.[40] So erhöhte sie im Juli 2016 den Zoll auf den Import von Hochqualitätsstahl mit geringer Ermüdungstendenz aus China auf 18,4 bis 22,5 Prozent.[41] Im November 2016 verhängte sie auf Nahtlosrohre Schutzzölle von bis zu 81,1 Prozent.[42] Die USA, die sich mit bis zu 240 Prozent Zoll vor chinesischen Stahlprodukten schützen, verhängen in jüngerer Zeit Anti-Dumping-Zölle auf Lachs aus Norwegen und Chile, Wels aus Vietnam, Blumen aus Kolumbien, Tomaten aus Mexiko und Apfelsaft sowie Honig aus China.[43]

Das Schutz-Argument, das die WTO gelten lässt, lautet, dass ausländische Unternehmen bestimmte Produkte unter den Produktionskosten auf den inländischen Märkten anbieten würden (um diesen zu erobern). Genau dasselbe Argument lässt sich eins zu eins auf Umwelt-, Arbeits-, Sozial- oder Steuerdumping anwenden: Dumping-Unternehmen bieten Produkte unterhalb der Produktionskosten – nicht der eigenen, sondern denen der gesamten Gesellschaft – auf globalen Märkten an. Damit sind sie im Preisvorteil gegenüber Unternehmen, welche die gesamten Produktionskosten (inklusive Umwelt-, Gesundheits-, ArbeitnehmerInnen- und KonsumentInnenschutz) selbst tragen. Das ist grundverkehrt: Wer die Kosten – in umfassender gesellschaftlicher Verantwortung – selbst trägt, wird von den Märkten dafür bestraft. Wer die Allgemeinheit zahlen lässt, wird belohnt. Du lieber Freihandel!

Der Vorschlag weitet somit die bereits vertraglich gültige Anti-Dumping-Argumentation von der betriebswirtschaftlichen auf die volkswirtschaftliche Kostenwahrheit aus: auf die Grundwerte der Gesellschaft. Wer die Verfassungswerte mindert, muss mit höheren Marktzugangskosten rechnen. Wer sie respektiert und einhält, erhält freie(re)n Marktzugang. Alle Staaten haben die freie Wahl, die Umwelt-, Steuer- und Arbeitsstandards so hoch oder niedrig zu halten, wie sie es für richtig halten – gleichzeitig bleibt den Ländern mit den höheren Standards die Möglichkeit, sich gegen globales Dumping zu schützen.

Eine Schwachstelle der gegenwärtigen, sehr häufig in Anspruch genommenen Anti-Dumping-Zölle besteht darin, dass die Kläger gleichzeitig Richter sind und »willkürlich« Strafen verhängen können – wovon sie auch reichlich Gebrauch machen. Deshalb fordert Joseph Stiglitz: »Wir brauchen einen internationalen Gerichtshof, der darüber befindet, ob ein Land Dumping (oder andere unfaire Handelspraktiken) betreibt. Das gegenwärtige System, in dem jedes Land seine Maßstäbe selbst festsetzen und seine Kostenberechnungen so durchführen kann, dass der Tatbestand des Dumpings vermutlich erfüllt ist, sollte in einer Zeit, in der sich der Welthandel auf verbindliche Rechtsnormen stützt, als unannehmbar gelten.«[44]

Stiglitz ist bedingt recht zu geben. Denn willkürliche Anti-Dumping-Feststellungen und daraus resultierende Zollstrafen bergen die Gefahr, dass Anti-Dumping zu einem Instrument des Merkantilismus wird. Deshalb benötigen wir »globale Standards« – gegen preisliches *und* ethisches Dumping! Genau das ist der Vorschlag hier: Ob die globalen Arbeits-, Menschenrechts- oder Umweltstandards verletzt werden, sollte tatsächlich eine globale Instanz überprüfen – in der UNO! Ein multilaterales ethisches Handelssystem wird, ebenso wie die WTO heute, sinnvollerweise einer Gerichtsbarkeit bedürfen – diese wird jedoch vorrangig die Rechte der Menschen, der ArbeitnehmerInnen, der KonsumentInnen, der Umwelt und der zukünftigen Generationen schützen und nicht die Gewinne von Unternehmen. Ein in Kürze vorgestellter Weltgerichtshof für die Menschenrechte könnte diese Funktion übernehmen.

Eine gute Nachricht: Die EU hat in ihrer Außenhandelspolitik ein Element eingeführt, das dieselbe Wirkung hat wie ethische Schutzzölle: In den Wirtschaftspartnerschaftsabkommen mit den afrikanischen Staaten hat sie sogenannte »non-execution clauses« durchgesetzt. Diese Klauseln erlauben beiden Parteien, Handelsbeschränkungen zu erlassen oder eingegangene Liberalisierungspflichten auszusetzen (die Zwangsjacke ein Stück weit wieder auszuziehen), wenn die Menschenrechte im Partnerland verletzt werden. Dieses Element der Außenwirtschaftspolitik ist gleich aus vier Gründen äußerst interessant:

1. Der Vorrang der Menschenrechte vor dem Handel wird vom Lippenbekenntnis zur völkerrechtlich sanktionierbaren Priorität. Genau darum geht es: ohne gemeinsame *eingehaltene* Standards weniger Handel miteinander.

2. Im TTIP mit den USA gibt es *keine* solche Klausel, obwohl die USA nicht nur die Menschenrechte und das Kernvölkerrecht vielfach verletzten – von der Todesstrafe über die Folter bis zum Angriffskrieg ohne UN-Mandat; sie haben nicht einmal einen der beiden Menschenrechtspakte, den Sozialpakt, ratifiziert. Entsprechend sind die sozialen, wirtschaftlichen und kulturellen Menschenrechte in den USA nicht garantiert. Es wäre rechtens und kohärent, dass die EU von den USA gleich wie von anderen Handelspartnern die Einhaltung der Menschenrechte verlangt und im Fall der Nichteinhaltung spürbar sanktioniert. Noch stimmiger wäre es, Handelsab-

kommen generell an die Bedingung zu knüpfen, dass die Menschenrechtsabkommen respektiert und ratifiziert werden.

Doch die EU misst hier ganz offensichtlich mit zweierlei Maß: Gegenüber den afrikanischen Staaten setzt sie ihre – legitimen – Prioritäten durch. Im Verkehr mit den USA gibt sie dem Handel Vorrang vor den Menschenrechten. Eine einheitliche Linie in der Außenwirtschaftspolitik wäre: Die Ratifizierung und Einhaltung von Menschenrechtsabkommen wird von allen Handelspartnern gleichermaßen gefordert. Gegenüber den Nichtratfizierern schützt sich die EU mit Ethik-Zöllen, gegen die (Ratifizierer, aber) Nichterfüller mit »non-execution clauses«. Unter Zuhilfenahme eines globalen Menschenrechtsgerichtshofs.

3. Nicht in allen Politikfeldern ist die EU gegenüber den USA so inkonsistent. Bei der Auslieferung von Strafgefangenen gibt es so eine Klausel: Droht den Auszuliefernden die Verletzung ihrer Würde – in Form von Folter oder Todesstrafe –, wird nicht ausgeliefert. Genau diese Priorität und Logik müsste auch in den Handelsabkommen umgesetzt werden. Denn die Menschenrechte sind heilig. So wie die Menschenwürde unantastbar ist. Die Handelsfreiheit ist antastbar.

4. Gegenüber Entwicklungsländern ist es wiederum scheinheilig, auf die Umsetzung der Menschenrechte zu pochen – auch wenn das für sich betrachtet gut und richtig ist –, wenn gleichzeitig durch das gesamte Abkommen die armen Ländern strukturell benachteiligt werden: durch »Reziprozität« und symmetrische Liberalisierungspflichten. Die Gleichbehandlung von *Ungleichen* ist ein Unrecht und ein Akt der Gewalt, der im Freihandelssprech in der Verkleidung der »Nichtdiskriminierung« auftritt.

Das gegenwärtige Handelssystem ist so verdreht, dass Sozial-, Öko- und Steuerdumping als positiv für die armen Länder betrachtet wird: Diese könnten nur dank ihrer niedrigeren Standards am Weltmarkt mithalten. Doch niedrigere Arbeits-, Umwelt- oder Steuerstandards sind die schlechteste Form der »Entwicklungshilfe«, weshalb dieses Argument vor allem von Konzernen und ihren Interessenvertretungen vorgebracht wird, ganz nach dem Motto: Wenn ihr wollt, dass die armen Länder zu den reichen aufschließen, dann müsst ihr ihnen erlauben, dass sie Mensch und Umwelt ausbeuten, denn nur so haben sie eine Chance (und wir profitieren davon).

Es gibt bessere Formen der Entwicklungshilfe wie zum Beispiel »Nichtreziprozität« im Handel oder »asymmetrische Grenzöffnung« zugunsten der ärmeren Staaten. Oder den Erlass ihrer Finanz-Schuld. Oder Hilfe beim Aufbau funktionierender öffentlicher Güter und Dienste. Wenn sie die Nord-Süd-Beziehungen grundsätzlich als solidarisch erfahren, interpretieren sie bessere Arbeitsbedingungen und den Schutz der Lebensgrundlagen nicht als Finte des reichen, ex-kolonialen und neoprotektionistischen Nordens.

1. Menschenrechte

Das Herz des Völkerrechts und der Vereinten Nationen sind die Allgemeine Erklärung der Menschenrechte von 1948 sowie die beiden auf sie aufbauenden Menschenrechtskonventionen von 1966: der Zivilpakt und der Sozialpakt. Im Zivilpakt sind bürgerliche und politische Grundrechte verbrieft, im Sozialpakt soziale, wirtschaftliche und kulturelle Menschenrechte. Den ersten haben von den 193 UN-Mitgliedern bisher 162 ratifiziert, viele davon erst in jüngerer Zeit, so zum Beispiel Argentinien 1986, die USA 1992 oder Pakistan 2010.[45] Ähnlich fortgeschritten ist die Unterstützung des Sozialpakts: Bis Ende 2016 wurde er von 164 Staaten ratifiziert, von Deutschland 1973, von Frankreich 1980, von der Schweiz 1992, von China 2001. Die USA haben ihn bis heute nicht ratifiziert.

Die Frage, ob Staaten für den Respekt, den Schutz (gegenüber Dritten) oder die Gewährleistung (die aktive Bereitstellung) von Menschenrechten verantwortlich seien, wurde in den sogenannten Limburger Prinzipien geklärt: für alle drei. Die Stärke der Menschenrechtserklärungen liegt darin, dass sie in viele nationale Verfassungen eingearbeitet wurden und vor nationalen Gerichten eingeklagt werden können, auch vor dem Europäischen Gerichtshof für Menschenrechte. Allerdings gibt es bis heute keinen *internatio-*

len Gerichtshof für Menschenrechte. Das ist aus zwei Perspektiven ein besonders heikler Punkt. Zum einen können Menschen in vielen Ländern ihre Rechte nirgendwo einklagen, wenn sie im eigenen Staat aufgrund einer korrupten oder mangelnden Gerichtsbarkeit keine faire Chance haben. Zum anderen, und das ist hier von besonderer Relevanz, können Unternehmen, die in Menschenrechtsverletzungen involviert sind, dafür vor keinem internationalen Gericht zur Verantwortung gezogen werden. Das ist in Anbetracht der in den letzten Jahren enorm angewachsenen Machtfülle transnationaler Konzerne umso schwerwiegender. Derzeit werde »die globale Reichweite von TNC nicht ausbalanciert durch ein kohärentes globales System der Rechenschaftspflicht«, beklagen JuristInnen.[46] Das Völkerrecht hat seit dem Nationalsozialismus Unternehmen als verantwortliche Rechtssubjekte definiert, die sich der Verletzung der Menschenrechte (mit)schuldig machen können. 70 Jahre nach dem Ende des Zweiten Weltkrieges ist es höchst an der Zeit, ihre Rechte und Pflichten in Balance zu bringen.

Die gute Nachricht: Ein fixfertiger Entwurf für einen solchen »World Court for Human Rights« liegt seit 2009 vor.[47] Die Menschenrechtsexperten Manfred Nowak, Julia Kozma und Martin Scheinin haben anlässlich des 60. Geburtstags der Allgemeinen Erklärung der Menschenrechte einen konsolidierten Vorschlag für einen Menschenrechtsgerichtshof entwickelt. Ihr Vorschlag kommt angesichts der Tatsache, dass trotz umfassender völkerrechtlicher Verpflichtungen von Staaten und anderen Pflichtträgern heute immer noch »eine große Zahl von Menschen in allen Teilen der Welt täglich die Verletzung ihrer Menschenrechte erleiden (…) die große Mehrheit der Menschen auf der Welt keinen Zugang zu effektivem Rechtsschutz gegen die Verletzung ihrer Menschenrechte hat und keine Chance auf angemessene Entschädigung für das Leid, das ihnen aus diesen Menschenrechtsverletzungen erwächst«. Die von den Verfassern beklagte »enorme Umsetzungskluft« zwischen den bereits bestehenden Verpflichtungen und der mangelnden Durchsetzung der Menschenrechte soll durch diesen internationalen Gerichtshof geschlossen werden. Dieser soll »final und bindend« über Menschenrechtsverletzungen durch Staaten und relevante nichtstaatliche Akteure entscheiden und die Opfer angemessen entschädigen.[48] Rechtsgrundlage ist eine Liste von 21 völkerrechtlichen Abkommen zum Schutz der Menschenrechte, vom Sklavereiabkommen 1926 über die beiden UN-Menschenrechtspakte bis zur International Convention for the Protection of All Persons from Enforced Disappearance 2006. Der Gerichtshof kann von jeder Person, NGO, Menschengruppe angerufen werden, die eine Verletzung ihrer Menschenrechte erlitten und den nationalen Instanzenweg ausgeschöpft hat. Neben Staaten werden explizit auch Unternehmen in die Pflicht genommen (Art. 4). In einem ersten Schritt schlagen die AutorInnen vor, dass sich Unternehmen freiwillig dem Gerichtshof unterwerfen können (Art. 51). Später soll es genügen, dass der Staat, in dem sie sitzen, den Gerichtshof anerkennt, dass sie zur Verantwortung gezogen werden können.[49] Der World Court of Human Rights könnte dem Internationalen Gerichtshof (dem Hauptrechtsprechungsorgan über die UN-Charta) und dem Strafgerichtshof (»UN-Kriegsverbrechertribunal«), beide in Den Haag, als dritter internationaler Gerichtshof zur Seite gestellt werden – die Menschenrechte sollten dies wert sein.

Die Mitglieder der ethischen UN-Handelszone könnten sich gegen Nichtratifizierende der Menschenrechtspakte mit zehn Prozent Zollaufschlag je Pakt und mit weiteren zehn Prozent gegen Staaten, die sich nicht dem Menschenrechtsgerichtshof unterwerfen, schützen.

2. Arbeitsnormen

Ein zweiter wichtiger Bereich, in dem Globalisierung und Freihandel immer wieder Negativschlagzeilen machen, sind menschenwürdige Arbeitsbedingungen. Freihandel bedeutet, dass international agierende Unternehmen die Freiheit erhalten, straflos davon zu profitieren. 2012 befanden sich 21 Millionen Menschen in Zwangsarbeit, Menschenhandel, sexueller Ausbeutung oder wurden in sklavenähnlichen Bedingungen gehalten.[50] Wir erfahren von Kinder- und Sklavenarbeit, von Fabriken, deren Fluchttüren versperrt sind, damit niemand den Arbeitsplatz verlassen kann, von Menschen, die bei der Arbeit Windeln tragen, von Frauen, die beim ersten Anzeichen einer Schwangerschaft gefeuert werden, von Fabriken, die so schlecht gebaut sind, dass sie in sich zusammenbrechen – beim Einsturz einer teilweise illegal errichteten Textilfabrik in Bangladesch kamen 1139 ArbeiterInnen ums Leben, die unter anderem für Zara, El Corte Inglés, Mango, kik und Benetton genäht hatten; Hinweise von ArbeiterInnen auf Mauerrisse waren ignoriert worden[51] –, sowie von GewerkschafterInnen, die von Paramilitärs brutal ermordet werden.

Ein Beispiel von zahllosen: In westlichen Supermärkten wie Tesco, Walmart, Carrefour oder Costco werden Shrimps verkauft, die in Thailand unter extrem unmenschlichen Bedingungen gefangen werden. Geflüchtete erzählen von 20-Stunden-Schichten, Schlägen und Schau-Morden auf den Fischerbooten der thailändischen Zulieferbetriebe.[52]

Laut UN-Sozialpakt hat jeder Mensch das Recht auf
- gerechte und günstige Arbeitsbedingungen;
- ein Arbeitsentgelt, das allen Arbeitnehmern mindestens angemessenen Lohn und gleiches Entgelt für gleichwertige Arbeit ohne Unterschied sichert; insbesondere wird gewährleistet, dass Frauen keine ungünstigeren Arbeitsbedingungen als Männer haben und dass sie für gleiche Arbeit gleiches Entgelt erhalten sowie einen angemessenen Lebensunterhalt für sie und ihre Familien;
- sichere und gesunde Arbeitsbedingungen;
- Arbeitspausen, Freizeit, eine angemessene Begrenzung der Arbeitszeit, regelmäßigen bezahlten Urlaub sowie die Vergütung gesetzlicher Feiertage.

Doch wer überprüft und sanktioniert Verstöße? Die »IAO« darf das nicht. Die 1919 gegründete Internationale Arbeitsorganisation ist eine einzigartige »trilaterale« Struktur aus ArbeitgeberInnen,

ArbeitnehmerInnen und Regierungen. Sie hat 187 Mitglieder und setzt sich für Arbeitsrechte, menschenwürdige Arbeitsbedingungen, soziale Absicherung und die Förderung des politischen Dialogs über Arbeit ein. Die Sonderorganisation der UNO arbeitet mit Übereinkommen und Empfehlungen. Prominent sind die acht IAO-Kernarbeitsnormen zu folgenden Themen: Zwangs- und Pflichtarbeit, Vereinigungsfreiheit, Kollektivverhandlungen, gleiche Bezahlung und Nichtdiskriminierung, Mindestalter sowie Kinderarbeit. Priorität haben außerdem die Konventionen über die Arbeitsinspektion, die Beschäftigungspolitik und die Konsultationsverfahren zur Umsetzung der Konventionen. Daran reihen sich weitere Übereinkommen mit geringerer Priorität, deren Zahl an die 200 grenzt. Schließlich hat die IAO noch 208 Empfehlungen ausgesprochen. Zu ihrem 50. Geburtstag 1969 erhielt sie den Friedensnobelpreis. Zu ihrem 100. Geburtstag 2019 würde sie es verdienen, dass ihre wichtigsten Konventionen und Empfehlungen nicht nur rechtsverbindliches, sondern auch sanktionierbares »hartes« Völkerrecht werden, im Rahmen eines ethischen Welthandelssystems.

Das ist genau der Punkt: Derzeit werden nicht einmal die acht Kernarbeitsnormen von allen Mitgliedern anerkannt: Alle acht waren 2016 von 139 Staaten ratifiziert, darunter Deutschland, Frankreich, Österreich, Großbritannien oder die Schweiz. Am desinteressiertesten waren vier kleine Pazifik-Inseln: Sie haben gar keine Kernarbeitsnorm ratifiziert. Zwei von acht Normen haben ratifiziert: die Cook-Inseln, Brunei Darussalam und die USA.[53]

Der erste Schritt eines ethischen Handelssystems könnte somit darin liegen, den freien Handel an den Respekt = die Ratifizierung dieser arbeitsrechtlichen Mindeststandards zu knüpfen. Für jede nicht ratifizierte Kernarbeitsnorm könnten drei Prozent Zoll aufgeschlagen werden, für jede Konvention mit Priorität ein Prozent und für jede weitere ILO-Konvention 0,1 Prozent.

3. Umweltschutzabkommen

Die meisten internationalen Umweltschutzabkommen sind aus dem Schoß der UNO hervorgegangen, und das entlang großer internationaler Umweltkonferenzen wie der Konferenz über die Umwelt des Menschen 1972 in Stockholm (UNCHE) und dem Erdgipfel 1992 in Rio de Janeiro (UNCED) sowie dessen Rio+20 Follow-up 2012 in Johannesburg. Frucht der ersten dieser drei Konferenzen, die auch als »Wasserscheide« bezeichnet wird, war auch das Umweltprogramm der UNO, das UNEP. Die Zahl der internationalen Umweltschutzabkommen übersteigt 1500, die meisten davon sind jedoch keine multilateralen Umweltschutzabkommen. Diese lassen sich auf weniger als 20 besonders relevante UN-Abkommen zusammenfassen:

		Wichtige multilaterale Umweltschutz-Abkommen	
1	1973	International Convention for the Prevention from the Pollution from Ships	MARPOL
2	1973	Washingtoner Artenschutz-Übereinkommen	CITES
3	1982	Seerechtsübereinkommen	UNCLOS
4	1987	Montrealer Protokoll zum Schutz der Ozonschicht	
5	1989	Basler Übereinkommen über die Kontrolle der grenzüberschreitenden Verbringung gefährlicher Abfälle und ihrer Entsorgung	Basel-Übereinkommen
6	1992	Klimarahmenkonvention	UNFCCC
7	1992	Biodiversitätskonvention	CBD
8	1994	International Tropical Timber Agreement	ITTA
9	1994	Übereinkommen der Vereinten Nationen zur Bekämpfung der Wüstenbildung	UNCCD
10	1996	Kernwaffen-Teststopp-Vertrag	CTBT
11	1997	Kyoto-Protokoll	Zusatzprotokoll zur Klimarahmenkonvention

12	2000	Cartagena-Protokoll über die biologische Sicherheit	Zusatzprotokoll zur Biodiversitätskonvention
13	2001	Stockholmer Übereinkommen über persistente Schadstoffe	POP-Konvention
14	2010	Nagoya-Protokoll über den Zugang zu genetischen Ressourcen und gerechten Vorteilsausgleich	Zusatzprotokoll zur Biodiversitätskonvention

Damit diese globalen Umweltschutzabkommen gleich durchsetzungsfähig werden, wie es heute Handel und Investitionsschutz sind, müssten sich Staaten einer entsprechenden Gerichtsbarkeit unterwerfen, bei der diese eingeklagt werden können, und sich mit Zollaufschlägen vor anderen schützen, die dies nicht tun. Zum Beispiel mit drei Prozent je multilateralem Umweltschutzabkommen.

4. Rechte der Natur – Ökologische Menschenrechte

In jüngster Zeit sind weltweit Initiativen entstanden, welche der Natur Eigenrechte einräumen oder sie als (Völker-)Rechtssubjekt anerkennen wollen.[54] Damit der Planet vor einer Übernutzung und Überlastung durch eine Spezies, den Menschen, geschützt werden kann. Aber auch die zukünftigen Generationen der Menschheit vor dem Überkonsum eines Teils der gegenwärtigen Generation. Wir haben schon gehört, dass die Menschheit insgesamt das jährliche Geschenk an erneuerbaren Ressourcen und Ökosystem-Leistungen von 1,5 Planeten verbraucht. Und die durchschnittliche BewohnerIn eines Industrielandes das Drei- bis Fünffache dessen, was ihr bei einer global nachhaltigen und gerechten Verteilung zusteht. Von daher müssten zwei wichtige Entwicklungsschritte im Völkerrecht angegangen werden:

a) Eigenrechte der Natur in der UN-Charta und in den Verfassungen der Nationalstaaten. Die nächste gute Nachricht: Nach und nach findet die Natur als Rechtssubjekt in erste Verfassungen, so in Bolivien, Ecuador, Island oder Montenegro.[55] Eine Reihe von Städten wie Santa Monica oder Pittsburgh haben sie ebenso anerkannt wie Gerichtsentscheide in Neuseeland, Argentinien oder Indien.[56] Ein Vorschlag für eine EU-Richtlinie für die Rechte der Natur liegt vor. Artikel vier besagt: »Die Natur soll eine Rechtspersönlichkeit haben und Grundrechte genießen, die aus ihrer inhärenten Würde erwachsen als die Quelle des Lebens, und diese Rechte sollen respektiert, angewendet und geschützt werden durch die EU und die Mitgliedsstaaten.«[57] Schon im Jahr 2000 wurde eine Earth Charta verabschiedet, doch diese ist nicht Bestandteil der UN-Charta, geschweige denn Voraussetzung für die Mitgliedschaft bei der WTO. Diese müsste konkretisiert werden in ökologische Teilziele wie die dauerhafte Stabilisierung wichtiger Ökosysteme (Regenwälder, Süßwasserreservoire, Meere, Gletscher u. a.), den Schutz der Artenvielfalt und die Vermeidung des Eintrags von Schadstoffen in die Umwelt (inklusive radioaktive Stoffe und gentechnisch veränderte Organismen). Diese »ökologischen Grenzen« müssten über die Verfassungen von Nationalstaaten und den EU-Vertrag in das bindende Völkerrecht einwandern und zu Zielvorgaben und Bedingungen für Handel werden, Stichworte: »Rahmenmandat« und Ökozölle.

b) Ökologische Menschenrechte. Damit die ökologische Schuld nicht weiter aufgebaut wird, sondern der Verschuldungsprozess zumindest einmal gestoppt wird, könnte ein weiterer Zwillingsbaustein des Völkerrechts ergänzt werden: ökologische Menschenrechte (Vorderseite der Medaille) und Schutzrechte des Planeten (Rückseite). Die genaue Idee ist folgende: Das jährliche Geschenk des Planeten an Bioressourcen an die Menschheit wird durch alle Personen geteilt und als ökologisches Menschenrecht und Verbrauchsrecht im Sinne eines bedingungslosen, unverhandelbaren und unveräußerlichen Grundrechts verbrieft. In einem Umweltpakt der Vereinten Nationen, der sich als dritter Menschenrechtspakt zum Zivilpakt und Sozialpakt hinzugesellen würde. Dieses Verbrauchsrecht wäre für alle Menschen gleich, so wie das Wahlrecht: Jeder Mensch hat nur eine Stimme, unabhängig, wie vermögend, klug oder »wichtig«

diese Person ist. Analog haben alle Menschen das Recht auf den Verbrauch auf ein Achtmilliardstel dessen, was uns die Natur jährlich schenkt, ohne dass sich die planetaren Ökosysteme dabei verschlechtern und anderen Arten der Lebensraum maßgeblich beschnitten oder geraubt wird. Das globale Verbrauchsbudget der Menschheit wäre um mindestens 50 Prozent geringer als der gegenwärtige Verbrauch.

Die Frage ist, wie der Verbrauch gemessen und reguliert werden könnte. Möglicherweise hilft uns auch hier »der Weg des Geldes«, sprich die bereits existierende kulturelle Innovation der Auszeichnung aller marktvermittelten Güter und Dienstleistungen mit einem Preis. Der Preis ist heute eine der selbstverständlichsten und akzeptiertesten Einrichtungen der (freien) Wirtschaft, und niemand zweifelt die technische Umsetzbarkeit von Preisen an. Wenn wir mit unserer Bank- oder Kreditkarte einen Einkauf tätigen, wird der Betrag von unserem Finanzkonto abgebucht. Genau gleich stelle ich mir die »ökologische Preisauszeichnung« vor: Alle Güter und Dienstleistungen, die auf Märkten vermittelt werden, müssen nicht nur einen Strichcode und einen Preis ausweisen, sondern auch den ökologischen Verbrauch. Dieses »zweite Preisetikett« (Niko Paech)[58] würde in einer physikalischen Währung wie zum Beispiel Joule, CO_2-Äquivalente oder »globale Hektar« gemessen werden. Nach dem Konzept des ökologischen Fußabdrucks stehen jedem Menschen pro Jahr 1,7 globale Hektar oder 17 000 globale Quadratmeter zur Verfügung. Dieses »Guthaben« könnte jährlich auf das ökologische Konto gebucht und kontinuierlich verbraucht – oder gespart werden für einen späteren (größeren) Konsum. Das ökologische Konto könnte mit allen Bank- und Kreditkarten elektronisch verbunden werden, womit alle unbaren Käufe (90 Prozent aller Zahlungen) automatisch verbucht würden. Wir würden das System der finanziellen Preisauszeichnung um eine ökologische Verbrauchsrechnung erweitern.

Aufgrund des glücklichen Umstands, dass die Menschheit, wenn alle derzeit lebenden Menschen ihre Grundbedürfnisse befriedigen

würden, insgesamt innerhalb der ökologischen Grenzen des Planeten bliebe, könnte ein Zwei-Stufen-Modell mit weiteren Vorteilen entwickelt werden. Die biologische Überschuss-Reserve könnten wir entweder unangetastet lassen, oder aber: Wir verbriefen nur jenen Anteil des Geschenks als unverhandelbares und unveräußerliches Grundrecht, der zur Abdeckung aller Grundbedürfnisse nötig ist, sagen wir, 1,3 globale Hektar je Mensch. Die Überschussreserve im Ausmaß von 0,4 Hektar pro Person, und nur diese, wird zu einem handelbaren Wirtschaftsgut. Das hätte folgende Vorteile:
– Arme Menschen, die gar nicht die Kaufkraft haben, ihr gesamtes ökologisches Budget zu verbrauchen, könnten dieses an finanziell vermögendere Menschen verkaufen, zum beidseitigen Vorteil.
– Die heutigen Überverbraucher hätten eine etwas längere Übergangs- und Anpassungsfrist.
– Genügsame Menschen könnten anderen Menschen oder zivilgesellschaftlichen Initiativen oder Forschungseinrichtungen zusätzliche Ökorechte schenken oder kostengünstig zur Verfügung stellen. Alternativ wäre es denkbar, dass die Menschheit sich mit weniger als dem maximal Möglichen begnügt und das Budget insgesamt kürzt.

Für die Industrieländer wäre so ein Umweltpakt ein effektiver Weg in eine »Postwachstumsgesellschaft«[59] oder zumindest »Postwachstumsökonomie«[60] oder, wie Herman Daly es nennt, eine »Steady-state-Ökonomie«[61]. Arme Länder, die pro Kopf noch weniger verbrauchen, als der Planet je Person schenkt, könnten hingegen noch »aufholen«, allerdings auch nur bis zur globalen Nachhaltigkeitsgrenze. Damit würde die Schuld des Nordens und der ehemaligen Kolonialmächte zwar nicht abgebaut, aber sie würde zumindest nicht weiter anwachsen – es wäre also schon ein gewisser Kompromiss zugunsten des Nordens.

Und wie bei allen anderen UN-Initiativen müssten nicht alle Länder von Beginn an mitmachen. 30, 40 oder 50 Länder könnten beginnen. Und jene Länder, die sich an diesem System beteiligen, handeln freier miteinander als Länder, die hier nicht mitmachen, weil ihnen die »eine Welt«, die gleichen Rechte für alle Menschen oder eben der UN-Umweltpakt noch kein so wichtiges Anliegen sind. Sie würden einen starken Anreiz erhalten, globale Nachhaltigkeit und gerechte Verteilung doch zu ihrem Anliegen zu machen. Es wäre der genau umgekehrte Ansatz der heutigen Verhinderer und echten Globalisierungsgegner, die uns gebetsmühlenhaft entmutigen, sinnvolle Initiativen zu starten, indem sie zu »Realismus« mahnen und behaupten, dass alle Länder der Welt gleichzeitig mitziehen müssten, weil es sonst nicht funktionieren würde, oder ein einzelnes Land (oder eine Vorhut) sich das »nicht leisten« könne. Was für eine elende Erpressung und gegen die Freiheit gerichtete Entmächtigung! In einem Regime des chrematistischen Zwangshandels haben sie recht: Da erleidet ein Land, das vorausgeht, Nachteile. Doch in einem »ökonomischen« System des ethischen Handels erleiden diejenigen Nachteile, die nicht mitziehen. Wir müssen uns ein für alle Mal aus der »Freihandelsfalle« befreien. Wir müssen die chrematistische Zwangsjacke ausziehen und auf den geistigen Komposthaufen der Geschichte werfen.

5. Kulturelle Vielfalt

Die UNESCO-Konvention zum Schutz und zur Förderung der kulturellen Vielfalt (»UNESCO-Konvention«) wurde am 20. Oktober 2005 verabschiedet und trat am 18. März 2007 in Kraft. Bis Ende 2016 waren 141 Staaten der Konvention beigetreten. Mit dieser Konvention wollen die Vertragsstaaten das Recht auf eine eigenständige Kulturpolitik sichern und eine gleichberechtigte weltweite Kulturkooperation erreichen. Kern der Konvention ist das Recht eines jeden Staates, regulatorische und finanzielle Maßnahmen zu ergreifen, die darauf abzielen, die Vielfalt der kulturellen Ausdrucksformen auf seinem Staatsgebiet zu schützen. Hintergrund ist, dass Kultur nicht einfach nur eine Ware ist. Kulturelle Dienstleistungen stehen für Lebensentwürfe, Traditionen und Identitäten. Sie ragen in den Bereich der öffentlichen Güter und bedürfen einer besonderen

Regulierung, Unterstützung und »Protektion« vor globalem Marktwettbewerb. Die Konvention erkennt diese »Doppelnatur von Kulturgütern« an und erlaubt politische Maßnahmen zu ihrem Schutz.

Das Freihandelsrecht gefährdet eine demokratische Kulturpolitik. Es zwingt zur Eliminierung oder Gleichverteilung von Subventionen an »Unternehmen«, es verbietet den besonderen Schutz oder die Förderung bestimmter Kulturpraktiken oder -branchen und degradiert Kunst und Kulturdienstleistungen zu marktförmigen Waren. Würde dieser Ansicht gefolgt, käme es, wie in jeder anderen Branche, zur Herausbildung einer gigantischen Kulturindustrie in allen Branchen, zur Verringerung der Vielfalt, zur Verflachung der Qualität, zur Einschränkung der Freiheit der Kunst und Ökonomisierung des gesamten Kulturbereichs und seiner Durchdringung mit kapitalistischen Werten. Der Passauer Staats- und Welthandelsrechtler Hans-Georg Dederer warnt davor, dass TTIP zu einer »Verödung der kulturellen Vielfalt« in Europa führen könnte.[62] Das gilt grundsätzlich für alle Branchen, nur ist vergleichsweise vielen Menschen die Sensibilität des Kulturbereichs bewusst.

Staaten, welche die UNESCO-Konvention ratifizieren, könnten sich von Nichtratfizierern mit zehn Prozent Zollaufschlag abgrenzen. Zudem dürften in einem ethischen Handelssystem Maßnahmen zum Schutz der kulturellen Vielfalt nicht mit Klagen attackiert werden.

6. Steuern

Eines der neuralgischen Themen der Globalisierungsdebatte ist, dass sich ausgerechnet die Globalisierungsgewinner konsequent aus der Steuerpflicht stehlen – über den freien Kapitalverkehr in Steueroasen und andere Tricks. Parallel zur Ausweitung der Eigentumsfreiheit in Richtung Supergrundrecht haben Regierungen und Parlamente in den letzten Jahrzehnten das Kapital progressiv seiner grundgesetzlichen Sozial- und Gemeinwohl-Pflicht entbunden. Zum einen wurden alle Schranken für die Aneignung und die Ungleichheit aufgehoben; zum anderen wurden die Steuern gesenkt;

drittens wurde dem Kapital der Fluchtweg in die Steueroasen freigeräumt. Vermögende Individuen und Unternehmen entziehen sich systematisch der Steuerpflicht. Selbst die gültigen Steuersätze können nicht mehr als fair betrachtet werden, weil sie infolge des freien Kapitalverkehrs, des Steuerwettbewerbs und der Steuerflucht empfindlich gesenkt wurden. Die Folgen sind austrocknende öffentliche Finanzen, Sparpolitik (»Austerität«), die Reduktion oder Streichung öffentlicher Güter und Leistungen, insbesondere für sozial Schwächere, und die Verschiebung von Steuerlast auf die Mittelschicht.[63]

In dem Maße, in dem die Globalisierung voranschreitet und die »Welt zusammenwächst«, nehmen grundsätzlich die Möglichkeiten zu, in der Steuerpolitik effektiv zu kooperieren. Technisch wäre es jederzeit möglich, die Globalisierungsgewinne angemessen zu besteuern und ihre Sozialpflicht durchzusetzen. Wenn andere Mittel nicht greifen, müsste der freie Kapitalverkehr, der ebenfalls kein Grundrecht darstellt, an die Bedingung der Steuerkooperation geknüpft werden: ohne Pflichten keine Rechte.

a) Automatischer Informationsaustausch über Finanzdaten. Es gibt immerhin einen konkreten Ansatz, die internationale Steuerflucht definitiv zu beenden: Infolge der Finanzkrise 2008 sprachen sich am 19. April 2013 die Finanzminister und die Notenbankgouverneure der G20 für den automatischen Austausch von steuerrelevanten Informationen aus. Impulsgeber war die zwischenstaatliche Umsetzung des US-Gesetzes über die Steuerehrlichkeit bezüglich Auslandskonten (»Foreign Account Tax Compliance Act« – FATCA). Am 17. Januar 2014 veröffentlichte der Steuerausschuss der OECD einen Standard für den automatischen Austausch über Finanzkonten, der gemeinsam mit der G20 und der EU ausgearbeitet wurde. Vorgesehen ist, dass die teilnehmenden Länder Informationen über alle Arten von Konten (einschließlich Stiftungen, Trusts, Versicherungen u. Ä.) und deren EigentümerInnen bzw. Begünstigte an die Finanzämter des Wohnsitzlandes automatisch melden. Sowohl die Kontostände als auch die Kapitalerträge (Zinsen, Dividenden …) sollen übermittelt werden. Die meldepflichtigen Finanzinstitute umfassen nicht nur Banken und Verwahrstellen, sondern auch Makler, bestimmte Organismen für die gemeinsame Anlage von Wertpapieren (OGAW) und bestimmte Versicherungsgesellschaften. Betroffen sind natürliche und juristische Personen gleichermaßen.

Mit dem neuen globalen Standard wird ein Mindeststandard für die auszutauschenden Informationen festgelegt. Dabei können Staaten jederzeit über den in diesem Dokument festgesetzten Mindeststandard hinaus Informationen austauschen – das ist gut so, denn die erste Fassung enthält noch eine Reihe von Schlupflöchern, die der Schließung bedürfen. Konkret kritisiert das Global Tax Justice Network (TJN) mehrere Punkte[64]:

- Es werden nicht alle Finanzdaten erfasst, zum Beispiel Bankschließfächer oder Freeports (Verwahrungsstellen auf Flughäfen).
- Der vorgesehene Schwellenwerte von 250 000 Euro ist zu hoch, Vermögen könnten auf kleine Portionen aufgeteilt werden und müssten dann nicht mehr gemeldet werden.
- Bei juristischen Personen wie Trusts oder Stiftungen muss nur eine Person, welche die juristische Person kontrolliert, gemeldet werden. Die Begünstigten und Empfänger der Kapitalausschüttungen hingegen nicht – diese können damit weiterhin unerkannt Millioneneinkommen beziehen und dem Fiskus vorenthalten.
- Von den teilnehmenden Staaten wird Reziprozität des Datenaustausches gefordert: Es werden ihnen nicht nur die Finanzdaten ihrer StaatsbürgerInnen im Ausland geliefert, sondern sie müssen ihrerseits die Finanzdaten von BürgerInnen anderer Staaten an diese liefern. Was auf den ersten Blick ganz logisch und gerecht klingt, ist auf den zweiten Blick für viele Entwicklungsländer nicht finanzierbar – und auch gar nicht nötig: »Wie viele Bürger aus Deutschland oder der Schweiz haben ihr Geld in Nigeria versteckt? Umgekehrt jedoch sind bedeutende Summen hierzulande bzw. in der Schweiz angelegt.« Eine Lösung für dieses Pro-

blem wäre, armen Ländern in ausreichenden Übergangsfristen technische und finanzielle Hilfe zu leisten, damit sie ihre eigenen Meldesysteme aufbauen können. Laut TJN »ist kaum ein Entwicklungsland eine Steueroase: Schmutziges Geld fließt üblicherweise von armen Ländern in die Finanzzentren der reichen Länder.« Natürlich gibt es Ausnahmen wie Panama.

- Unwirksame Sanktionen: Der momentane Gesetzentwurf sieht Höchststrafen selbst bei vorsätzlichen Falschmeldungen von gerade einmal 5000 Euro vor. »Dies gleicht einer Einladung zum Rechtsbruch.« Thomas Fritz vom Tax Justice Network fordert bei Vorsätzlichkeit Gefängnisstrafen wie bei anderen Rechtsbrüchen sowie empfindliche Geldstrafen: »Man darf erst dann mit einem abschreckenden Effekt im Finanzgewerbe rechnen, wenn die Bußgelder nicht berechenbar sind.«

Die an sich positive Initiative ist somit erst ein Beginn. Eine Stärke des Standards ist seine globale Ausrichtung. Damit wird nicht nur ein Flickenteppich vermieden, es können sich auch nach und nach alle Staaten anschließen, zumindest wenn sie Interesse an freierem Handel miteinander haben. Es gibt bereits ein multilaterales Abkommen, auf das die Steuerkooperation »aufgesetzt« werden könnte: das multilaterale Übereinkommen über die gegenseitige Amtshilfe in Steuersachen von 2011. Es sieht sämtliche Formen der Verwaltungszusammenarbeit vor und ermöglicht einen automatischen Informationsaustausch. Der Elfmeter ist also aufgelegt, jetzt müssen die Regierungen nur noch verwerten. Verläuft alles nach Plan, könnten die ersten Daten 2017 gesammelt und ab 2018 ausgetauscht werden.

Denkbar ist die Entwicklung in zwei Stufen: die Basisstufe der OECD sowie der Ausbau zu einem vollständigen Finanzkataster, der sämtliche von In- und Ausländern gehaltene Finanzvermögenswerte erfasst, damit diese nicht nur den Kapitalertragsteuern, sondern auch der Vermögens-, Schenkungs- und Erbschaftssteuer zugeführt werden können. Gabriel Zucman, ein Schüler von Thomas Piketty, hält ein solches lückenloses »weltweites Wertpapierregister, das namentlich aufführt, wer welche Aktien und Anleihen besitzt«, für den entscheidenden Schritt bei der globalen Bekämpfung der Steuervermeidung und -hinterziehung. Als Analogie gilt das Grundbuch: Alle Immobilienvermögen sind verpflichtend im Grundbuch registriert – das ist heute selbstverständlich und empört niemanden. Es dient auch *zwei* Zwecken: der Feststellung, wem was gehört (Eigentumsrecht) und welche Steuern dafür fällig werden (Verantwortung). Genauso wäre es mit dem Finanzkataster. Dieser würde transparent machen, wem was gehört und welche Steuern dafür fällig werden. Das EU-Parlament begrüßte im Juli 2016 in einer Resolution ein »globales Register über alle Vermögenswerte, die von Personen, Unternehmen und Entitäten gehalten werden, wie zum Beispiel Trusts und Stiftungen, zu dem die Steuerbehörden uneingeschränkten Zugang haben«.[65] Leider nur hat das EU-Parlament in Steuerfragen keine gesetzgebende Kompetenz. Und die Regierungen der Mitgliedsstaaten haben kein Interesse an so einem Register.

Zucman schlägt hingegen vor, Länder, die sich weigern, beim globalen Finanzkataster und Informationsaustausch mitzutun, vom freien Handel auszuschließen und mit Strafzöllen im Ausmaß des durch sie entstandenen Schadens zu belegen: »Steueroasen können besiegt werden (…) indem man die Steuerfrage ins Zentrum der Handelspolitik rückt (…) Die Lösung liegt darin, sie auf der Ebene des globalen Güteraustausches zu treffen. Die Steueroasen können es sich tatsächlich nicht leisten, sich im Handel um den freien Zugang zu Märkten zu bringen.« Im Fall der Schweiz schlägt Zucman Zölle von 30 Prozent seitens Frankreich und Deutschland vor.[66]

b) Globale HNWI-Steuer für UN-Ziele. Eine längst überfällige Steuer wäre eine moderate Vermögenssteuer auf die Reichtümer der Globalisierungsgewinner. Jährlich erfahren wir, wie die Schere zwischen Arm und Reich weiter und weiter aufklafft, wie die Zahl der Dollarmillionäre schneller wächst als die Weltbevölkerung und das BIP, und wie die HNWI-Dichte zunimmt. High Net Worth Individuals sind Personen mit einem liquiden Finanzvermögen (abzüglich bewohnter Immobilien) von mindestens einer Million US-Dollar. Ihre Zahl nahm von rund sechs Millionen 1996, dem ersten Jahr der Messung, auf 15,4 Millionen Personen 2015 zu. Ihr Vermögen belief sich im ersten Jahr der Messung noch auf 16,6 Billionen US-Dollar, im Jahr 2015 auf sagenhafte 58,7 Billionen US-Dollar[67] – nahezu das 20-Fache der Wirtschaftsleistung Deutschlands. Eine Globalisierungssteuer von einem Prozent würde stolze 587 Milliarden US-Dollar einspielen; ein Promille immer noch 58,7 Milliarden US-Dollar. Zum Vergleich: Das gesamte UN-System mit all seinen Organisationen, Kommissionen, Programmen und Projekten verfügt über ein Budget von 46 Milliarden US-Dollar.

Obwohl die Welt so reich ist wie nie zuvor, fehlt es hinten und vorne an Geld für die Umsetzung der SDG. Waren für die noch nicht so ambitionierten »MDG« (Millennium Development Goals) noch 390 bis 630 Milliarden US-Dollar nötig – was mit einer einprozentigen HNWI-Steuer hätte finanziert werden können –, braucht es für die SDG 0,8 bis 1,5 Billionen US-Dollar zusätzlich jährlich[68], dafür bedürfte es einer zweiprozentigen Steuer auf die HNWI-Vermögen.

c) Unternehmenssteuern. Unternehmen vermeiden besonders aggressiv ihre Steuerpflichten. In Deutschland operieren gegenwärtig alle DAX-Unternehmen und großen Familienunternehmen in Steueroasen. Die Steuerausfälle nur für Deutschland werden auf 60 bis 90 Milliarden Euro pro Jahr geschätzt.[69] In Großbritannien zahlten die Großbanken JP Morgan, Merrill Lynch, Morgan Stanley, Deutsche Bank und Nomura 2014 keinen Pence Steuern. Zwei weitere, die UBS und Goldman Sachs, bezahlten zusammen 28,4 Millionen Euro. Zusammen erzielten die sieben Institute fast fünf Milliarden Euro Gewinn.[70] Die Global Player profitieren immens von einer globalen Infrastruktur, zu der freier Handel, freier Kapitalverkehr, staatlicher Eigentums- und Investitionsschutz ebenso gehören wie kostenlose öffentliche Ausbildung, Gesundheitsversorgung oder Katastrophenhilfe. Angesichts der Trägheit der Regierungen, die systematische Steuervermeidung durch Unternehmen zu beenden, haben sich NGOs wie das Global Tax Justice Network detaillierte Gedanken gemacht, wie das Versteckspiel der Konzerne vor dem Fiskus beendet werden könnte.

– *Einheitliche Steuerbasis und Mindeststeuersätze*: Unterschiedliche Steuersätze und -regeln sind ökonomisch betrachtet Wettbewerbsverzerrungen zugunsten von Unternehmen, die ihre wirtschaftlichen Aktivitäten in Niedrigsteuerländer verlegen. Es geht dann weder um Qualität noch um Leistung, was das Versprechen einer effektiven Ökonomie ist, sondern um Kostenminimierung auf Kosten demokratischer Gemeinwesen. Ein »level playing field«, von dem so viele Freihändler gemeinsam mit Thomas Friedman träumen, würde einen global einheitlichen Steuersatz und eine einheitliche Bemessungsgrundlage vorsehen – nur dann könnten alle Unternehmen unter gleichen Bedingungen spielen. Derzeit ist durch die Nichtkoordination der Steuerpolitik und mehr noch den Steuerwettbewerb das Spielfeld steil abfallend, nicht zugunsten der besseren oder faireren Unternehmen, sondern zugunsten der skrupelloseren, die weniger Scheu haben, ihre Standorte nach Steuerkriterien auszuwählen und die Gewinne dorthin zu verschieben.

– *Doppelbesteuerungsabkommen nach der Anrechnungsmethode*: Wenn ein Unternehmen in mehreren Ländern gleichzeitig tätig ist, kann es die Gewinne durch kreative Buchhaltungs- und Bilanzpraktiken in die Länder mit den geringsten Steuersätzen verschieben. Das Herkunftsland hat zwei Möglichkeiten, damit umzugehen. Wendet es in der steuerlichen Kooperation mit den betreffenden Ländern ein Abkommen nach der Freistellungsmethode an, ist im Herkunftsland auch dann keine weitere Steuer zu entrichten, wenn der Steuersatz im Niedrigsteuerland zum Beispiel 12,5 Prozent beträgt, im Herkunftsland aber 30 Prozent. Ein Abkommen nach der Anrechnungsmethode würde die Differenz im Herkunftsland nachversteuern. Die Verschiebung von Gewinnen in Niedrigsteuerländer wäre damit nicht länger attraktiv.

Es bedarf lediglich des politischen *Willens,* sämtliche Steuerabkommen nach der Anrechnungsmethode auszugestalten.

- *Unitary Taxation*: Die Umstellung sämtlicher Abkommen auf die Anrechnungsmethode allein reicht noch nicht aus, weil dann immer noch die Gefahr besteht, dass das Unternehmen sein Headquarter in das Niedrigsteuerland verlegt – was ein Mitgrund für die Nichtumstellung ist. Accenture startete auf den Bermudas und zog von dort nach Irland. Philip Morris verlegte den Konzernsitz von den USA in die Schweiz. Dagegen ist ein anderes Kraut gewachsen: Unitary Taxation oder anteilsmäßige Konzernbesteuerung. Bei dieser Methode wird zuerst gemessen, in welchem Land ein Unternehmen welchen Anteil seiner realwirtschaftlichen Aktivitäten wahrnimmt – gemessen an Kapitalinvestition, Beschäftigung und Umsatz –, um sodann denjenigen Anteil am globalen Konzerngewinn im betreffenden Land zum dort jeweils gültigen Steuersatz zu versteuern, unabhängig davon, wo der Konzern welchen Anteil des Gewinns ausgewiesen hat. Das würde der Steuertrickserei ein Ende setzen.
- *Country-by-Country-Bericht*: Voraussetzung für eine proportionale Besteuerung ist das Wissen, in welchen Ländern ein Unternehmen in welchem Umfang aktiv ist; und für die Anrechnungsmethode, welche Steuerleistung es dort erbringt. Erst dann können die beiden Prinzipien angewendet werden und greifen. In diesem Punkt gibt es erfreulicherweise schon Bewegung. Die Methode des sogenannten länderbezogenen Berichts (Country-by-Country Report) wurde im Rahmen des OECD-Projektes gegen Base Erosion and Profit Shifting (BEPS) als Mindeststandard beschlossen. Große Konzerne (mit Einnahmen von mehr als 750 Millionen Euro) müssen im Hauptsitzland eine länderbezogene Aufstellung der wirtschaftlichen Aktivitäten einreichen. Dieser Bericht wird dann unter den zuständigen Behörden der betroffenen Staaten ausgetauscht. Ein wichtiger Puzzlestein im Mosaik der globalen Steuergerechtigkeit ist somit bereits verfügbar. Dennoch braucht es das gesamte Puzzle. Eine systema-

tische Besteuerung transnational agierender Unternehmen gehört dazu: Wer globale Wirtschaftsfreiheiten genießen möchte, muss auch globale Steuerpflichten aushalten.

d) Globale Steuerbehörde. Eine faire, demokratische und liberale Globalisierung, die auf einer Balance von Rechten und Pflichten, von Freiheit und Verantwortung, von Macht und Kontrolle basiert, benötigt auch globale Institutionen. Das Recht auf Handel, freier Kapitalverkehr, Investitions- und Eigentumsschutz sind der eine Teil der politischen Architektur der Globalisierung; globale Arbeitsstandards, Umweltschutzabkommen, Steuerbehörden, Finanzaufsicht, Kartellämter und Strafgerichtshöfe der andere. Eine Weltsteuerbehörde wurde u.a. von der Stiglitz-Kommission vorgeschlagen, die nach der Finanzkrise 2008 im Auftrag der Generalversammlung der Vereinten Nationen eingesetzt wurde. Sie legte einen 110-Seiten starken Bericht zur Regulierung des globalen Finanzsystems vor. Darin findet sich unter anderem eine »Global Financial Authority«, die neben anderen regulatorischen Aufgaben auch gegen Geldwäsche und steuerschädliche Praktiken vorgehen sollte.[71] Um Missverständnisse zu vermeiden: Eine globale Steuerbehörde hätte ergänzende und unterstützende Aufgaben zu nationalen Finanz- und Steuerbehörden. Sie würde diese genauso wenig ersetzen, wie sie die Souveränität der Steuerpolitik in Frage stellen würde. Ihr würden nur gezielt einzelne Kompetenzen übertragen, die nötig sind, um die globalen Freiheiten der Wirtschaftsakteure nicht in eine neue globale Herrschaft derselben ausarten zu lassen. Niemand wird gezwungen, die Kompetenz solcher globaler Behörden anzuerkennen; der Vorteil ist nur der freiere Handel als bei Nichtanerkennung. Eine Weltsteuerbehörde könnte mit folgenden gezielten Aufgaben betraut werden:

– Einrichtung, Monitoring und Verwaltung des globalen Finanzkatasters;
– Übernahme, Monitoring und Weiterentwicklung des OECD-Abkommens zum automatischen Finanzdatenaustausch;

- administrative Unterstützung bei der Umsetzung der HNWI-Steuer und die Mittelzuleitung an die UNO zur Finanzierung der Sustainable Development Goals (SDG);
- Entwicklung einer global einheitlichen Bemessungsgrundlage für Unternehmen, die Festsetzung eines Mindeststeuersatzes, die Umsetzung des Prinzips der »anteilsmäßigen Besteuerung« (Unitary Taxation) sowie die Eliminierung steuerschädlicher Praktiken;
- Unterstützung des Kampfs gegen Geldwäsche und internationale Finanzkriminalität.

Der Vordenker der ökosozialen Marktwirtschaft Franz Josef Radermacher[72] und der Attac-Gründer in Deutschland und nunmehrige EU-Abgeordnete Sven Giegold fordern schon länger eine Weltsteuerbehörde.[73] Inzwischen hat sich auch das EU-Parlament – im Unterschied zu den Mitgliedsstaaten – für eine solche ausgesprochen. Ecuador kündigte an, das Thema zur Priorität seines G77-Vorsitzes 2017 zu machen.[74] Der freie Handel könnte an die Kooperation in allen Abkommen geknüpft werden. Wer sich nicht am automatischen Informationsaustausch, an der koordinierten Konzernbesteuerung, an der HNWI-Steuer und an der UN-Steuerbehörde beteiligt, könnte mit je zehn Prozent Zollaufschlag zur Kooperation ermutigt werden.

7. Globale Kartellbehörde

In Teil I haben wir gesehen, dass die Machtkonzentration auf den Weltmärkten rasant voranschreitet und die WTO dieser Gefahr nicht das Geringste entgegensetzt – während sie weiterhin Werbung für mehr »Freihandel« macht. Die Duldung dieser exzessiven Machtballung bei transnationalen Konzernen ist umso erstaunlicher, als am Beginn der Existenz juristischer Personen das Misstrauen gegen eine unkontrollierbare Machtakkumulation so groß war, dass in den USA bis ins 19. Jahrhundert jedem Unternehmen einzeln eine Lizenz zum Wirtschaften erteilt wurde, die auf eine bestimmte Anzahl von Jahren begrenzt war und die erlosch, wenn sie nicht verlängert wurde. Das Recht zur Lizenzerteilung lag bei den Bundesstaaten, um die Unternehmen unter der Kontrolle der BürgerInnen zu halten. Im Jahr 1800 gab es nur rund 200 lizensierte Unternehmen in den USA.[75] Dann allerdings wurden ihre Rechte und ihre Macht Zug um Zug ausgeweitet. Zwei wichtige Schritte waren die Aufhebung der Haftungsbeschränkung 1856 in England und in den Folgejahrzehnten in den USA[76] sowie die Erlaubnis für Unternehmen, sich an anderen Unternehmen zu beteiligen. Bis 1880 war es Unternehmen »generell verboten«, Eigentum an anderen Unternehmen zu halten.[77] Der finale Dammbruch war die Entscheidung des US-Höchstgerichts 1886, dass ein Unternehmen unter der US-Verfassung als »natürliche Person« gilt.[78] Erst dadurch erhielten Unternehmen eine ganze Reihe von Rechten, wie zum Beispiel das Recht, Verträge zu schließen, Parteispenden zu leisten – oder zu klagen. Die Folgen waren für Zeitzeugen absehbar. Abraham Lincoln schrieb 1864 in einem Brief: »Ich sehe in naher Zukunft eine Krise heraufziehen, die mich in Unruhe versetzt und um die Sicherheit meines Landes zittern lässt. Als Ergebnis des Krieges sind Unternehmen an die Macht gekommen, und eine Ära der Korruption an höchster Stelle wird folgen, und die Geldmacht des Landes wird regieren, indem sie an den Vorurteilen der Menschen arbeitet, bis der gesamte Reichtum in wenigen Händen konzentriert und die Republik zerstört ist.«[79]

Heute verfügen globale Konzerne über nahezu unbeschränkte Macht, und der Umstand, dass es in der WTO nicht einmal eine Fusionskontrolle gibt, sagt alles über die prophezeiten Machtverhältnisse. »Postdemokratie« bedeutet auch, dass derzeit kein Parlament der Welt die Begrenzung der Macht der Multis angeht. Vielleicht muss deshalb die Initiative zur Begrenzung wirtschaftlicher Macht von den BürgerInnen ausgehen – und vielleicht auch von ihnen entschieden werden, auf direktdemokratischem Weg. Die Unterstützung für so eine Initiative wächst. Die Deutsche Bischofskonferenz schreibt: »Daher sind ordnungspolitische Mechanismen zur Wettbewerbsaufsicht und zur Begrenzung der wirtschaftlichen

Macht großer Unternehmen, unter Umständen sogar eine globale Fusionskontrolle, dringend geboten.«[80] George Monbiot fordert: »Die politische Schlüsselfrage unserer Zeit, an der wir die Absicht aller politischen Parteien beurteilen können, ist, wie mit der Macht der Konzerne umzugehen ist.«[81] Das klingt zeitgeistig, ist aber nicht neu. Schon Walter Eucken vertrat die Ansicht: »Es sind also nicht die sogenannten Missbräuche wirtschaftlicher Macht zu bekämpfen, sondern wirtschaftliche Macht selbst.«[82]

Die Länder der ethischen Handelszone könnten die Größe und Macht der globalen Konzerne begrenzen, damit diese ihre Agenda nicht gegen die Mehrheitsinteressen und das Gemeinwohl durchsetzen können. Ein Abkommen zur Begrenzung der Machtkonzentration in der globalen Ökonomie könnte zumindest drei Regeln umfassen:
– Kein Unternehmen darf in seiner Branche einen Weltmarktanteil über ein Prozent hinaus halten.
– Kein Unternehmen darf einen Umsatz größer als 50 Milliarden US-Dollar haben.
– Keine Bank darf eine Bilanzsumme größer als 30 Milliarden US-Dollar haben.

Und ab einer Größe von einer Milliarde US-Dollar Umsatz oder Bilanzsumme ist nicht nur eine Gemeinwohl-Bilanz verpflichtend, sondern diese wird zur Lizenz für die Teilnahme am Weltmarkt, die nur erneuert wird, wenn ein Mindestergebnis der Gemeinwohl-Bilanz nicht unterschritten wird. Die Teilnahme am Weltmarkt ist ein Privileg für die ethischsten Unternehmen!

Die Frage ist, wo eine solche Anti-Kartell-Behörde angesiedelt sein könnte. Die meisten Vorschläge gehen in Richtung ECOSOC, dem Wirtschafts- und Sozialrat der UNO. Ihm könnte sie als Behörde unterstellt werden. Staaten, welche diese Behörde gemeinsam unterhalten und die Größe und Macht von Konzernen begrenzen, können sich auf zweierlei Art vor den Giganten schützen. Entweder sperren sie Unternehmen, welche die Größenschwellen überschreiten, vom Markt aus. Oder sie erheben zusätzlich gegen Länder, die nichts gegen die Machtkonzentration unternehmen, einen Schutzzoll von 20 Prozent. Für diese mutige Maßnahme wird ein besonders hoher Zoll vorgeschlagen, weil es um die Machtfrage geht.

8. Insolvenzrecht für Staaten

Unausgeglichene Handelsbilanzen können Staaten rasch in eine finanzielle Schieflage und an den Rand der Insolvenz bringen. Staatsinsolvenzen sind keine Seltenheit, schon oft wurden Staatsschulden umstrukturiert oder erlassen. Zum Beispiel wurde Deutschland beim Londoner Schuldenabkommen 1953 mehr als die Hälfte seiner Auslandsschulden erlassen, diese sanken von 129 Prozent des BIP auf 61 Prozent des BIP. 2001 wurde Argentinien entschuldet, 2008 der Irak. In der Geschichte waren Deutschland und Frankreich je achtmal bankrott, Österreich siebenmal, Griechenland fünfmal und Spanien 13-mal.[83]

Trotz dieser hohen Zahl von Staatsbankrotten wurde bis heute kein internationales Insolvenzrecht für Staaten geschaffen. Im Unterschied zu Unternehmen, wo das Insolvenzrecht heute weltweit selbstverständlich ist – und beiden Seiten nützt: den Schuldnern und den Gläubigern. Auch für Staaten wäre das sinnvoll. Zahlreiche Länder leiden unter einer erdrückenden Schuldenlast und können ohne gründliche Entschuldung basale Entwicklungsprojekte nicht finanzieren. Eine zentrale Ursache für die Überschuldung armer Staaten ist die Dollar-Hegemonie des Bretton-Woods-Systems I (nach den Vorstellungen der USA). Da der US-Dollar die Weltleit- und Reserve-Währung war, waren die meisten Länder – zwangsweise – im US-Dollar verschuldet; als die Dollarzinsen Anfang der 1980er Jahre in die Höhe schnellten, waren sie innerhalb kurzer Zeit zahlungsunfähig. Die Schuldenkrise hat u.a. dazu geführt, dass sie von den Gläubiger-Vertretern Währungsfonds und Weltbank einerseits zur Maximierung der Exporte angeheizt wurden, was dazu führte, dass sich nicht allein »Portugal« auf den Anbau und Export von Wein (oder eben: Kaffee, Zuckerrohr, Baumwolle, Erze oder Edelmetalle) spezialisierte, sondern viele arme (und verschuldete)

Länder gleichzeitig. Weltbank und Währungsfonds, die wichtigsten Gläubiger-Institutionen, verordneten zudem die berüchtigten Strukturanpassungsprogramme, die als Durchsetzung der Zwangsjackenpolitik über den Hebel der Schulden gelesen werden können. Eine wichtige Lehre aus dieser Geschichte ist, dass die große Schuldenkrise gar nicht ausbrechen hätte können, wenn der Vorschlag von John Maynard Keynes für eine Clearing Union den US-Dollar als Leitwährung abgelöst und Abweichungen von ausgeglichenen Handelsbilanzen mit Strafzinsen belegt hätte. Auf der anderen Seite hätten die Schuldenkrisen nicht zu sozialen Katastrophen ausarten können, wenn es für Staaten ein genauso klar und transparent geregeltes Insolvenzverfahren gäbe wie für Unternehmen.

In den USA gibt es das immerhin für Gemeinden und Bundesstaaten, in Kapitel 11 des US-Insolvenzrechts. Mehrere ExpertInnen schlagen vor, nach diesem Vorbild ein internationales Insolvenzrecht für Staaten zu schaffen. Denn zu Schuldenstreichungen kommt es so oder so: durch regelmäßige Erlässe, durch ein zeitgemäßes und berechenbares Insolvenzrecht oder durch Schuldenschnitte nach brutalen Finanz-Crashs wie im Falle Argentiniens (2001) oder Griechenlands (2009). Gibt es kein geregeltes Verfahren, kann es dazu kommen, dass die Gläubiger in Gestalt von Geierfonds oder der Troika auftreten und versuchen, dem in Agonie befindlichen Opfer noch die Gedärme aus dem Leib zu reißen.

Es gibt gute Gründe für die Ausweitung des Insolvenzrechtes auf Staaten. Grundsätzlich wird ein Kredit immer von zwei Seiten abgeschlossen, ebenso grundsätzlich sollen beide Parteien an der Lösung einer Krisensituation beteiligt werden. Das »moral hazard«-Problem, das gerne gegen ein Insolvenzrecht für Staaten ins Treffen geführt wird, gilt derzeit umgekehrt für die Gläubiger: Wenn sie damit rechnen, dass Staaten nicht insolvent werden können, vergeben sie leichtsinniger Kredite: »Wenn von vornherein feststeht, dass der Kredit mit hoher Wahrscheinlichkeit Not leidend wird, trifft die Schuld ebenso den Kreditgeber wie den Kreditnehmer«, meint Nobelpreisträger Stiglitz.[84]

Aber nun zur Lösung: Es liegen zumindest sechs verschiedene Vorschläge auf dem Tisch, wie ein internationales Insolvenzverfahren für Staaten ausgestaltet werden könnte. Die Reihe der IdeengeberInnen reicht von der ehemaligen IWF-Direktorin Anne Krüger über den Wiener Entwicklungsökonomen Kunibert Raffer bis zum G20-nahen International Debt Framework (IDF).[85] Aus diesen Vorschlägen ließe sich ein attraktives und praktikables Prozedere destillieren, das jederzeit seinen Dienst antreten könnte, um Tragödien wie in Griechenland oder Argentinien für immer zu vermeiden. Ein faires und transparentes Insolvenz-Verfahren für Staaten könnte folgende Eckpunkte umfassen:

- Das Verfahren wird in einem neuen *internationalen Vertrag* im Rahmen der Vereinten Nationen, zum Beispiel auf Initiative des ECOSOC, des Wirtschafts- und Sozialrates der UNO, geschaffen.
- Das *Schiedsgericht* sollte *auf neutralem Boden* stehen und an die völkerrechtliche Infrastruktur angebunden sein. Der IWF scheidet in seiner Doppelrolle als Gläubiger und Schiedsrichter dadurch aus. Manche AutorInnen schlagen deshalb die Vereinten Nationen und ihren IGH als Sitz vor.
- Ein Insolvenzverfahren wird grundsätzlich *durch den Schuldner eingeleitet*, aber auch durch eine qualifizierte Mehrheit der Gläubiger.
- Es werden *alle Schulden* berücksichtigt – private wie öffentliche, ausländische wie inländische – und auch grundsätzlich gleich behandelt.
- Es reicht aus, wenn eine *qualifizierte Mehrheit der Gläubiger*, zum Beispiel 75 Prozent, dem Umschuldungsvorschlag zustimmt; ein einzelner (Geier-)Fonds kann das Verfahren nicht blockieren.
- Die *Verfahren* sollen *transparent und öffentlich* sein, und alle Betroffenen sollen angehört werden. Das nimmt den Schuldnerstaat gegenüber seiner Bevölkerung in die Verantwortung. Damit sollen auch die Grundbedürfnisse der betroffenen Bevölkerung besser geschützt werden.
- Bei der Festlegung der *Grenzen für die Schuldentragfähigkeit*

könnten vertragliche *Mindeststandards* von Schuldnern und Gläubigern feingetunt werden.

Gängige Indikatoren sind der Schuldenstand oder der Schuldendienst gemessen am Export, dem Bruttoinlandsprodukt oder den Staatseinnahmen. Ganz wesentlich ist die Miteinbeziehung sozialer Indikatoren, damit der Schuldendienst nicht auf Kosten der Entwicklung und der Würde der betroffenen Menschen geht. Es gibt auch ein historisches Beispiel für ein alternatives Tragfähigkeitskriterium: Als Deutschland 1953 entschuldet wurde, erkannte die Konferenz an, dass der Schuldendienst nicht höher sein dürfe als der Handelsbilanz*überschuss*. Damit war nicht nur eine schmerzlose Grenze gefunden, sondern gleichzeitig das Problem gelöst, dass die Importe mit den Exporterlösen bezahlt werden konnten. Welche die – aus menschlicher, sozialer und ökologischer Hinsicht – passendsten Kriterien sind, kann auch in den ersten Insolvenzverfahren durch die Zusammenschau aller Perspektiven ermittelt werden.

»Wie die Wirtschaftsgeschichte zeigt, macht Überschuldung Schuldenredukionen unumgänglich«, resümiert der Jurist und Entwicklungsökonom Kunibert Raffer.[86] Staaten, die sich dem Insolvenzrecht anschließen, könnten sich mit zehn Prozent Zollaufschlag gegen Nichtbeteiligte schützen.

9. Bretton Woods II – »Tauschring der Nationen«

Ein multilaterales Handelssystem ergibt nur dann einen Sinn, wenn ausgewogene Handelsbilanzen aller ein zentrales Ziel dieses Systems sind. Werden die Handelsbilanzsalden dem Zufall überlassen, bauen sich in Windeseile Ungleichgewichte auf, welche rasch zur Staatsinsolvenz der Defizitländer führen, wenigstens aber zu einer ökonomischen Krisensituation samt Schuldknechtschaft. Ist der Anspruch, dass ein Handelsabkommen »dem großen Ganzen« dient, ernst gemeint, muss es sinnvollerweise einen Ausgleichsmechanismus für die Handelsbilanzen vorsehen.

Wie schon angesprochen hatte der britische Star-Ökonom John Maynard Keynes diese Erkenntnis während der großen Depression, die er langsam zu einem Lösungsvorschlag verfeinerte und auf der Konferenz von Bretton Woods 1944 präsentierte – als Abgesandter Großbritanniens.[87] Das war mehr als außergewöhnlich, weil der Vorschlag im Wortsinn »radikal« war – er geht an die Wurzeln des internationalen Handels- und Währungssystems und würde eine echte Systemänderung bewirken: Keynes' Idee würde erstmals – mathematisch zwingend – allen Beteiligten den gleichen Nutzen bringen. Ein Zeitgenosse erinnerte sich: »Noch nie war ein so einfallsreiches und ehrgeiziges Projekt als Politik einer verantwortungsvollen Regierung formuliert worden ... Es war für uns wie ein Hoffnungsbanner, die Inspiration unseres grauen Kriegsalltags.«[88]

Wie sah nun die Idee von Keynes konkret aus? Kern des Konzepts war eine internationale Komplementärwährung, in der der Handel zwischen Staaten verrechnet wird, über eine Internationalen Clearing Union (ICU). Bei dieser hätten nur die Zentralbanken der Mitgliedsstaaten ein Konto, auf dem die Salden aus Importen und Exporten eines jeden Landes abgebildet würden. Ein Überschuss der Handelsbilanz (Exportüberhang) würde zu einem Guthaben auf diesem Konto führen, ein Defizit (Importüberhang) zu einem Soll. (Es weist eine gewisse Ähnlichkeit mit dem Target-System der Europäischen Zentralbank auf.) Keynes nannte die Rechnungseinheit »Bancor«, heute könnten wir sie zum Beispiel »Globo« oder »Terra« nennen.

Bei ausgeglichenen Handelsbilanzen aller Teilnehmerstaaten wären ihre Handelskonten ausgeglichen, das »große Ganze« wäre in Balance. Für den Fall des Aufbaus von Ungleichgewichten sah Keynes Gegenmaßnahmen vor: Weicht der Saldo der Handelsbilanz eines Teilnehmerstaates um ein Viertel von seiner Quote (dem Durchschnittswert der Exporte/Importe der letzten drei Jahre) ab, muss dieses Land ein Prozent Gebühr in den Reservefonds der ICU bezahlen. Bei einer Abweichung von über 50 Prozent käme ein weiteres Prozent dazu. (Das wiederum erinnert an die – theoretischen – Strafzahlungen in der Eurozone bei Abweichungen von den Maastricht-Kriterien.) Die Quasi-Sensation an diesem Vorschlag: Die

»Pönale« würde Überschussländer gleichermaßen treffen wie Defizitländer. Es gäbe nicht mehr einseitig Schuldige an einem Ungleichgewicht, sondern beide Seiten würden mit gleicher Konsequenz zur Wiederherstellung des Gleichgewichts herangezogen.

Zudem erhielte die ICU mit zunehmender Abweichung progressive Eingriffsrechte. Im Falle von Konto-Überziehungen (also Handelsbilanz-Defiziten) von mehr als einem Viertel dürfte das betreffende Land seinen Wechselkurs nach unten anpassen; bei einer Abweichung von mehr als der Hälfte dürfte die ICU dies verordnen, Kapitalverkehrskontrollen verhängen und auf die Goldreserven des betreffenden Landes zurückgreifen; und bei einer Abweichung von über drei Viertel dürfte die ICU dem Land die Berechtigung entziehen, sein Konto zu belasten, und es für zahlungsunfähig erklären.

Das vorgeschlagene Instrumentarium gegenüber den Überschussländern wäre nicht weniger wirksam: Maßnahmen zur Steigerung der Inlandsnachfrage, Anpassung des Wechselkurses nach oben (Aufwertung der Währung), Reduktion von Zöllen und Importbeschränkungen sowie Anleihen an die Defizitländer. Keynes begründete diese erstaunlich ambitionierten Maßnahmen: »Wir sind heutzutage zu leicht bereit, unausgeglichene Handelsbilanzen als unvermeidlich hinzunehmen, also den entgegen gesetzten Fehler zu machen wie diejenigen, die glaubten, dass sich das Gleichgewicht zwischen Importen und Exporten von selbst herstellt (…) Wir brauchen ein System, das über einen inneren Stabilisierungsmechanismus verfügt, durch den auf jedes Land Druck ausgeübt wird, dessen Zahlungsbilanz gegenüber der übrigen Welt in irgendeine Richtung aus dem Gleichgewicht kommt.«[89] Ein genialer Aspekt des Gesamtkonzepts ist die Möglichkeit, dass Überschussländer an Defizitländer Kredite vergeben. Diese müssten logischerweise geringer verzinst sein, als die Pönale ausfällt, damit für beide Seiten ein Anreiz besteht, das Kreditgeschäft einzugehen. Dieses Element würde sogar mit Negativzinsen – und damit einer echten Hilfe von den Überschussländern für die Defizitländer – funktionieren. Ein Zins von minus einem Prozent auf einen Teil der Überschüsse ist um 50 Prozent billiger als das Berappen der Pönale von zwei Prozent. Keynes kommentierte seine Maßnahme gegen die Akkumulation von Überschüssen – das Aufschatzen – so: »Der Ersatz der Kapitalhortung durch ein Kreditsystem könnte auf internationaler Ebene das gleiche Wunder noch einmal hervorbringen, das auf nationaler Ebene schon stattgefunden hat, nämlich Steine in Brot zu verwandeln.«[90] Damit nicht genug. Keynes entwickelte darüber hinaus ein ganzes Feuerwerk an Ideen, was die ICU noch leisten könnte, mit Sonderkonten und mit dem Geld der Überschussländer: Wiederaufbau-Projekte, eine »internationale Ordnungsmacht« (erinnert an den UN-Sicherheitsrat), Rohstoff-Lager (zur Stabilisierung der Rohstoff-Preise, siehe die spätere UNCTAD), eine Investitions- und Entwicklungsgesellschaft zur »Ausübung von Dämpfungs- und Wachstumsimpulsen auf das Gesamtsystem« und weitere innovative Projekte.

Wenige Jahre vor der Gründung der Vereinten Nationen dachte Keynes konsequent in diese Richtung. Manche seiner Vorschläge klingen nicht nur wie UN-Nachhaltigkeitsziele, sondern liefern auch gleich Lösungen zu deren Finanzierung – nur 70 Jahre früher! Keynes war sich der Tragweite seines Vorschlags voll und ganz bewusst: »So ein anspruchsvoller Vorschlag ist der Kritik ausgesetzt, weil er von den Mitgliedern der Union einen größeren Verzicht auf ihre souveränen Rechte verlangt, als sie gern zugestehen werden [Anm.: Das kommt vielleicht darauf an, wer der Souverän ist]. Es wird aber kein größerer Verzicht verlangt als bei jedem Handelsvertrag (…) In der Nachkriegswelt muss eine größere Bereitschaft zu übernationalen Abkommen verlangt werden.«[91] Wie wahr und wie aktuell! Keynes spricht am Ende seines Vorschlags von »finanzieller Abrüstung« und schließt pathetisch: »Der Plan macht einen Anfang auf dem Weg in eine Neuordnung der zukünftigen wirtschaftlichen Beziehungen in der Welt unter den Nationen und zu einem ›Gewinn des Friedens‹.« Ich schließe mich dem Pathos an und halte diese Idee für brillanter als die von Ricardo, weil sie nicht nur mathematisch ebenso exakt ist, sondern weil vor allem ihre Anwendung Sinn ergeben würde!

Sie würde die Welt ein Stückchen gerechter und friedlicher machen. Das dürfte wohl der Grund sein, warum sie 1944 scheiterte – an der Regierung der USA. Keynes' Gegenüber am Verhandlungstisch, Harry Dexter White, legte statt dem Bancor den US-Dollar als Weltleitwährung auf den Tisch, den er mit Gold zu decken versprach. Anstelle der ICU schlug er eine Weltbank und einen Internationalen Währungsfonds vor ... Der Rest der Geschichte ist bekannt und wurde reichlich kritisch aufgearbeitet.[92] Der vorhersehbare Zusammenbruch des Bretton-Woods-Systems I Anfang der 1970er Jahre läutete eine Phase schlimmer Krisen ein. Susan George fasst zusammen: »Mit einer ITO und einer ICU ließe sich eine Weltordnung entwickeln, in der ein so riesiges Handelsdefizit, wie es derzeit die Vereinigten Staaten aufweisen, ebenso ausgeschlossen wäre wie die enormen Handelsbilanzüberschüsse, die das heutige China erzielt. Bei einem solchen System wären die drückenden Schulden der Dritten Welt ebenso undenkbar gewesen wie die verhängnisvollen Strukturanpassungsprogramme, die sich IWF und Weltbank für die armen Länder ausdenken.«[93] Der britische Globalisierungskritiker George Monbiot schreibt: »Das Geschenk, das Keynes uns machte und das wir bisher nicht annehmen wollten, ist eine Welt, in der arme Länder nicht tun müssen, was die reichen ihnen vorschreiben – ja, in der sie nicht einmal arm bleiben müssen.«[94] Mir gefällt das Wort »bisher«. Tatsächlich begannen nach dem globalen Finanzkrach 2008 führende Ökonomen und Banker die Idee von Keynes aufzugreifen – darunter auch das Team rund um Joseph Stiglitz in seinem Bericht an die Generalversammlung der Vereinten Nationen. Die UN-ExpertInnen bezeichnen Keynes' Vorschlag als »eine Idee, deren Zeit gekommen ist«.[95] So ist es. Und wenn die Regierung der USA noch immer keine Lust auf diesen brillanten Vorschlag hat, dann sollten eben »willigere« Regierungen vorausgehen und den »unwilligen« einen Anreiz geben, ebenfalls mitzumachen, zum Beispiel 20 Prozent Zollschutz gegen die Verhinderer des globalen Handelsgleichgewichts.

Selbstverständlich müsste der Vorschlag von Keynes gründlich durchdacht und auf Verbesserungs- und Aktualisierungspotenziale gescannt werden – was Keynes selbst an vielen Stellen anbot. Eine Verbesserung könnte darin bestehen, dass Länder mit niedrigen Einkommen, allen voran die 48 ärmsten Länder (LDC), für begrenzte Handelsüberschüsse keine Pönalen zahlen müssen. In dem Maße, in dem sie die Entwicklungskluft schließen, würde diese Sonderbehandlung auslaufen. Spiegelgleich könnten auch den Ländern mit den höchsten Einkommen die Pönalen teilweise erlassen werden, wenn sie gegenüber armen Ländern ein Handelsdefizit haben.

2b) Infant Industry Policy/Nichtreziprozität zwischen Ungleichen

Wie wir in Teil I gesehen haben, hat keine der heutigen Handelsmächte das Freihandelsrezept in der eigenen Geschichte angewandt, im Gegenteil. Die »mächtigste Einzelerkenntnis« der Wirtschaftswissenschaft wurde von der US-Regierung erst nach 1945 entdeckt, als das Land das Gegenteil von Ricardos Rezept praktiziert und einen uneinholbaren Entwicklungsvorsprung gegenüber den meisten anderen Ländern herausgeholt hatte. Dieses »Leiterwegziehen« hatten die USA von ihrem Mutterland Großbritannien gelernt. Und auch alle anderen heutigen Handelsmächte, seien es Deutschland, Kanada, Australien oder die asiatischen Tigerstaaten, wandten selbst nicht Freihandel an. Umso gerechtfertigter ist es, dass heute Länder mit geringeren Einkommen und technologischem Entwicklungsstand dieselben »Entwicklungsleitern« und Schutzmaßnahmen anwenden dürfen, anstatt in als Freihandelsabkommen getarnte Zwangsjacken gesteckt zu werden, die dies verbieten.

Die Historikerin und *taz*-Autorin Ulrike Herrmann schreibt: »Im 19. Jahrhundert betrug der technologische Abstand zwischen den reichsten und den ärmsten Ländern höchstens 4 zu 1 (...) Inzwischen aber hat sich die Kluft zwischen reichen Staaten wie den USA und den ärmsten Ländern wie Äthiopien oder Tansania auf etwa 60 zu 1 ausgeweitet. Selbst Schwellenländer wie Brasilien hinken 5 zu 1 hinterher, wenn es um die Produktivität ihrer Wirtschaft geht. Dies bedeutet: Wenn sich heute ein Land wie Brasilien gegen die Übermacht der Industrieländer wehren will, dann reichen Importzölle von 40 Prozent nicht, wie sie die USA im 19. Jahrhundert erhoben haben – sondern es müssten Zölle von weit über 100 Prozent sein. Doch stattdessen werden die Entwicklungs- und Schwellenländer dazu gedrängt, Freihandelsabkommen und WTO-Verträge zu akzeptieren, die sinkende Zölle vorsehen.«[96]

Im Rahmen des GATT 1948 und der WTO seit 1995 existiert zwar das Thema Sonder- und Vorzugsbehandlung von Entwicklungsländern als eines von vielen Themen – allerdings mit insgesamt sehr magerem Erfolg. Ein bescheidener Fortschritt war 1954 die Überarbeitung des Artikels XVIII in die Richtung, dass Entwicklungsländer zugunsten der »Errichtung eines bestimmten Wirtschaftszweiges« von den Freihandelsverpflichtungen befreit werden konnten. Die UNCTAD-Gründung 1964 konnte den Interessen der armen Länder im GATT auch nur zu kleinen Erfolgen verhelfen. Im Jahr der UNCTAD-Gründung wurde im GATT ein neuer Teil IV zu Handel und Entwicklung eingefügt, der erstmals das Prinzip der Nichtreziprozität vorsah: Nicht alle Länder müssen ihre Grenzen und Märkte in gleicher Geschwindigkeit und in gleichem Ausmaß öffnen. Ein weiter gehender Schritt gelang 1968 auf der UNCTAD-II-Konferenz, auf der das Allgemeine Präferenzsystem APS (Genereal System of Preferences GPS) vereinbart wurde, das UNCTAD-Chef Raúl Prebisch 1964 vorgeschlagen hatte. Allerdings wurde dieses System vonseiten der Industriestaaten nur auf freiwilliger Basis eingerichtet. Häufig wurden Vergünstigungen nur gegen erpresserische Bedingungen angeboten. Damit waren die wesentlichen Erfolge bereits erzielt. Danach setzte eine globale Politikwende ein. »Seit Ende der 1970er Jahre vollzog sich in den Ländern des Südens der Übergang von der binnenorientierten Importsubstitution zur außenorientierten Weltmarktintegration. Unter dem Druck von Auslandsverschuldung und Strukturanpassungsprogrammen der internationalen Finanzinstitutionen schwenkten die

Regierenden auf monetaristische Rezepte ein: restriktive Geldpolitik, vorrangige Inflationsbekämpfung, Haushaltskürzungen, Privatisierungen, Lohnsenkungen, Rückzug des Staates und nicht zuletzt eine verstärkte Öffnung zum Weltmarkt. Handelsschranken wurden gesenkt, ausländische Investitionen angelockt und der Export forciert. Die politisch Verantwortlichen unterwarfen sich zunehmend den Anforderungen des globalen Standortwettbewerbs«, schreibt Thomas Fritz (ganz ähnlich wie Thomas Friedman).[97] Die Konferenz UNCTAD VI in Belgrad brachte laut Fritz den »entscheidenden Wendepunkt in der Haltung südlicher Regierungen zum multilateralen Handelssystem (...) Die Hoffnung war, dass die Reziprozität der Verpflichtungen größere Fortschritte ermöglichen würde als eine Sonderbehandlung zugunsten schwächerer Weltmarktteilnehmer.«[98] Die Zwangsjacke wurde zum politischen Modetrend.

Dieser Modetrend führte zum erfolgreichen Abschluss der letzten GATT-Runde, der Uruguay-Runde, und 1994 zur Gründung der Welthandelsorganisation WTO. Die meisten BeobachterInnen sind sich einig, dass die Entwicklungsbedürfnisse der armen Länder in der WTO von Beginn an einen geringeren Stellenwert einnahmen als im GATT. Die Ausnahmen beschränkten sich tendenziell auf die am wenigsten entwickelten LDC-Staaten, auf längere Umsetzungsfristen sowie auf Freiwilligkeit, womit sie nicht nur der freien Gestaltung der Industrieländer unterlagen, sondern von diesen sogar als Erpressungsinstrumente eingesetzt werden konnten. BeobachterInnen beschreiben die Entwicklung des Präferenzsystems in der WTO von einem »Entwicklungs- zu einem Anpassungsinstrument«.[99] Laut dem Entwicklungsökonomen und Juristen Kunibert Raffer wurde es mit der WTO-Gründung »praktisch abgeschafft«.[100]

An dieser Diagnose können auch die 155 von der WTO registrierten Maßnahmen zugunsten der Entwicklungsländer nichts ändern. Die WTO-Ministerkonferenz 1999 in Seattle scheiterte am Widerstand der Entwicklungsländer. In der darauffolgenden Konferenz 2001 in Doha wurde von den Industrieländern – mehr in Richtung Medien – eine »Entwicklungsrunde« ausgerufen. Joseph Stiglitz bezeichnet sie als »reinste Farce«. Er sah »die Gefahr, dass diese neue Runde, statt die Unausgewogenheiten der Vergangenheit zu beheben, diese noch verschlimmern würde«.[101] Sie führte zu gut vermarkteten Initiativen wie der »Everything but arms«-Initiative der EU oder der Erweiterung des African Growth and Opportunity Act der USA. Beide konnten aber der Doha-Runde weder Kraft noch Glaubwürdigkeit verleihen. Die Runde begann sich unendlich in die Länge zu ziehen, bis sie 2015 mit einem kleinen Erfolg – der Streichung der Exportsubventionen im Agrarsektor – endete und begraben wurde. Marita Wiggerthale von Oxfam Deutschland kommentierte: »Ohne die Bestätigung der Doha-Entwicklungsagenda wird es zukünftig für die Entwicklungsländer in der WTO kaum noch möglich sein, Handelsabkommen zu ihren Gunsten zu verhandeln.«[102]

Das Scheitern der Doha-Entwicklungsrunde ist ein weiterer gewichtiger Grund, die WTO mit ihrem Freihandelsansatz insgesamt als gescheitert zu betrachten und die aktuelle Sackgasse als Chance zu nutzen, um in die UNO zu übersiedeln. Die UNCTAD ist – mit all ihren Schwächen – prädestiniert, das Ruder von der WTO zu übernehmen und das Schiff der globalen Handelspolitik endlich in eine sinnvolle Richtung zu steuern. Der vorgezeichnete Weg von der ITO über die UNCTAD kann in eine Organisation der UNO für fairen, gerechten, nachhaltigen Handel führen.[103] Als eine der ersten Maßnahmen könnten die Vorschläge, die eine Gruppe von elf Entwicklungsländern bei der WTO-Konferenz in Doha eingebracht hat, zum Kristallisationskern eines UN-Abkommens für »Handel und Entwicklung« als Teil eines ethischen Handelssystems werden. Dieses könnte u. a. folgende Charakteristika aufweisen:

– Das Abkommen muss in der *UNO*, nicht in der WTO geschlossen werden.
– Das Abkommen muss *rechtlich durchsetzbar* sein, nicht auf Freiwilligkeit oder Gnadenakten der Industrieländer beruhen.
– Nicht Marktzugangsziele sollen im Vordergrund stehen, sondern *Entwicklungsziele*: die Sustainable Development Goals.
– Kein »single undertaking« und *keine* Überladung mit »handels-

fremden Themen«: geistige Eigentumsrechte, öffentliche Beschaffung, Dienstleistungen, Wettbewerb oder Investitionen.
- *Nichtreziprozität* im Sinne der Ungleichbehandlung Ungleicher muss ein zentrales Prinzip sein; die Begünstigung der ärmsten Länder soll dabei nach Indikatoren erfolgen, die von den armen Ländern selbst vorgeschlagen werden, zum Beispiel der Human Development Index, der neben dem Pro-Kopf-Einkommen auch Bildungsgrad und Lebenserwartung umfasst, oder, sobald vorhanden, eine messbare Erreichung der SDG.
- Wie die reichen Länder in ihrer Geschichte dürfen arme Länder nun dieselben »*Entwicklungsleitern*« verwenden, um über die Mauer der Unterentwicklung und Armut zu gelangen: Technologiepolitik, Subventionen, Schutzzölle sind legitime Politikinstrumente. Dani Rodrik fordert: »Die WTO-Auflagen gegen Subventionen und andere industriepolitische Instrumente sollten ausgesetzt oder durch eine generelle Ausnahmeklausel für Entwicklungsländer relativiert werden.«[104]
- *Umkehr der »Zolleskalation«* der reichen Länder gegenüber den Entwicklungsländern: Nicht der Export von Rohstoffen, sondern von verarbeiteten Produkten soll gefördert werden.
- *Finanzielle Hilfe* der reicheren für die ärmeren Länder zum Aufbau von Handelskapazitäten inklusive Zollbehörden entweder aus dem Reservefonds der ICU oder der HNWI-Steuer.

Das wäre eine ganze Reihe von Leitern, mit der die armen Länder die Mauern der Armut überwinden könnten. Gleichzeitig sollten sie nur solche Entwicklungspfade einschlagen, die weder auf Kosten der kulturellen Vielfalt noch nachhaltiger Lebensformen und Wirtschaftsweisen gehen. Das Übereinkommen für Handel und Entwicklung könnte deshalb neben den oben aufgeführten Menschenrechtszielen folgende spezielle industrie- und handelspolitischen Entwicklungsziele anstreben:
- Schutz und Aufbau einer breiten und diversifizierten teilweise importsubstituierenden industriellen Basis in den armen Ländern;

- Verbesserung der »Terms of Trade« durch Upgrading der Produktion;
- Erreichen und Schutz ökonomischer Resilienz und kultureller Vielfalt;
- Ernährungssouveränität und -sicherheit, Unabhängigkeit von Energie-Importen;
- Aufbau von Handelskapazitäten inklusive Zollbehörden;
- Erhöhung der Arbeits-, Sozial-, Menschenrechts-, Umwelt- und Steuerstandards;
- Erreichen ausgeglichener oder leicht überschüssiger Handelsbilanzen.

Die Erreichung dieser Ziele müsste regelmäßig evaluiert und von der UNCTAD – oder der UN-Organisation für ethischen Handel – monitort werden. Die armen Länder müssen dasselbe Recht wie die reichen haben, mit autonomen, kreativen, individuellen Strategien ihren Entwicklungsweg zu beschreiben. Das Hineinzwängen in ein »one size fits all«-Modell, wie die WTO es betreibt, ist grundsätzlich abzulehnen. Es gib keine »Goldene Zwangsjacke«. Es gibt nur mehr Freiheit durch ein faires Handelssystem oder weniger Freiheit durch »Freihandel«.

2c) Demokratischen Handlungsspielraum erhöhen

»Gleiches Recht für alle« ist ein Grundprinzip einer ethischen Welthandelsordnung. Ein weiteres Grundprinzip ist die Wahrung der Autonomie und demokratischen Selbstbestimmung aller Beteiligten an einem multilateralen Handelssystem. Das ist leichter geschrieben als umgesetzt, denn auf der Suche nach stimmigen Mittelwegen zwischen Freihandel und Abschottung tut sich zunächst ein schier unentwirrbarer Dschungel an Dilemmata auf:
- Wer zu rasch liberalisiert und die Märkte öffnet, wird von den entwickelten Schwergewichten niederkonkurriert.
- Freihandel ohne gemeinsame Standards und Regeln führt zu

Standortwettbewerb, Dumping und zur Zwangsjacke für die Demokratie.
- Wird der Abbau von Zöllen und »nichttarifären Handelshindernissen« zum Selbstzweck, wandelt sich Handel in einen Totalitarismus mit Kollateralschäden an allen Grundwerten und Politikzielen.
- Einseitiger Protektionismus birgt die Gefahr der Vergeltung und des Lostretens einer Abschottungsspirale, mit dem Verlust sinnvoller Handelstätigkeit, die den Wohlstand ganzheitlich und nachhaltig steigert.

Die Ausgangssituation ist also ziemlich verfahren. Doch aus jedem Labyrinth gibt es einen Ausgang. Auf die heißeste Spur zu einer systemischen Lösung ist in den letzten Jahren der Harvard-Ökonom Dani Rodrik gekommen. Er hat versucht, die zahlreichen Doppelmühlen der Außenhandelspolitik in ein »politisches Trilemma der Globalisierung« zu fassen: »Wir können die drei Dinge [globale] Demokratie, nationale Selbstbestimmung und wirtschaftliche Globalisierung nicht zugleich vorantreiben.«[105]

Zunächst analysiert Rodrik, dass die Globalisierung zum »Selbstzweck« geworden sei, und stellt in wohltuender Weise fest, was bei der »Hyperglobalisierung« alles vergessen wurde: »Es gibt keine mit globalen Kompetenzen ausgestattete Kartellbehörde, keine globalen Kreditgeber letzter Instanz, kein globales Regulierungswesen, kein globales soziales Netz und natürlich auch keine globale Demokratie.«[106] In der gegenwärtigen Situation, einer Kombination aus Freihandel und Abwesenheit globaler Demokratie, gebe es zu viele VerliererInnen: Freihandel sei zum Zwangssystem geworden. Der von ihm – und seinen StudentInnen – gewünschte Ausweg wäre globale Demokratie. Diese sei zum gegenwärtigen Zeitpunkt jedoch illusorisch: »Von einem echten Föderalismus auf globaler Ebene sind wir noch mindestens 100 Jahre entfernt.« Folglich bleibe uns keine Wahl, als uns mit einer »dünnen« Version der Globalisierung abzufinden: »Die einzige realistische Option sehe ich darin, die Hyperglobalisierung zu opfern.«[107]

Konkret »müsste Ländern das Recht zugestanden werden, gegen WTO-Regeln zu verstoßen, wenn zu befürchten ist, dass diese Regeln inländische arbeitsrechtliche und ökologische Standards aushöhlen oder wenn sie eine vernünftige innere Entwicklungspolitik behindern (...) Die Demokratie sollte im Zweifelsfall höher bewertet werden als das Prinzip der Nichtdiskriminierung«, so der Harvard-Ökonom.[108]

Nun können wir das Multilemma der Globalisierung auflösen:
- Ein globales Handelssystem und damit ein Weltmarkt wird progressiv eingerichtet auf Basis gemeinsamer Werte, wie allen voran den Menschenrechten, und nicht auf Basis von Wirtschaftsfreiheiten.
- Der progressiv geschaffene Weltmarkt wird mit den entsprechenden Regulierungen und Institutionen in die gewünschte Richtung gesteuert: Menschenrechtsgerichtshof, Clearing Union, Kartellbehörde, Weltsteuerbehörde, Weltfinanzaufsicht ...
- Demokratischer Spielraum bleibt erhalten, weil kein Land mitmachen muss und jedes Land seinen eigenen Weg gehen kann. Jedes Land kann so viel Globalisierung haben, wie es möchte (Autonomie). Es kann so offen oder geschlossen sein, wie es will – es kann den Weg der eigenen Entwicklung frei bestimmen.
- Es kann aber weder seine Exportstärke auf Kosten anderer ausnutzen (Handelsbilanz-Überschuss), noch sich stärker abschotten, als es von anderen Ländern Öffnung verlangt (Handelsbilanz-Überschuss). Ausgeglichene Handelsbilanzen sind das Alpha und Omega einer ethischen Globalisierung.
- Kein Handelsabkommen darf einem Land Handel oder Marktöffnung oder Zollabbau aufzwingen (WTO). Es darf ebenso wenig den Schutz geistiger Eigentumsrechte vorschreiben, wie es die Regulierung von Investitionen verbieten darf.
- Regulatorische Kooperation darf nie dem Ziel des freieren Handels dienen, sondern nur der Verfolgung von gemeinsamen Werten und Zielen wie der Durchsetzung der Menschenrechte, des Klimaschutzes oder der SDG.

– Ein Land kann sich *auch* gegen Menschenrechte, Umweltschutz und Arbeitsrechte entscheiden – gegen die oben aufgelisteten Abkommen –, muss dann aber mit einer geringeren Bereitschaft der anderen rechnen, mit ihm frei zu handeln. Sanktioniert wird nicht, wer den Freihandel verletzt, sondern wer die souveränen Ziele und Werte nicht respektiert.

Das neue Dreieck heißt:

1. Wahrung nationalstaatlicher Autonomie und Demokratie bei
2. progressiver globaler Kooperation in Bezug auf die Menschenrechte, Umwelt- und Klimaschutz, sozialen Zusammenhalt und kulturelle Vielfalt (SDG).
3. Die Handelspolitik ist auf nationaler Ebene (»Importsubstitution«, »Infant Industry Policy«, »Erziehungszölle«) wie auf internationaler (»Ethisches Zollschutzsystem«, »Clearing Union«) ein Mittel, um diese Ziele zu erreichen.

Diese Leitlinien erlauben es den Mitgliedsstaaten des ethischen UN-Handelssystems, ihre Rechtssysteme frei weiterzuentwickeln, ohne »Stranguregulierungen«: Die Übergriffe von WTO, TTP, TTIP & Co auf demokratische Regulierung, öffentliche Beschaffung, geistige Eigentumsrechte, entwicklungspolitische Zielsetzungen oder das Recht, ausländische Investitionen zu regulieren, werden zur Gänze abgeschafft. Das kontraproduktive »Freihandelsrecht« wird mitsamt der Zwangsjacke auf den Müllhaufen der Geschichte geworfen.

Nach dieser völkerrechtlichen Richtungskorrektur darf jedes Land so hohe Arbeits-, Sozial- und Umweltstandards haben, wie es will – diese Standards *können* nicht geklagt werden – weder vor dem WTO-Gericht noch vor Investitionsschiedsgerichten (die wegen Themenverfehlung und rechtsstaatlicher Insuffizienz eingestellt werden).

Auch darf jedes Land seine Technologie-, Regional- und Strukturpolitik frei wählen, Subventionen gewähren und auch Schutzzölle einheben und damit auch die Staatskasse auffüllen – besonders für arme Länder sind Zölle wichtige Staatseinnahmen, das ist in der medialen Erregung um den bösen »Protektionismus« vollkommen unter den Tisch gefallen.

Allerdings, und das ist die entscheidende Innovation, darf kein Land diese Maßnahmen als handelspolitische Kampfinstrumente einsetzen, was durch die oberste gemeinsame Verpflichtung aller Teilnehmer-Staaten auf ausgeglichene Handelsbilanzen effektiv erreicht wird – dank der von Keynes vorgeschlagenen Clearing Union. Diese wirkt so gut gegen Merkantilisten, weil sie ihre Exporte in gleichem Maße beschneidet, wie sie die Importe begrenzen: Sollten sie national-egoistische Absichten hegen, wirkt die Keynes-Regel wie ein Bumerang oder eine »negative Rückkoppelung«. Keynes' Verrechnungssystem ist der entscheidende Grundbaustein eines gerechten multilateralen Handelssystems, einer »intelligenten Globalisierung« (Rodrik). Die Verpflichtung auf ausgeglichene Handelsbilanzen ist der finale Ausweg aus dem Multilemma der Globalisierung, weil sie sowohl die Freiheit eines eigenständigen Entwicklungsweges eröffnet als auch die Freiheit, in ein multilaterales Abkommen einzutreten.

2d) Ökonomische Subsidiarität, Autarkie, Regionalisierung, Subsistenz

Wir haben eine Reihe von triftigen Gründen kennengelernt, warum jedes Land oder jede Region einen Großteil der notwendigen und ein gutes Leben ermöglichenden Produkte und Dienstleistungen selbst herzustellen in der Lage sein sollte, auch wenn das nicht die effizienteste Verwendung des Produktionsmittels Kapital ist. Effiziente Kapitalnutzung und maximale Profitrate sind nicht die wichtigsten Kriterien. Stattdessen verdienen Ziele Beachtung wie:
- Die Wirtschaft soll ökologisch nachhaltig sein und auf möglichst geschlossenen Stoffkreisläufen basieren.
- Jede Region soll einen hohen Grad an ökonomischer Resilienz (= Krisenfestigkeit) genießen.

– Die Ökonomie soll durch kurze Wege gekennzeichnet sein, und die Menschen vor Ort sollen die Kontrolle über die Wirtschaft besitzen.
– Regionen und Staaten sollen möglichst unabhängig von transnationalen Konzernen und vor allem nicht erpressbar sein.
– Wertschöpfungsketten sollen nicht bis zu dem Grad aufgespalten werden, bis ein Individuum bei der geteilten Arbeit so stumpf ist, wie es nur werden kann.

Das sind viele triftige Gründe, die das eindimensionale Effizienz-Argument mehrfach aufwiegen. Sie sprechen für eine etwas geringere Effizienz der Kapitalverwertung zugunsten von mehr Sinn, Nachhaltigkeit, Vielfalt, Autonomie, Resilienz und sozialem Zusammenhalt. Aus diesen Gründen kann es sinnvoll und muss es erlaubt sein, dass Mitgliedsstaaten des ethischen Handelssystems: öffentliche Güter bereitstellen; der lokalen Wirtschaft (oder Kleinunternehmen) Vorrang einräumen; eigenständige Kriterien für die öffentliche Beschaffung definieren; Exportbeschränkungen zum Beispiel für Rohstoffe beschließen; den gezielten Aufbau lokaler Gewerbe oder Industrien fördern; oder Handel und internationalen Wettbewerb nur in solcher Dosis zulassen, dass er befruchtend und bereichernd wirkt, aber nicht bedrohlich, verdrängend und »strukturauflösend«.

Herman Daly markiert den – sinnigen – Wendepunkt in der Debatte: »Man sollte konsequenterweise jede Maßnahme zur weiteren Integration von Volkswirtschaften zunächst als schlechten Vorschlag betrachten und für jede einzelne Ausnahme von dieser Regel überzeugende Gründe verlangen.«[109] Ich würde, ermutigt durch Herman Daly, sogar vorschlagen: Grundsätzlich sollte *jedes* Land *so viel wie möglich und sinnvoll* erzeugen, im Sinne »ökonomischer Subsidiarität«! Nicht nur Uruguay sollte ein eigenes Symphonieorchesters haben. Und umgekehrt, in überlegten und gut begründeten Ausnahmen – wenn das die Verteilungssituation, die Innovationskraft, die Umwelt oder die Resilienz nicht über Gebühr gefährdet –, kann ein Land auf die Produktion bestimmter Güter oder Dienstleistungen verzichten und sich vom Weltmarkt abhängig machen. Eine gewisse Abhängigkeit vom Weltmarkt ist nichts Schlechtes, solange diese Abhängigkeit wohlüberlegt, nicht stabilitätsgefährdend ist und auf einem multilateralen Handelssystem beruht, das von der Bevölkerung mehrheitlich mitgetragen wird, weil sie es selbst aus mehreren zur Verfügung stehenden Alternativen bewusst ausgewählt hat!

Hans Diefenbacher und Richard Douthwhaite schreiben: »Ziel ist die Minimierung der Abhängigkeit einer Region von Handelsbeziehungen über ihre Grenzen hinweg (…) Zum Außenhandel soll man nicht gezwungen sein, um zu überleben.«[110] Der Mindeststandard an Selbständigkeit und Eigenversorgung, den die beiden empfehlen, betrifft die Bereiche Ernährung und Kleidung, Energie und Finanzen. Dass Ernährung an erster Stelle steht, deutet schon darauf hin, dass die WTO das Beispiel mit dem Brot ziemlich schlecht gewählt hat. Ich würde den Bereich »Energie« noch auf die gesamte Ressourcenbasis ausweiten – im Sinne möglichst lokal geschlossener Stoffkreisläufe, inklusive der Wiederverwertung von Abfallstoffen und ihrer organischen Rückleitung in die Natur. (Übrigens: Mit TTIP wäre das Schließen von Stoffkreisläufen verboten worden.) Mit ihrer Empfehlung liegen die Autoren sehr nahe an John Maynard Keynes, der seine frühe – quasi anerzogene – Begeisterung für Freihandel (»Ich wurde wie die meisten Engländer aufgezogen, Freihandel nicht nur als ökonomische Doktrin zu respektieren, sondern beinahe als Teil des moralischen Gesetzes und betrachtete Abweichungen davon zugleich als Dummheit und Frevel.«[111]) radikal revidiert hat. 1933 schrieb er: »Ich sympathisiere deshalb mit denen, die ökonomische Verbindungen zwischen den Nationen minimieren statt zu maximieren. Ideen, Wissen, Wissenschaft, Gastfreundschaft, Reisen – diese Dinge sollten aufgrund ihrer Natur international sein. Aber lassen wir Waren hausgemacht sein, wo immer das vernünftig, zweckmäßig und möglich ist, und vor allem, lasst uns die Finanzen im nationalen Kontext behalten.«[112] Wenn ökonomische Strukturen tendenziell deglobalisiert und vom Einfluss der transnationalen Konzerne entflochten werden, kann regionale Vielfalt erblühen. Überall soll die Option erhalten oder wiedergewonnen werden, Subistenzstrukturen und lokale Wirtschaftskreisläufe zu stärken, Tausch- und Kooperationsnetze zu knüpfen, Geschenk-Ökonomie zu fördern, Commons zu erschaffen und die Care-Ökonomie auf eine stabile Basis zu stellen, zum Beispiel als öffentliches Gut anstelle als Marktdienstleistung von profitorientierten Betreuungs-, Gesundheits- und Sozialhilfe-Konzernen. Angesichts der ökologischen Notwendigkeit, den absoluten Ressourcenverbrauch um den Faktor vier bis fünf zu reduzieren, ist eine Schrumpfung hypereffizienter und globalisierter Erwerbsstrukturen zugunsten lokaler Subsistenz-, Geschenk- und Kooperationsstrukturen angezeigt. Wer nachhaltig sein möchte, muss den Weltmarkt herunter- und die Lokalisierung zumindest teilweise hochfahren. »Wir sollten nicht wirtschaftliche Globalisierung anstreben, sondern wirtschaftliche Lokalisierung«, schreibt Edward Goldsmith.[113]

Und Klimenta: »Wir sollten überlegen, Handelsverträge so zu verändern, dass Regionen durchaus berechtigt sein sollten, ihre klein- und mittelständischen Betriebe zu bevorzugen – wobei Regionen nicht größer als vielleicht 100 Quadratkilometer sein dürften. Ebenso könnten alle Produkte, die über 500 Kilometer gehandelt werden, mit einem extra Mehrwertsteuersatz belastet werden. Damit ist klar: Es darf nicht um nationale Abschottung und schon gar nicht um eine Renaissance der Nationalstaaten gehen, sondern um Nähe und Regionalförderung.«[114]

Die Bewegung der Transition Towns leistet hier einen wichtigen Beitrag. Anstatt die internationale Arbeitsteilung und sinnlose chrematistische Effizienz auf die Spitze zu treiben, machen sie Dörfer und Städte erdölunabhängig, klimaneutral und krisenresilient. Sie sind ein kompakter Verbund aus ökologischen und sozialen Innovationen. Solche Impulse benötigt die Menschheit, nicht weitere »Freihandelsabkommen«.[115]

Die Freiheit im Beschreiten des je eigenen Entwicklungsweges ist auch von eminenter Bedeutung für den Erhalt und die weitere

Entfaltung von kultureller Vielfalt beim Thema Eigentum. Ein Beispiel: Die internationale Bewegung der Gemeinschaftsgüter, Allmenden oder Commons spielt eine wachsende Rolle im Konzert der ökonomischen Alternativen. Gleichzeitig kommt diese Eigentums- und soziale Organisationsform in Freihandelssprache und im Freihandelsrecht überhaupt nicht vor. Der Spielraum von Regionen und Staaten, auch andere Eigentumsformen als Privateigentum zu schützen – die einzige geschützte Eigentumsform im Wirtschaftsvölkerrecht –, muss zurückgewonnen werden. Ein »eigentumsneutrales« Wirtschaftsvölkerrecht darf keine Eigentumsform den anderen vorordnen und diese dadurch gefährden. Im Gegenteil: Ein »tolerantes« und auf Vielfalt ausgerichtetes Handels- und Wirtschaftsvölkerrecht gibt allen Eigentumsformen – öffentlichem Eigentum, privatem Eigentum, Gemeinschaftseigentum, Gesellschaftseigentum, Nutzungsrechten und Nichteigentum (an der Natur = Rechte der Natur) – gleiche Chancen und sieht Schutzmechanismen für alle Formen vor – und gleichzeitig Bedingungen und Grenzen.

Öffentliches Eigentum	Privates Eigentum	Gemeinschaftseigentum	Gesellschaftseigentum	Nutzungsrecht (kein Eigentum)
Schule, Rathaus, Zentralbank, Geld	Fahrrad, Eigenheim, Unternehmen	Weide, Fischgrund, Saatgut, Software	Große Produktionsunternehmen	Wasser, Energie, Boden
Infrastruktur	Konsumgüter	Allmenden, Commons	Konsumgüter	Natur
Nur strategische Güter, Gemeinwohl-Bilanz	Größengrenze für Unternehmen, Gemeinwohl-Bilanz	Klare Spielregeln und Sanktionen	Systemrelevanz	Ökologische Menschenrechte

Die Klagerechte von Konzernen sind ein Extrempräjudiz zugunsten des Privateigentums, das dieses allen anderen Eigentumsformen überordnet. Ein ethisches Handelssystem präjudiziert in keine

Richtung und räumt allen Spielarten von Eigentum gleiche Rechte und Entfaltungschancen ein. Privateigentum ist weder heilig noch die einzige Eigentumsform. So wie es nicht nur ein Gefühl gibt oder ein Element, gibt es eine Vielfalt von Eigentumsformen und Lebens- und Wirtschaftsweisen. Dieses alternative Paradigma setzt die Vision der Weltkommission für die soziale Dimension der Globalisierung, die 2003 von der Internationalen Arbeitsorganisation eingesetzt wurde, ein Stück weit um: »Die Regeln der Weltwirtschaft müssen allen Ländern Chancengleichheit und Zugangsmöglichkeiten bieten und die Diversität der nationalen Fähigkeiten und Entwicklungsbedürfnisse anerkennen.«[116]

3. Pragmatische Alternative: Gemeinwohl-Bilanz

Eine Alternative zur »Regulatorischen Kooperation« zwischen Staaten in den Bereichen Menschenrechte, Arbeitsrechte, Steuern, kulturelle Vielfalt, Klimaschutz und SDG im Sinne der Schaffung einer ethischen UN-Handelszone, die mit Ethik-Zöllen geschützt wird gegen die Nichtratifizierer und Nichtrespektierer des Völkerrechts, ist ein Regulationsansatz auf Unternehmensebene. Dort könnte eine Art »Eintrittskarte« in den Weltmarkt geschaffen werden oder eine »Lizenz zum Handeln«. Der »Marktzugang« – zur UN-Handelszone – könnte an das Ergebnis einer Gemeinwohl-Bilanz geknüpft werden: je besser das Ergebnis, das heißt je höher die ethischen Leistungen im Bereich Menschenrechte, Arbeitsplätze, Diversität, Umwelt, Transparenz, Korruptionsbekämpfung und Steuern, desto freier der Marktzugang, das Investieren und Handeln. Dieser Ansatz passt gut zu der Analyse, dass die Global Player derzeit die mächtigsten Akteure auf dem globalen Parkett sind, weshalb die Regulierung am wirkungsvollsten bei ihnen anzusetzen wäre.

Unternehmen sind heute zur »dominierenden Institution des Weltgeschehens geworden«, meint der Verfasser von »The Corporation«, Joel Bakan. »Jedoch«, fährt er fort, »pflegt die Geschichte mächtige Institutionen zu demütigen. Große Imperien, die Kirche, die Monarchie, die Kommunistischen Parteien von Osteuropa wurden alle gestürzt, verkleinert oder gingen in neuen Ordnungen auf.«[117] Bakan erinnert daran, dass die ersten großen Unternehmen im 17. und 18. Jahrhundert einen »öffentlichen Zweck« verfolgten und eigens dafür mit einer Charta von der Krone oder der Regierung ausgestattet wurden. Im Unterschied zu damals verfolgen private Großunternehmen heute überwiegend private Zwecke. Dennoch ist heute wie damals »der Staat die einzige Institution, die ein Großunternehmen ins Leben bringen kann«. Er allein verleiht den Unternehmen rechtlichen Status, vergibt Lizenzen, gewährt beschränkte Haftung, definiert Steuern und Zölle und erlaubt das Anstreben und Privatisieren von Gewinnen: »Ohne den Staat ist ein Unternehmen nichts.« Folglich sei »die Frage nicht, ob ein Staat Unternehmen reguliert – das tut er immer –, sondern wie und in wessen Interesse«. Er ermutigt uns, verbindliche Gesetze zur Regulierung von Unternehmen einzufordern und demokratisch umzusetzen: die Beschränkung ihrer Größe, die Orientierung auf das Gemeinwohl und die Möglichkeit, ihnen bei Verstößen das Existenzrecht wieder zu entziehen. »Gesetze zum Lizenzentzug für Unternehmen stehen für die Tatsache, dass Unternehmen eine Kreation eines demokratischen Gemeinwesens sind und dass wir – die BürgerInnen – die Macht haben, sie zu kontrollieren.«[118] David C. Korten schreibt: »Unternehmen verfügen über keine natürlichen oder unveräußerlichen Rechte. Ein Unternehmen ist ein öffentliches Organ, das in einem öffentlichen Akt gegründet wurde durch die Verleihung einer öffentlichen Lizenz, um einem öffentlichen Zweck zu dienen.«[119] Diese Sicht auf Unternehmen hat sich zumindest im Unbewussten immer gehalten. Regelmäßig flammen Diskussionen über die Zielsetzung, die soziale Verantwortung und die Gemeinwohl-Pflichten von Unternehmen auf. Unternehmen haben gezeigt, dass sie nicht nur Arbeitsplätze schaffen, innovative Produkte und Technologien entwickeln und das Leben in vielen Aspekten angenehmer machen können; sie haben gleichermaßen bewiesen, dass sie Menschenrechte verletzen, die Umwelt zerstören und sich an Kriegen beteiligen und bereichern können. Nicht zuletzt aufgrund dieser historischen Erfahrungen besagt das deutsche Grundgesetz, dass »Eigentum verpflichtet« und »sein Gebrauch zugleich dem Wohl der Allgemeinheit dienen soll«.[120] Ähnliche Bestimmungen finden sich in zahlreichen Verfassungen. SozialethikerInnen, PhilosophInnen, aber auch ganzheitliche – echte – ÖkonomInnen haben immer in diese Richtung argumentiert. Privateigentum sei »für niemand ein unbedingtes und unbeschränktes Recht«, lesen wir in der Sozialenzyklika »Populorum Progressio« 1967.[121] Wird es das, wandelt sich die Wirtschaft in eine, »die tötet«, ergänzte der amtierende Papst.

Die öffentliche Diskussion über die Rechte und Pflichten von internationalen Unternehmen lebt in Wellen immer wieder auf. Bis heute hat sich jedoch eine »Architektur der Straflosigkeit«[122] oder noch allgemeiner eine »Struktur der Verantwortungslosigkeit«[123] aufrechterhalten.

In der UNO begann die Diskussion um die Regulierung von Konzernen in den 1970er Jahren. Ausgelöst durch eine Reihe von Bestechungsskandalen von internationalen Unternehmen sowie die Beteiligung der United Fruit Company und der US-Telekom-Gesellschaft ITT beim Putsch gegen die demokratisch gewählten Regierungen in Guatemala und Chile, kam die UNCTAD 1972 mit der Initiative auf, verbindliche Regeln für transnationale Unternehmen einzuführen. Der Wirtschafts- und Sozialrat der UNO (ECOSOC) reagierte 1973 mit der Beauftragung einer ExpertInnen-Gruppe, die Auswirkungen von TNC auf die UN-Entwicklungsziele zu untersuchen. Die Empfehlungen der Kommission führten zur Einrichtung des United Nations Center on Transnational Corporations UNCTC. Dieses sollte neben Analysen und Beratung der UNO auch die Machbarkeit eines globalen Abkommens über einen Verhaltenskodex für TNC prüfen.[124] Zu Letzterem kam es nicht. Mit dem Umschwung der politischen Großwetterlage in den 1980er Jahren ging die Bedeutung des UNCTC rasch wieder zurück, 1993 wurde es aufgelöst und ging in einer Abteilung der UNCTAD für TNC auf. Die UNCTAD gibt seither nur den jährlichen World Investment Report heraus, der immerhin eine weltweit beachtete Statistik zu transnationalen Unternehmen führt, einschließlich einer guten Dokumentation der Klagen von Konzernen gegen Staaten. Das UN-Generalsekretariat schwenkte hingegen auf Kuschelkurs mit den TNC um, deren Macht kontinuierlich weiterwuchs. 1999 rief Kofi Annan den »Global Compact« ins Leben, der die globale soziale Verantwortung von TNC fördern solle – auf rein freiwilliger Basis. Zur gleichen Zeit definierte die EU-Kommission CSR ebenfalls mit dem Kerncharakteristikum der Freiwilligkeit: kein Zufall.

Gegen diesen CSR-Mainstream-Strich bürstete die Sub-Kommission der UN-Kommission für die Menschenrechte. Sie beauftragte 1998 eine Arbeitsgruppe mit dem Ziel, Optionen zur Regulierung von TNC zu untersuchen. Diese Gruppe legte 2003 ein Ergebnis mit Sprengkraft vor: die »Norms on the Responsibilities of Transnational Corporations and Other Business Enterprises with Regard to Human Rights«, kurz die UN-Normen für TNC.[125] Das Papier verpflichtet TNC auf den Respekt, die Erfüllung und Förderung der umfassenden Menschenrechte. Es macht sie erstmals zu direkten Adressaten des Völkerrechts und sieht einklagbare Pflichten in den Bereichen Anti-Korruption, Menschenrechte, Arbeitsrechte, Gesundheit und öffentliche Sicherheit, KonsumentInnenschutz, Umweltschutz und Nachhaltige Entwicklung vor. Dabei betritt es dreifach Neuland:

– Völkerrecht wirkt direkt für Unternehmen verbindlich;
– die Unternehmen sind auch für Menschenrechtsverletzungen bei ihren Zulieferbetrieben und Joint-Venture-Partnern verantwortlich;
– und die Unternehmen machen sich mitschuldig, wenn Staaten, in denen sie operieren, die Menschenrechte verletzen und die Unternehmen davon profitieren.

Die Normen sollten sanktionierbar sein durch bestehende oder neu zu schaffende gerichtliche Institutionen. »TNC und andere Unternehmen sollen raschen, wirksamen und angemessenen Schadenersatz leisten an jene Personen, Institutionen und Gemeinschaften, die Schaden erlitten haben durch die Nichterfüllung dieser Normen.«[126] Die Sub-Kommission nahm die »Normen« an und übermittelte sie ihrem Mutterorgan, der UN-Kommission für die Menschenrechte.

Dort fiel das Echo extrem zweigeteilt aus: Eine breite Allianz von NGOs – von Amnesty International über Human Rights Watch bis zum Prince of Wales International Business Leaders Forum – begrüßte die »Norms« als »bisher meistversprechende Regeln zum Schutz der Menschenrechte für TNC«.[127] Gleichzeitig hob ein politischer Abwehrsturm seitens globaler Unternehmensverbände und Regierungen von UN-Mitgliedsstaaten an, darunter Großbritannien, die USA, Kanada und Australien. Die Bewahrer der »Architektur der Straflosigkeit« zogen alle juristischen Register, um das Papier zu diskreditieren. Das häufigste Abwehrargument war, dass nur Staaten für den Schutz der Menschenrechte zuständig seien, aber nicht Unternehmen. Ein anderer Dorn im Auge der Gegner war, dass Unternehmen für ihre Zulieferbetriebe, Joint-Venture- und andere Kooperationspartner verantwortlich seien – was ein ausdrückliches und wohlbegründetes Ziel der »Normen« war. Drittens dürften Unternehmen nicht für die Handlungen der Gaststaaten in Haft genommen werden. Die australische Regierung argumentierte, dass Unternehmen lediglich die gültigen Gesetze in den Ländern, in denen sie tätig seien, einhalten sollten.[128] Schließlich, so ein breiter Tenor, seien globale Verhaltensregeln für Konzerne zwar wichtig, sollten aber freiwillig und unverbindlich bleiben. Die Internationale Handelskammer ICC und die Internationale Arbeitgeberorganisation IEO schmähten die Draft Norms in einer gemeinsamen Stellungnahme als »Lösung ohne Problem« und forderten die UN-Menschenrechtskommission dringend auf, die Draft Norms nicht anzunehmen.[129]

Diese Abwehrargumente zeigen sehr klar, wie die Machtverhältnisse derzeit gelagert sind, und sie verstärken meinen Eindruck, dass Regierungen das Völkerrecht grundlegend anders verstehen und gestalten, als die Souveräne es tun würden, wenn sie das Recht dazu hätten. In einem leidenschaftlichen Beitrag dekonstruiert die Völkerrechtsexpertin Julie Campagna das Hauptargument der gouvernementalen Globalisierungsgegner, dass nur Staaten, aber nicht Unternehmen für den Schutz der Menschenrechte verantwortlich seien. Sie erinnert zunächst daran, dass bereits die Allgemeine Erklärung der Menschenrechte eindeutig festhält, dass die »wirksame Anerkennung und Überwachung« der Menschenrechte »von jedem Organ der Gesellschaft« sichergestellt werden soll, nicht nur von Staaten.[130] Darüber, dass transnationale Konzerne unter »jedes Organ der Gesellschaft« fallen, ließe die Entwicklung des Völkerrechts keinen Zweifel.[131] Auch die Juristin Beth Stephens ist der Ansicht: »Das Völkerrecht war nie darauf beschränkt, das Verhalten von Staaten zu regulieren. In den letzten 50 Jahren hat die internationale Staatengemeinschaft entscheidende Schritte getan, nicht nur die Rechte von nichtstaatlichen Akteuren zu erweitern, sondern auch ihre Verantwortlichkeiten.«[132] Sie bezeichnet die wirksame Durchsetzung internationaler Regeln für nichtstaatliche Akteure als »entscheidendes fehlendes Puzzlestück im internationalen Regulationssystem«.[133]

Das ist offenbar der wundeste Punkt: Auch wenn die »Verantwortlichkeiten« von TNC in den letzten Jahrzehnten zunehmend adressiert werden – und in einzelnen Staaten auch Sanktionsmechanismen entwickelt wurden –, gibt es bis heute kein verbindliches globales Pflichtenheft für transnationale Konzerne. Die fundamentale Asymmetrie des Wirtschaftsvölkerrechts besteht darin, dass TNC umfassende globale Wirtschaftsfreiheiten genießen bis hin zu Klagerechten gegen Staaten (ISDS); aber gleichzeitig gibt es keine verbindlichen Arbeitsstandards, keine globale Arbeitslosen-, Renten- oder Sozialversicherung, keine globalen KonsumentInnenschutzstandards, keine globalen Umweltschutzstandards, keine globalen Steuerstandards und eben nicht einmal verbindliche Menschenrechtsstandards auf globaler Ebene. Campagna schreibt: »Wenn die BIT die Rechte der Konzerne regeln, so würden die UN-Normen ihre Pflichten festsetzen.«[134]

Die ISDS sind der beste Beweis für die Inkohärenz der Argumentation der Gegner: Wenn Völkerrecht nicht direkt auf Unternehmen anwendbar wäre, wenn Unternehmen keine völkerrechtlichen Subjekte wären, wieso genießen (und verteidigen) sie dann Klagerechte gegen Staaten, die über die bereits bestehenden Klagerechte auf nationalstaatlicher Ebene hinausgehen? Mit denen sie sogar nationales Recht angreifen und aushebeln können – das einzuhalten ihre einzige Pflicht sein sollte, wie die australische Regierung argumentierte? Ähnlich unlogisch ist die Abwehr von Klagerechten für die Betroffenen der Aktivitäten von TNC. Während die Klagerechte von Konzernen damit begründet werden, dass die – vorhandenen – Klagemöglichkeiten vor nationalen Gerichten nicht ausreichend und diese »befangen« seien, weshalb es internationale Gerichte brauche (die nicht rechtsstaatlichen Mindeststandards entsprechen), heißt es bei der Forderung nach globalen Klagerechten für Konzerngeschädigte regelmäßig, diese hätten ja die nationalen Gerichte zur Verfügung (die hier offenbar ausreichend und nicht befangen sind). Das ist einer der klarsten Widersprüche in der jüngeren Entwicklung des Völkerrechts. Die Regierungen sind dieser absurden Argumentation gefolgt und haben sie in Recht gegossen.

Die Regierungen der mächtigen Staaten konnten auch mit den »Norms« nichts anfangen. Die Menschenrechtskommission stellte 2004 nüchtern fest, dass sie diese nicht in Auftrag gegeben hätte und sie deshalb auch keinerlei Rechtswirksamkeit besäßen.[135] Der Argumentation der Regierungen Australiens und der USA folgend, wurden die »Norms« ein Jahr später, in der 61. Sitzung, ad acta gelegt.[136] Damit war auch der zweite Anlauf für verbindliche Regeln für Konzerne im Rahmen der UNO gescheitert. Das Thema war damit allerdings nicht vom Tisch. Die Menschenrechtskommission empfahl in derselben Sitzung dem UN-Generalsekretär, einen Sonderberichterstatter für TNC und Menschenrechte zu bestellen. Dieses Amt wurde vom Harvard-Professor John Ruggi bekleidet. Nach zwei

Perioden legte er 2011 der Menschenrechtskommission die »United Nations Guiding Principles on Business and Human Rights« vor, welche diese einstimmig annahm. 2012 stellte allerdings ein Bericht des UN-Generalsekretärs fest, dass die Guiding Principles »keine zusätzlichen internationalen Rechtsverpflichtungen« darstellten.[137] Damit war klar, dass sie unverbindlich – und damit praktisch wirkungslos sind. Ein weiteres Mal hat die »Architektur der Straflosigkeit« und die »Struktur der Verantwortungslosigkeit« gesiegt.

Doch wenn man das größere Bild betrachtet, wird man etwas zuversichtlicher, dass es sich nur um einen Verzögerungserfolg der Mächtigen handelt. Die allgemeine Entwicklung des Völkerrechts geht in die Richtung, dass:
- Menschenrechte ein fixer Bestandteil des Völkerrechts werden;
- diese und auch andere Normen (zum Beispiel Umweltschutz, Korruption) auch für nichtstaatliche Akteure gelten;
- Unternehmen als völkerrechtliche Subjekte identifiziert werden, die nicht nur über Rechte und Pflichten verfügen, sondern deren Pflichten auch völkerrechtlich einklagbar werden;
- von verschiedenen Stellen auch internationale Sanktionsmechanismen eingefordert werden; so schlug etwa Professor François Rigaux ein Internationales Gericht für Transnationale Konzerne vor, das die Kompetenz erhalten sollte, TNC sowohl zivil- als auch strafrechtlich zu verfolgen und dabei die Verantwortung von Individuen mitzuberücksichtigen.[138] Noch weiter geht der schon konkretisierte Vorschlag des Trios Nowak, Kozma und Scheinin für einen globalen Menschenrechtsgerichtshof.

Priorität Nummer eins müsste die umfassende Einklagbarkeit von Menschenrechtsverletzungen gegenüber transnationalen Konzernen sein. Wenn diese mit diktatorischen Regimen kooperieren, von Genozid profitieren, Paramilitärs mit der Ermordung von GewerkschafterInnen beauftragen, Sklaven- und Kinderarbeit in Zulieferbetrieben dulden, gesundheitsgefährdende und unfallträchtige Arbeitsplätze verantworten, Hungerlöhne bezahlen oder Frauen diskriminieren, dann müssen sie dafür zur Rechenschaft gezogen werden können. Die Verhinderer eines einklagbaren Völkerrechts gegenüber TNC sitzen in den Regierungen. Für mich ist es unvorstellbar, dass die UN-Normen für TNC bei einer Volksabstimmung in irgendeinem Land der Welt abgelehnt worden wären. Es ist hoffentlich nur eine Frage der Zeit, bis es zu verbindlichen und einklagbaren Unternehmenspflichten im Völkerrecht kommt.

Dass das letzte Wort noch nicht gesprochen ist, zeigt auch die Tatsache, dass der Menschenrechtsrat der UNO am 14. Juli 2014 erneut eine Arbeitsgruppe »zur Ausarbeitung eines völkerrechtlich bindenden Instruments für Transnationale Konzerne und andere Unternehmungen mit Bezug auf die Menschenrechte« einsetzte.[139] Dieser Beschluss ging äußerst knapp aus: Die Philippinen, Kenia, Marokko, Algerien, Burkina Faso, Pakistan und Russland stimmten dafür; Österreich, Deutschland, Großbritannien, die USA und weitere dagegen. Hätte die Bevölkerung in Deutschland, von der »alle Staatsgewalt ausgeht« (Grundgesetz), oder die österreichische Bevölkerung, von der »das Recht ausgeht« (Bundesverfassung), auch dagegen gestimmt? Am Ende wurde die Arbeitsgruppe mit 20 zu 14 Stimmen eingesetzt (bei 13 Enthaltungen). Die USA blieben allerdings dem ersten Arbeitstreffen fern, die EU reiste, obwohl sich das EU-Parlament für eine aktive Teilnahme der EU ausgesprochen hatte, am zweiten Tag ab ...[140] Für 2017 wird ein erster Entwurf erwartet.

3a. Gemeinwohl-Bilanz

Neben den Guiding Principles und dem Global Compact der UNO ist in den letzten 20 Jahren eine wachsende Zahl von Bericht-Standards und Zertifizierungen entstanden, welche das ethische Verhalten von Unternehmen transparent und in einigen Fällen auch messbar machen, darunter die Global Reporting Initiative (GRI), die OECD-Richtlinien für Multinationale Konzerne, die Tripartite Declaration of Principles concerning Multinational Enterprises and Social Policy

der ILO, ISO 26000, der Deutsche Nachhaltigkeitskodex (DNK), die
B Corporations oder die Gemeinwohl-Bilanz.

Die Gemeinwohl-Bilanz ist eine Frucht des ganzheitlichen alternativen Wirtschaftsmodells Gemeinwohl-Ökonomie, das 2010 in Österreich als Bewegung gestartet ist und sich seither auf rund 50 Staaten ausgeweitet hat.[141] Primäres Ziel der Gemeinwohl-Bilanz ist die grundlegende Ausrichtung von Unternehmen auf das Gemeinwohl – im Sinne von »oikonomia« als Gegensatz zu »chrematistike« – und diese zu dokumentieren und zu belohnen. Die Bilanz setzt sich aus einem positiven Teil »ethischer Leistungen« sowie aus einem Teil von Negativ-Kriterien mit demselben Ziel wie die »Norms« zusammen, nämlich gravierendes Fehlverhalten von Unternehmen durch Sanktionen zu verhindern. Die Gemeinwohl-Bilanz thematisiert die häufigsten Grundwerte demokratischer Verfassungen – Menschenwürde, Gerechtigkeit, Nachhaltigkeit, Solidarität und Demokratie – und ist bestrebt, deren Erfüllung messbar und vergleichbar zu machen, damit Unternehmen mit höheren ethischen Leistungen (oder geringeren Zuwiderhandlungen) gegenüber anderen Unternehmen mit geringeren Leistungen (oder gravierenden Zuwiderhandlungen) bessergestellt werden können: über Steuern, Kredite, öffentliche Aufträge, Forschungsprojekte – und Zölle. Das Ziel ist, den widersinnigen Wettbewerbsnachteil von ethischen Unternehmen gegenüber weniger ethischen zu neutralisieren und in einen Wettbewerbsvorteil zu verwandeln, sodass

- ethische Produkte und Dienstleistungen preisgünstiger werden als unethische;
- Unternehmen nur noch dann erfolgreich sein können, wenn sie einen Beitrag zur Lösung der globalen sozialen und ökologischen Probleme leisten – wenn sie zum »wealth of nations« beitragen und nicht zu ihrer misery;
- Unternehmen zu verlässlichen Bündnispartnern zur Erreichung der UN Sustainable Development Goals werden;
- gravierende Menschenrechtsverletzungen zur »ethischen Insolvenz« oder Insuffizienz von Unternehmen führen.

Der letzte Punkt knüpft an die neue wie alte Idee an, größeren Unternehmen eine Lizenz zu verleihen, die regelmäßig erneuert werden muss, damit die juristische Person weiterleben darf. Die Gemeinwohl-Bilanz wäre eine Eintrittskarte in den Weltmarkt, die nicht jedes Mal neu gelöst, sondern permanent erstellt werden muss, gleich wie die Finanz-Bilanz. Während Letztere den Mittelerfolg misst, misst Erstere den Zielerfolg bzw. die ethischen Leistungen eines Unternehmens. So wie das Ergebnis der Finanz-Bilanz rechtliche Folgen hat, soll es auch mit der Ethik-Bilanz sein: Wiederholte gravierend negative Ergebnisse führen zum Ende der Unternehmensfreiheit oder einfach: zur Nichtverlängerung der Lizenz. Gute Ergebnisse führen hingegen zu einer Besserstellung: von Krediten über öffentlichen Auftrag bis eben zu freiem Zugang zu Märkten. So lange, bis alle Unternehmen gemeinsam das Gemeinwohl stetig mehren und zur Erfüllung der SDG beitragen.

Zur Umsetzung könnte eine Beginner-Zone von 30 oder 50 Staaten eine ethische Handelszone ausrufen, der laufend neue Mitglieder beitreten könnten. Staaten, die Unternehmen Pflichten auferlegen und eine Gemeinwohl-Bilanz abverlangen, können entweder Unternehmen, die keine solche vorweisen können, den Zugang zu ihren Märkten verwehren oder Staaten, die Unternehmen ethisch wildern lassen, mit 20 Prozent Zollaufschlag belegen.

3b. EU-Richtlinie

2014 kam es zu einem Schwenk in der CSR-Position der EU: EU-Parlament und Rat verabschiedeten die Richtlinie über nichtfinanzielle Berichterstattung, eine Weiterentwicklung der CSR-Richtlinie. Diese trat Anfang 2017 in Kraft und verpflichtet Unternehmen ab 500 Beschäftigten, neben der Finanz-Bilanz auch über wichtige ethische Themen wie Menschenrechte, Arbeitsstandards, Umweltstandards, Diversität oder Antikorruptionsmaßnahmen zu berichten. Verdreht wie die Welt ist, werden ethische Leistungen als »nicht-

finanzielle Leistungen« bezeichnet. In der »chrematistike« dreht sich alles um die Mittel. In einer »oikonomia« würden wir von »ethischen Leistungen« sprechen, welche für die Gesellschaft, die juristische Personen erschafft und mit Rechten ausstattet, die wichtigeren sind, und zweitrangig von »nichtethischen« Leistungen, das wären die finanziellen. Bei der Umsetzung der Richtlinie haben die Regierungen – einmal mehr – den Ansatz der maximalen Verwässerung und Unverbindlichkeit gewählt. In Deutschland wären nach dem Regierungsentwurf von vier Millionen Unternehmen gerade einmal 548 (!) betroffen. Die Ethik-Berichte müssten nicht einmal bei großen Kapitalgesellschaften Teil des Lageberichts sein, sie müssten deshalb auch nicht inhaltlich von den Wirtschaftsprüfern geprüft werden und hätten dadurch auch keinerlei Rechtsfolgen.[142] Die maximale Verwässerung ist ein weiteres Mal gelungen. Doch der Ansatz, von Unternehmen neben der Finanz- auch eine Ethik-Bilanz zu verlangen, und die Diskussion über das Verhältnis von ethischen und finanziellen Leistungen sind im öffentlichen Raum und werden uns nicht mehr verlassen. Die internationale GWÖ-Bewegung fordert mittelfristig die volle Analogie zur Finanz-Bilanz:
– Entwicklung eines einheitlichen Ethik-Berichtsstandards;
– dieser muss Teil des verpflichtenden Geschäftsberichts von Unternehmen sein und dadurch von der WirtschaftsprüferIn extern geprüft werden;
– das »Testat«, das Prüfergebnis, hat Rechtsfolgen: von unterschiedlichen Steuersätzen über Haftungsfragen bis hin zur – ethischen – Insolvenz des Unternehmens.

Damit wäre das ethische Trittbrettfahren und Dumping in jeder Disziplin zu Ende. Der erste Schritt zu einer einheitlichen Ethik-Bilanz könnte darin bestehen, dass die EU – oder besser gleich die InteressentInnen einer ethischen Handelszone – die Anforderungskriterien an die spätere einheitliche Ethik-Bilanz definiert und jene Standards, welche diese am ausführlichsten erfüllen, in einen »Integrationsprozess« übernimmt, damit am Ende ein gemeinsamer Standard herauskommt. Die Gemeinwohl-Ökonomie-Bewegung hat bereits zentrale Anforderungskriterien formuliert: Der Ethik-Bilanz-Standard soll universell sein (alle Grundwerte in den Blick nehmen), messbar (in Punkten oder Prozenten), vergleichbar (zwischen allen Unternehmen), öffentlich und verständlich (für das allgemeine Publikum), in einem Bottom-up-Prozess gewachsen, die Angabe von Entwicklungszielen vorschreiben und gut an Rechtsfolgen knüpfbar sein. Die Strategie zu einem einheitlichen globalen Instrument – gleich der Finanz-Bilanz – könnte so aussehen:

Zeitplan	Bis 2015	2016–2020	2021–2025	2026–2030
Strategiephase	1. Generation CSR-Standards: Vielfalt, aber wirkungslos	2. Generation CSR-Standards: All jene, welche die Anforderungskriterien erfüllen, werden in die revidierte EU-Richtlinie aufgenommen	Alle in der Richtlinie aufgezählten Standards werden zu einer Ethik-Bilanz verschmolzen; diese hat Rechtsfolgen	Finanz- und Nichtfinanz-Bilanz werden zu einem ganzheitlichen Berichtsstandard verschmolzen; dieser wird EU- und später UN-Standard

Das Endergebnis ist dann die Eintrittskarte in die »Ethische Handelszone« oder aber die »Lizenz zum Handeln«, wie Monbiot oder Bakan fordern – allerdings keine »Lizenz zum Plündern«[143], sondern eine Lizenz zu ethischem Handel.

IV. Die prozessuale Alternative: Souveräne Demokratie

1. Gretchenfrage Demokratie

Attraktive politische Alternativen haben ein Problem. Sie müssen auch den Regierungen und Parlamenten gefallen, damit sie von diesen umgesetzt werden. In den letzten Jahren habe ich Dutzende attraktive Alternativen entstehen sehen, von denen keine einzige umgesetzt wurde.[1] Gleichzeitig sind Regierungen und Parlamente bereit, Maßnahmen zu treffen, die von der breiten Mehrheit abgelehnt werden. CETA ist das jüngste Beispiel: In der gleichen Woche, in der sich in Österreich gerade einmal sechs Prozent der Bevölkerung für CETA aussprachen (und vier Prozent für TTIP), stimmte der Bundeskanzler *für* CETA. Das EU-Parlament stimmt mit breiter Mehrheit *gegen* einen Antrag, dass das bereits heißumstrittene CETA rechtlich vom EuGH geprüft werden solle – obwohl Völkerrechtler massive Bedenken zur Verfassungskonformität des Vertrages geäußert hatten. Bei solchen Entscheidungen könnte man gleich den Konzernen die Regierung überlassen.

In der internationalen Politik geht es ganz eminent um Machtpolitik:
– Regierungen setzen die Interessen ihrer Konzerne durch;
– Regierungen erpressen andere Regierungen, Verträge zu unterschreiben;
– Regierungen kooperieren gegen ihre Bevölkerungen;
– Regierungen begründen Maßnahmen zum Schaden der Mehrheit mit prominenten Ideologien, siehe das Beispiel WTO etc.
Daher stellt sich die Frage, ob Entscheidungen auch demokratischer getroffen werden können.

In meinen früheren Büchern habe ich begonnen, den Ansatz »Souveräne Demokratie« nach und nach zu entwickeln.[2] In »Die Gemeinwohl-Ökonomie« argumentierte ich für direkte Demokratie und »Kommunale Wirtschaftskonvente«. In »Geld« war die Idee schon deutlich weiter gediehen. Die zugrunde liegende Analyse lautet, dass wir uns derzeit nicht so sehr in einer »Postdemokratie« (Colin Crouch[3]) befinden, sondern eher in einer »Prädemokratie«: Eine »richtige« Demokratie gab es noch nie. Eine Postdemokratie charakterisiert sich durch die Anwesenheit aller formalen Elemente eines demokratischen Systems – Wahlen, Parlament, Regierung, Bundespräsident, Verfassungsgerichtshof –, jedoch fallen die politischen Entscheidungen aufgrund hoher Machtkonzentration in der Wirtschaft, der Kontrolle der Medien, aufgrund von Lobbying und Elitenbildung zugunsten einflussreicher Minderheiten aus: faktische Plutokratie. In einer Post- oder Prädemokratie ist der Souverän weitgehend impotent, seine Macht beschränkt sich auf das Recht, alle vier (Deutschland) oder fünf (Österreich) Jahre ein Kreuzchen vor eine Partei zu setzen. Das ist formal betrachtet eine Form von Demokratie, aber die wirkungsloseste, die für mich als StaatsbürgerIn vorstellbar ist. Souveränität kommt vom lateinischen »superanus« und bedeutet »über allem stehend«. In der Monarchie war der König oder die Königin die souveräne Instanz, die über allem stand; in der Demokratie sind es die StaatsbürgerInnen. Stehen diese über allem, so sind ihnen alle anderen Ordnungselemente der Demokratie untergeordnet: Verfassung, Parlament, Regierung, jedes völkerrechtliche Abkommen und jedes einzelne Gesetz. Die Essenz der Souveränität besteht darin, dass all diese »unteren« Ordnungselemente jederzeit von der höchsten Instanz geändert und neu gestaltet werden können. Dazu bedürfte es einer Form von Grundrechten, die es bis heute nicht gibt: souveräne Grundrechte. Im Unterschied zu den individuellen Grund- und Menschenrechten handelt es sich hierbei um kollektive Grund- oder eben Souveränsrechte. Ganz neu sind auch diese nicht: In der Monarchie waren sie eine Selbstverständlichkeit, sie statteten den König oder die Königin – nicht die Person, sondern die souveräne Instanz – mit der Macht aus, die sie hatten. Monarchische Souveräne durften unter anderem Bischöfe weihen, Adelstitel zu- und aberkennen, Grundstücke ent- und zueignen, das Geld ausgeben (Geldregal), Zölle einheben (Zollregal) und über Krieg und Frieden entscheiden. Um nur einige zu nennen.

Wir sehen schon, das waren keine Bettelrechte, sondern der Kern der königlichen Macht. Beim Übergang von der Monarchie zur Demokratie lag der Fokus auf den individuellen Grund- und Menschenrechten, die eine historische Errungenschaft darstellen. Dennoch wurde gleichzeitig auf die Übertragung der Souveränsrechte auf den neuen Souverän vergessen. Oder verzichtet. Die Macht des Königs ging größtenteils an die Vertretung des Souveräns über, dieser selbst darf nur seine Vertretung wählen, als eines der neugeschaffenen *individuellen* Grundrechte. Selbst entscheiden, initiieren oder kontrollieren darf er so gut wie nichts – das ist aus meiner Sicht ein zentraler Konstruktionsfehler moderner Demokratien und die wichtigste Ursache für die »Postdemokratie«. Denn, auf den Punkt gebracht: Transnationale Konzerne sind sehr mächtig, aber der Kern ihrer Macht liegt darin, dass Regierungen und Parlamente nicht willens sind, sie zu regulieren und in ihrer Macht zu beschränken. Die Souveräne würden dies meiner Einschätzung nach ohne zu zögern tun, nur haben sie nicht die dazu nötige Macht – ihnen fehlen die Souveränsrechte. Und der vermeintliche »Übersetzungsmechanismus« repräsentative Demokratie – Parteien, die Regierungen bilden und Parlamente besetzen, führen den Willen der Bevölkerung aus – funktioniert, wie wir immer schmerzhafter bezeugen müssen, häufig nicht.

Blickt man in die Verfassungen, müssten den Souveränen schon heute umfassende Souveränsrechte zustehen: »Alle Staatsgewalt geht vom Volke aus«, besagt das deutsche Grundgesetz (Art. 20). In der österreichischen Bundesverfassung steht: »Das Recht geht vom Volk aus« (Art. 1). Umgesetzt wurden diese großen Worte bislang nur ansatzweise. Deshalb der Vorschlag hier: Folgende zehn Grund-

rechte könnten die politische Potenz der SouveränIn entscheidend steigern:
1. die Verfassung ändern;
2. eine vollständig neue Verfassung in einem demokratischen Prozess ausarbeiten;
3. ein Rahmenmandat für internationale Verhandlungen in ebendieser demokratischen Verfassung erteilen;
4. ein Gesetzesvorhaben des Parlaments stoppen;
5. selbst ein Gesetz auf Schiene bringen und verabschieden (Volksinitiative mit bundesweitem Volksentscheid);
6. eine bestimmte Regierung(skonstellation) wählen;
7. die Regierung abwählen (bei besonders triftigen Anlässen, zum Beispiel Kriegserklärung);
8. einen Grundversorgungsbereich unter direkte Regie der Bevölkerung nehmen (zum Beispiel Wasser, Energie oder Geld);
9. Letztentscheidung über das Geldsystem (Geldregal);
10. Letztentscheidung über das Zollsystem (Zollregal).

Das erste und wichtigste Souveränsrecht ist das ausschließliche Recht, die Verfassung zu schreiben, zu ändern und anzunehmen. Das höchste Dokument in der Demokratie soll aus zwei Gründen von der höchsten (»souveränen«) Instanz geschrieben werden:
1. Die Verfassung regelt die Rechte und Aufgaben des Parlaments, der Regierung und aller anderen demokratischen Institutionen und definiert damit ihre Macht; wenn diese selbst die Verfassung schreiben, liegt es nahe, dass sie sich selbst mit der maximalen Macht ausstatten und dem rechtmäßigen Souverän kaum Macht zuteilen (»no power to the people«) respektive nur Zappel- und Bettelrechte, wie zum Beispiel das Demonstrationsrecht, unverbindliche Volksbegehren (Österreich) oder die Europäische Bürgerinitiative (EU-Ebene).
2. Der Souverän kann in allen Politikfeldern die fundamentalen Richtungsentscheidungen treffen und seiner Vertretung als Leitlinien vorgeben. Konkret könnte die Essenz der 15 bis 20 Politikfelder auf je zwei bis drei Seiten in der Verfassung vorgegeben werden. Das wäre eine sinnvolle Gewaltentrennung: Die BürgerInnen geben

die grobe Richtung vor (Verfassung), das Parlament beschließt auf dieser Grundlage die Gesetze (wie heute) und setzt auf diese Weise den Souveränswillen um. Eine solche »demokratische Hierarchie« wäre nicht nur die wörtliche Umsetzung des Souveränitätsprinzips, sondern auch ein mögliches Grundgerüst einer »echten« Demokratie, einer, die diesen Namen wirklich verdient. Historisch ist die Demokratie in Deutschland und Österreich noch keine 100 Jahre jung und wurde zudem vom Faschismus unterbrochen. Vielleicht ist der 100. Geburtstag der ersten demokratischen Republiken beziehungsweise des Inkrafttretens der ersten Verfassungen in Deutschland (2019) und Österreich (2020) ein würdiger Anlass, das bestehende Demokratiemodell von Grund auf zu erneuern.[4]

Dieses Grundgerüst einer souveränen Demokratie führt schlüssig zu einem konkreten Prozess, wie ein völkerrechtliches Abkommen ganz anders als heute in Auftrag gegeben, verhandelt und abgestimmt werden könnte – und den StaatsbürgerInnen dadurch viel Ärger und politischer Frust erspart werden könnte. Von einem Rahmenmandat des Souveräns über transparente Verhandlungen bis zur Abstimmung wieder durch den Souverän könnte vieles demokratischer werden. Ausführlich und detailliert werde ich die Idee einer »Souveränen Demokratie« zu einem späteren Zeitpunkt noch vorstellen. Hier geht es mir primär um den praktischen Wert des Modells in Bezug auf die Demokratisierung und Weiterentwicklung des Völkerrechtes. Und konkret um die Frage: Wie könnte sich souveräne Demokratie auf Mandat, Verhandlungen und Entscheidung über TTIP, CETA und TiSA, aber auch die WTO oder das ICSID auswirken?

Um den Kontrast zwischen dem Status quo und der erhofften Verbesserung klar herauszuarbeiten, beschreibe ich zuerst, wie der aktuelle Prozess zu CETA und TTIP verläuft. Danach stelle ich zum Vergleich denselben Prozess in einer möglichen souveränen Demokratie dar.

Aktueller (undemokratischer) Prozess:

1. Die Rechtsgrundlage für das Verhandlungsmandat kommt nicht vom Souverän

Den Beschluss für den Start der Verhandlungen zu CETA und TTIP traf der Europäische Rat – auf Basis des Lissabon-Vertrags, des EU-Grundlagenvertrags. Dass der Lissabon-Vertrag nicht von den Souveränen abgestimmt wurde (mit einer Ausnahme), entschieden übrigens deren Vertretungen, womit sie ihre Macht gegenüber den Souveränen entscheidend ausbauten. Der Lissabon-Vertrag sieht Freihandel vor: »Die Union trägt im gemeinsamen Interesse zur harmonischen Entwicklung des Welthandels, zur schrittweisen Beseitigung der Beschränkungen im internationalen Handelsverkehr und bei den ausländischen Direktinvestitionen sowie zum Abbau der Zollschranken und anderer Schranken bei.« (VAEU, Art. 206) Ein starkes Stück: Zollabbau ist Verfassungsziel! Würden die Souveräne dem zustimmen? In Anbetracht der zweifelhaften Inhalte des Lissabon-Vertrages ist es wichtig, seine Entstehungsgeschichte zu kennen. Mit der Verlagerung von mehr und mehr Kompetenzen an die Europäische Union – oft illustriert durch publikumswirksame »Sager«, dass 80 bis 90 Prozent aller im Bundestag beschlossenen Gesetze aus Brüssel kämen – mehrten sich die Stimmen, den Staatenbund nun, ähnlich den USA, in einen Bundesstaat umzuwandeln. Für die Umwandlung wurden Vorteile ins Treffen geführt wie zum Beispiel die mögliche Ausgabe von »Bundesanleihen« (Eurobonds), eine schlagkräftige zentrale Wirtschaftsregierung (»noch nie hat es eine Währung ohne Staat gegeben«), die Vertretung nach außen mit einer Stimme in Form eines EU-Außenministers (anstatt des berühmten »Ich will mit Europa sprechen, wenn soll ich anrufen?«), aber auch die EU-StaatsbürgerInnenschaft, wozu die EU ein eigenes Rechtssubjekt werden müsste. Deshalb bestückten die Mitgliedsstaaten 2002 einen Verfassungskonvent und beauftragten ihn mit der Ausarbeitung einer Verfassung für die EU, die nach vollbrachter Arbeit allen Souveränen zur Abstimmung vorgelegt werden sollte.

So wollte es jedenfalls die Mehrheit der Konventsmitglieder. Doch dieser von oben eingesetzte Konvent, zusammengestellt aus Vertretern der Staats- und Regierungschefs der Mitgliedsstaaten, des EU-Parlaments, der Parlamente der Mitgliedsstaaten sowie der Europäischen Kommission, war selbst nicht besonders demokratisch organisiert: Das 13-köpfige Präsidium unter dem Vorsitz des ehemaligen französischen Staatspräsidenten Valéry Giscard d'Estaing sowie der ehemaligen Regierungschefs Giuliano Amato (Italien) und Jean-Luc Dehaene (Belgien) konnte das Plenum »overrulen«. Obwohl die Mehrheit der Konventsmitglieder eine Willenserklärung unterzeichnet hatte, dass das Ergebnis des Konvents, der Entwurf für eine Verfassung für Europa, von allen Souveränen abgestimmt werden sollte, entschied das Präsidium kurzerhand gegen Volksabstimmungen. Ohne Not wurde dann doch in vier Ländern abgestimmt: in Spanien, Frankreich, Holland und Luxemburg. Die Bevölkerung Frankreichs lehnte den Verfassungsentwurf mit 54,7 Prozent und die holländische mit 61,6 Prozent der Stimmen ab. Damit war die EU-Verfassung gestorben.

Allerdings nur für wenige Augenblicke. Die Regierungen der Mitgliedsstaaten taten den nächsten Schachzug. Die »Verfassung« des künftigen »EU-Staates« wurde kurzerhand in einen »Vertrag« umdefiniert, und dieser um wenige Details, die auf eine eigene Staatlichkeit der Union hinwiesen (Flagge, Hymne, »Gesetz« und »Außenminister«), »abgeschminkt«. Autor des EU-Grundlagenvertrages war der juristische Dienst des Europäischen Rates, also die Verwaltung. Ein gemeiner Vertrag, wurde sodann feierlich erklärt, bedürfe nicht der Zustimmung der BürgerInnen, das könnten die Parlamente durchwinken, was auch geschah. Beinahe, denn eine weitere Panne passierte: In Irland erzwang die Verfassung eine Volksabstimmung, auch über einen einfachen *Vertrag*. In dieser stimmten die IrInnen als dritter Souverän mit einer Mehrheit von 53,4 Prozent gegen den Lissabon-Vertrag. War das nun das endgültige Aus für den neuen Vertrag? Mitnichten: Die EU-Staaten übten massiven Druck auf Irland aus (wie später bei CETA auf Wallonien), die irische Regierung erklärte dem Souverän, er habe »falsch« abgestimmt und müsse »wiederholen« (Top-down-Plebiszite sind klassische Legitimationsinstrumente von Diktaturen und wären in einer souveränen Demokratie ausgeschlossen). Kleinlaut gaben die IrInnen bei Referendum Nummer zwei bei und stimmten artig mit Ja. Dadurch erst konnte der Lissabon-Vertrag in Kraft treten, der seit 2009 die vertragliche Grundlage für die EU bildet. Er definiert im Unterschied zum vorher gültigen Vertrag von Nizza die alleinige Zuständigkeit der EU für die Handels- und Investitionspolitik, was dem Europäischen Rat die Macht gibt, Verhandlungen zu einem völkerrechtlichen Abkommen ohne Abstimmung anderer Instanzen, zum Beispiel des EU-Parlaments, der Parlamente der Mitgliedsstaaten oder der Souveräne, zu beauftragen. Im Lissabon-Vertrag steht im Abschnitt »Gemeinsame Handelspolitik« lapidar: »Die Kommission legt dem Rat Empfehlungen vor; dieser ermächtigt die Kommission zur Aufnahme der erforderlichen Verhandlungen.« (VAEU, Art. 207, Abs. 3) Dieser Hintergrund ist entscheidend für das Kommende.

2. Das Verhandlungsmandat kommt von einer Instanz,
die nicht direktdemokratisch legitimiert ist
Der Europäische Rat wird in keinem direktdemokratischen Verfahren gewählt – was angesichts seiner Machtfülle ein entscheidender Konstruktionsfehler der EU ist. Es handelt sich um die Exekutiven der Mitgliedsstaaten, was überdies eine problematische Gewaltenkonzentration darstellt. Robert Menasse und ich schlugen zeitgleich in zwei Büchern vor, dass der Europäische Rat entweder ersatzlos abgeschafft oder durch eine föderale Kammer im EU-Parlament, in dem die Mitgliedsstaaten vertreten sind, ersetzt werden sollte.[5] Damit würde das einzige direkt gewählte Organ auf EU-Ebene, das Parlament, zum wichtigsten Gesetzgeber. Gegenwärtig ist der Rat sogar das mächtigste Legislativorgan: Ohne ihn können auf EU-Ebene keine legislativen Akte beschlossen werden, und von ihm stammen auch die Verhandlungsmandate zu CETA (2009) und TTIP (2013).

3. Das Mandat ergeht an ein Organ, das nicht direktdemokratisch legitimiert ist

Verhandlerin von CETA und TTIP war und ist die EU-Kommission. Sie ist noch weniger direktdemokratisch legitimiert als der Rat: Weder wird sie vom Souverän gewählt noch vom Parlament. Die KommissarInnen werden von den Regierungen der Mitgliedsstaaten nominiert, vom Kommissionspräsidenten zusammengestellt und vom EU-Parlament als Team angenommen. Das Parlament hat weder die Möglichkeit, die Mitglieder der Kommission selbst zu nominieren, noch einzelne vorgeschlagene Kommissionsmitglieder abzulehnen. Es kann nur die gesamte Kommission zum Rücktritt zwingen. Doppelt schlimm ist, dass die Kommission nicht nur Verhandlerin ist, sondern sich die Verhandlungsmandate aktiv nimmt, indem sie dem EU-Rat »Empfehlungen« gibt: ein Pingpong-Spiel zwischen zwei bürgerInnenfernen – von diesen nicht gewählten – EU-Instanzen.

4. Der Rat gibt den Auftrag zu Geheimverhandlungen

Mittelalter! Das Argument, dass sich die Kommission nicht in die Karten schauen lassen dürfe, weil sie sonst ein schlechteres Verhandlungsergebnis erzielen würde, ist haarsträubend! Es verstößt gegen die Werte Transparenz, Beteiligung, Demokratie. Und verrät, dass es darum geht, die Interessen bestimmter Gruppen zu opfern, um die Interessen anderer Gruppen durchzudrücken. So ein Machtspiel sollte gar nicht stattfinden. Just nach dem Demokratie-Debakel mit dem Verfassungs- und Lissabon-Vertrag erstellte die EU-Kommission den »Plan D« (Demokratie, Diskussion, Dialog), der ersonnen wurde, um das Ansehen des Europäischen Projekts nach dem Demokratie-Desaster mit dem Verfassungsvertrag wiederherzustellen: »Plan D fügt sich ein in den Aktionsplan für Kommunikation über Europa, mit dessen Hilfe die Art und Weise, in der die Kommission der Außenwelt ihre Tätigkeit darstellt, verbessert werden soll (...) Gemeinsam mit Plan D bilden diese Initiativen einen langfristigen Plan zur Wiederbelebung der europäischen Demokratie und tragen zum Entstehen einer europäischen Öffentlichkeit bei, die dem Bürger die Informationen und die Instrumente an die Hand gibt, um aktiv am Entscheidungsfindungsverfahren teilzunehmen und Teilhaber des europäischen Einigungswerks zu werden.«[6] Hört, hört. Das war 2005. Im TTIP-Verhandlungsmandat von 2013, das Ende 2014 nach heftigen Protesten – und eineinhalb Jahren Verhandlung – freigegeben wurde, lesen wir: »Dieses Dokument enthält als RESTREINT EU/EU RESTRICTED eingestufte Informationen, deren unbefugte Weitergabe für die Interessen der Europäischen Union oder eines oder mehrerer ihrer Mitgliedstaaten nachteilig sein könnte.«[7] So schnell war die hauseigene Demokratie-, Transparenz- und Beteiligungsoffensive also wieder vergessen. Wenn es um Zwangshandel geht, ist Okkultismus offenbar die Strategie der Wahl. Wir leben jedoch in modernen Demokratien, wo viele kluge Köpfe und offene Herzen mitdenken und mitgestalten sollen. Das Verhandlungsergebnis kann nur gut werden, wenn es öffentlich verhandelt wird. Eine zeitgemäße Position der EU wäre, dass Verhandlungen mit welchem Land auch immer öffentlich stattfinden oder gar nicht! Gretchenfrage: Wer soll das entscheiden? Derzeit gibt der Lissabon-Vertrag die – glasklare – Antwort: »Der Rat erteilt eine Ermächtigung zur Aufnahme von Verhandlungen, legt Verhandlungsrichtlinien fest, genehmigt die Unterzeichnung und schließt die Übereinkünfte.«[8]

5. Die Rechtmäßigkeit des Verhandlungsmandats wird von keiner Instanz geprüft

CETA und TTIP stellen völkerrechtlich verbindliche Abkommen dar, die in zahlreiche Lebensbereiche hineinwirken würden: in alle Felder der Wirtschaftspolitik, in Sozialpolitik, Arbeitsrecht, Umweltschutz, KonsumentInnenschutz, öffentliche Beschaffung, Energie- und Rohstoffpolitik, Justiz und Rechtsprechung und sogar die demokratische Gesetzgebung selbst. Daher wäre es ganz im Sinn der »checks and balances«, dass ein so weit- und folgenreiches Verhandlungsmandat geprüft wird: auf seine Legitimität und Vertragskonformität, auf seine Zielsetzung und auf den vorgeschlagenen demokratischen Prozess hin, wer aller eingebunden und angehört werden soll. Außerdem sollte vor der EU-Streitfrage, ob es sich um ein gemischtes Abkommen handelt, das sowohl die Kompetenzen der EU als auch die der Mitgliedsstaaten betrifft, *vorab* geklärt und im Fall eines gemischten Abkommens auch von den Mitgliedsstaaten beauftragt werden und eben nicht allein vom EU-Rat! Der Lissabon-Vertrag sieht lediglich vor: »Der Rat und die Kommission haben dafür Sorge zu tragen, dass die ausgehandelten Abkommen mit der internen Politik und den internen Vorschriften der Union vereinbar sind.« (Art. 207, Abs. 3)

Jedes Gesetz, das durch den Bundestag geht, muss vom Verfassungsgerichtshof geprüft werden, umso mehr müsste das für so ein Großprojekt gelten: Der EuGH muss das – geheime! – Mandat prüfen.

6. Es gibt keine geregelte Folgenabschätzung auf die wichtigsten Politikziele hin

Neben der verfassungsrechtlichen (juristischen) Prüfung wären verpflichtende inhaltliche Folgenabschätzungsstudien von mindestens drei unabhängigen Institutionen auf alle betroffenen Sektoren – Industrie, KMU, ArbeitnehmerInnen, KonsumentInnen, BäuerInnen, Umwelt, Frauen, Gemeinschaftsgüter, öffentliche Güter – sinnvoll. Damit sich alle am Beginn ein Bild machen können, wer die möglichen GewinnerInnen und VerliererInnen sind. Denn dass »alle« von einem Handelsabkommen profitieren, ist unglaubwürdig und durch die Fakten widerlegt. Umso wichtiger zu wissen und transparenter wäre es, die VerliererInnen zu kennen, um sie gegebenenfalls mit Angeboten ins Boot zu holen. Die EU-Kommission hat selbst eine rosarote Folgenabschätzungsstudie durchgeführt, auf die wir noch zurückkommen werden.[9]

**7. Die Kommission trifft sich, mit wem sie will,
und muss darüber keine Rechenschaft ablegen**
Laut Corporate Europe Observatory hat sich die EU-Kommission schon im Vorfeld der Verhandlungen zu 92 Prozent mit Industrie-Lobbyisten getroffen.[10] So kann gar kein ausgewogenes Ergebnis zustande kommen. Wenn die EU-Eliten die »Belange der BürgerInnen« tatsächlich ernst nehmen möchten, könnten sie Förderungen für NGOs schaffen, damit diese wenigstens in einem Mindestmaß in Brüssel vertreten sind. Derzeit beklagen EU-ParlamentarierInnen, dass sie gar keine Möglichkeit hätten, Meinungen von Menschen aus der Zivilgesellschaft zu hören, weil diese nicht die Ressourcen haben, in Brüssel ein Verbindungsbüro zu unterhalten. Im Wesentlichen können sich neben einzelnen Gewerkschaften oder großen Umweltschutzorganisationen nur große Unternehmen und Wirtschaftsverbände ein Büro in Brüssel leisten – entsprechend einseitig ist die Beeinflussung der EntscheidungsträgerInnen. Dass der Eintrag ins Lobbying-Register freiwillig ist, ist eine weitere Schnapsidee. Die Logik des EU-Parlaments: »Wir schaffen Transparenz darüber, wer uns zu beeinflussen sucht – aber wer dies nicht tun will, muss es auch nicht!« besticht nicht. Treffen mit WirtschaftsvertreterInnen, die nicht im Lobby-Register eingetragen sind, müssen strafbar werden. Die Nichteintragung ins EU-Lobby-Register erfüllt bereits jetzt ein Negativ-Kriterium in der Gemeinwohl-Bilanz.[11]

**8. Wenn der Souverän gegen das Mandat begehrt, kann dieses
Begehren von der Kommission für unzulässig erklärt werden**
Seit dem Lissabon-Vertrag gibt es – immerhin – die »Europäische BürgerInnen-Initiative« (ECI). Mindestens eine Million Menschen aus mindestens einem Viertel der Mitgliedsstaaten dürfen die Kommission auffordern, die Verträge in einem bestimmten Punkt umzusetzen.[12] Wünsche zur Änderung der Verträge sind ebenso unzulässig wie Begehren, die nicht im Kompetenzbereich der Union liegen. Das wäre ja noch schöner, da würden ja die BürgerInnen die Union am Ende noch weiterentwickeln! (Um nicht polemisch zu

wirken: Die Parlamente dürfen der EU jederzeit via Vertragsänderungsverfahren Kompetenzen zueignen, die sie bisher nicht hatte. Die BürgerInnen, welche die Parlamente wählen und legitimieren, dürfen dies nicht.) Wie wenig die BürgerInnen dürfen, ist mit keinem Beispiel besser darstellbar als mit der EU-BürgerInnen-Initiative zur Zurücknahme des TTIP-Verhandlungsmandats. Dieses BürgerInnen-Begehren, eingereicht vom Verein Mehr Demokratie in Deutschland, scheiterte an der Kommission: Ein nicht direktdemokratisch gewähltes Organ hat die Macht zu entscheiden, dass ein – völlig legitimes – Begehren unzulässig ist. Das Njet der Kommission, begründet mit zwei dubiosen Argumenten, muss nicht einmal vom EuGH in angemessener Frist überprüft werden. Argument 1: Der Beschluss des Rates sei ein vorbereitender Akt, aber kein »Rechtsakt« der Europäischen Union (»a preparatory act, but not a legal act of the Union«), weil er selbst das Unionsrecht noch nicht ändere. Argument 2: Die BürgerInnen dürften nur die Kommission einladen, einen Rechtsakt zur Umsetzung der EU-Verträge vorzuschlagen. Die Kommission dürfen sie nicht einladen, vorzuschlagen, dass ein Rechtsakt nicht gesetzt werden soll (»a citizens' initiative inviting the Commission not to propose a legal act is not admissible«).[13] Erst gegen den Beschluss des TTIP, der eine Änderung des Unionsrechts bewirken würde, sei ein Begehren zulässig. Es gibt kein besseres Beispiel für die Arroganz der EU-Organe und die Impotenz des Souveräns: Er kann einen Beschluss des nicht von ihm direkt gewählten Rats, der jedoch allein in seinem Namen handelt, nicht in Frage stellen. Weil es so im EU-Vertrag, präziser, in einer daraus folgenden Verordnung des Parlaments und des Rates steht. Oder zumindest, weil die EU-Kommission diesen Verordnungstext so deutet. Wer aber hat der Kommission diese Macht gegeben? Wer hat diese Verordnung zu verantworten, und wer hat den Lissabon-Vertrag geschrieben, auf dem die Verordnung basiert?

Ich hoffe, dass an diesem Beispiel klar wird, warum es so entscheidend ist, dass der Grundlagenvertrag bzw. die Verfassung vom Souverän geschrieben wird und nicht von seiner Vertretung. Und vor allem: dass der Souverän selbst definieren muss, welche seine Rechte sind, und dass diese ihm nicht von seiner Vertretung gewährt oder verweigert werden dürfen. Die InitiatorInnen der BürgerInnen-Initiative haben sich übrigens nicht von der Kommission ins Bockshorn jagen lassen – sie setzten die Initiative als »private EU-BürgerInnen-Initiative« fort und sammelten beeindruckende 3,2 Millionen Unterschriften[14] – dreimal mehr als nötig, um die Kommission in einer von ihr genehmigten Initiative zur Aktion zu zwingen. Diese stellte sich jedoch taub ... nachdem sie im »Plan D« formuliert hatte: »Dieser demokratische Erneuerungsprozess bedeutet, dass die EU-Bürger das Recht haben müssen, dass ihre Belange wahrgenommen werden.«[15]

9. Die Kommission wollte auch die nationalen Parlamente von der Abstimmung über das Endergebnis ausschließen (CETA)

Bei TTIP und CETA handelt es sich um gemischte Abkommen, was bedeutet, dass sie sowohl die Kompetenzen der Mitgliedsstaaten berühren als auch die Kompetenzen der Union. Sie berühren sogar die Kompetenzen der Kommunen, wenn die Bereitstellung öffentlicher Dienstleistungen oder die öffentliche Beschaffung in die Handelspolitik gesogen wird. Diese Frage ist äußerst relevant, weil die Antwort darüber entscheidet, ob das ausverhandelte Abkommen nur von den EU-Institutionen abgestimmt wird (»EU only«) oder auch von den Parlamenten der Mitgliedsstaaten (»mixed agreement«). Die Erstentscheidung darüber trifft wiederum die Kommission – nach Abschluss der Verhandlungen. Und siehe da, Überraschung: Nachdem 3,2 Millionen EU-BürgerInnen ein unübersehbares Zeichen gesetzt hatten, wie umstritten das Thema ist, entschied die Kommission, dass die Parlamente der Mitgliedsstaaten *nicht* über das ausverhandelte CETA-Abkommen entscheiden dürften! Das ist »Wahrnehmen« vom Feinsten! Zum Glück wurde dieser Fauxpas der Kommission vom Europäischen Rat »overrult«. Allerdings vermutlich auch das nur, weil die Öffentlichkeit in den Mitgliedsstaaten inzwischen sehr empört war und ob der bisherigen demokratiepolitischen und inhaltlichen Versäumnisse der EU-Institutionen. Somit wird nun CETA auch von den Parlamenten abgestimmt. Bei der Abstimmung im Rat passierte noch eine weitere Panne: Wallonien! Gemäß der spezifischen politischen Verhältnisse in Belgien müssen bei allen Beschlüssen im Europäischen Rat die drei Landesteile Flandern, Wallonien und die Region Brüssel ihre Zustimmung geben. Und Wallonien sagte »Nein«. Zumindest für kurze Zeit. Der Druck, den schon Irland zu spüren bekam, wurde aufs Neue gegen den wallonischen Ministerpräsidenten Paul Magnette gewendet, bis er einknickte. Damit ist CETA noch nicht durch. Der 1600-Seiten-Vertrag samt 39 Zusatzerklärungen (!) muss jetzt durch 40 nationale und regionale Parlamente. Aber die »Realpolitik« der europäischen Eliten beweist, dass sie mit der Rhetorik vom »Haus Europa«, der »Bürgernähe« oder der »Demokratie« gar nichts gemein hat.

10. Die Instanz, in deren Namen verhandelt wird, darf nicht abstimmen

Die Punkte 1 bis 9 wären zwar nicht nichtig, aber maßgeblich entschärft, wenn der Souverän am Ende des Prozesses entscheiden könnte, ob er das Verhandlungsergebnis annehmen möchte oder nicht. Doch das darf er nicht. Und wer das entschieden hat, ist wiederum seine Vertretung. Wenn ich eine GrundschülerIn wäre und mir gesagt würde, Deutschland sei eine Demokratie und Österreich ebenso, und einer der Leitwerte der Europäischen Union sei die Demokratie, dann wäre ich vollkommen ratlos bei der Auskunft, dass die Souveräne nicht das letzte Wort und die Endentscheidung über die Annahme oder Ablehnung des Vertrags haben. Ich würde die Welt nicht mehr verstehen – oder an meinem Demokratie-Verständnis zweifeln. Die Menschen, die Bevölkerung, die StaatsbürgerInnen sind die Instanz, in deren Namen verhandelt wird und für die der Vertrag gut sein soll. Warum um alles in der Welt sollen sie dann nicht selbst urteilen und entscheiden, ob der ausverhandelte Vertrag diesem Anspruch gerecht wird oder nicht? Oder zumindest *können*, wenn sie es *wollen*?

Man kann Demokratie natürlich auch so ausgestalten, dass alles

Recht zwar vom Volk ausgeht, jedoch für die Dauer einer Regierungsperiode ausschließlich an seine Vertretung übergeht – einschließlich des Rechts, die Verfassung zu ändern, die Rechte des Souveräns zu beschneiden und diesen zu maßregeln.

Souverän-demokratischer Prozess

1. Die Verfassung/der Grundlagenvertrag vom Souverän

Wie wir gesehen haben, kommt es ganz entscheidend darauf an, welche Grundlagen für das Mandat, das Verhandlungsprozedere und die Abstimmung über das Verhandlungsergebnis in der Verfassung bzw. im EU-Grundlagenvertrag festgelegt sind. Und deshalb ist es von ganz eminenter Bedeutung, wer den Grundlagenvertrag ausarbeitet und darüber entscheidet. Die EU-Eliten haben eindrucksvoll, inklusive einer daraus resultierenden Endlos-Pannenserie, bewiesen, dass sie kein Interesse daran haben, ihre eigentliche Funktion, die Interessen des Souveräns zu vertreten, auszuüben, sondern ihre eigenen Interessen gegen den Widerstand und das Begehren der Souveräne und sogar gegen Volksabstimmungen durchzusetzen. In einer souveränen Demokratie wäre genau dieses Recht, die Ausarbeitung, Annahme und Änderung der Verfassung, das souveräne Grundrecht Nummer eins.

Die Gemeinwohl-Ökonomie-Bewegung schlägt deshalb vor, dass Verfassungen und EU-Grundlagenverträge vom Souverän selbst in einem verfassungsgebenden Prozess überarbeitet werden sollen. Schritt eins dieses Prozesses könnten dezentrale Versammlungen in Kommunen, Städten und Landkreisen sein, in denen die Grundsatzfragen aller Politikfelder in Alternativen diskutiert und am Ende »systemisch konsensiert«, das heißt auf ihren Widerstand gemessen werden. Diejenige Alternative, die den geringsten Widerstand auslöst, gilt als angenommen.[16] Der Prozess könnte so aussehen, dass sich die TeilnehmerInnen der dezentralen Konvente ein Jahr lang einmal monatlich treffen, zuerst die Fragestellungen und das Prozedere klären, sich dann in zum Beispiel 20 Arbeitsgruppen aufsplitten und auf diese Weise arbeitsteilig jedes Thema gründlich recherchieren und in Alternativen aufbereiten. In mehreren Schleifen werden die relevantesten Varianten ausgesiebt, die finalen Varianten werden von der gesamten Kommunalbevölkerung abgestimmt. Das Ergebnis kann von einem/r vom Konvent gewählten Delegierten in den Bundeskonvent mitgenommen werden, die/der sie dort in den Konvergenzprozess einbringt. Der Bundeskonvent könnte konstituiert sein, wenn 100 Delegierte aus Kommunen aller Bundesländer entsandt wurden. Am Ende des Bundeskonvents stehen die finalen Themen und Alternativen, die bundesweit vom Souverän systemisch konsensiert werden. Endergebnis dieser souveränen Abstimmung wäre die erste demokratische Verfassung in der Geschichte der Bundesrepublik Deutschland oder Österreich bzw. der erste demokratische Vertrag der Europäischen Union, wenn das Verfahren auf EU-Ebene gehoben wird. Die Gemeinwohl-Ökonomie-Bewegung hat den Prozess für einen »Kommunalen Wirtschaftskonvent« en détail ausgearbeitet.[17] Ich bin mir sicher, dass die Souveräne, wenn sie die Verfassung und den EU-Grundlagenvertrag selbst schreiben könnten, das gesamte Verfahren von der Erteilung des Mandats bis zur Abstimmung gänzlich anders anlegen würden, wie ihre VertreterInnen es getan haben – viel stärker in die hier skizzierte Richtung.

2. Klärung des Ziels des Wirtschaftens und damit der Handelspolitik
Am Beginn der Idee von verfassungsgebenden Prozessen stand der »Kommunale Wirtschaftskonvent«, der ursprünglich den Wirtschaftsteil einer Verfassung überarbeiten und präzisieren sollte. Diese Logik wurde nach und nach für Konvente in anderen Politikfeldern weitergesponnen, zum Beispiel Geldkonvent, Bildungskonvent, Umweltkonvent, Energiekonvent ... Der »Kronkonvent« wäre schließlich der Verfassungskonvent.

Für das hier vorgeschlagene Verfahren braucht es idealiter beides: den Wirtschaftskonvent für die inhaltliche Ausrichtung der

Verhandlungen der Handelspolitik; und den Verfassungskonvent, um den Verhandlungsprozess – vom Auftrag bis zur Endabstimmung – zu klären. Der Einfachheit halber könnte beides im Wirtschaftskonvent geregelt werden, doch wie wir schon gesehen haben, ist hier die Souveränitätsfrage so umfassend berührt, dass das Verhältnis von AuftraggeberIn und AuftragnehmerIn im Verfassungskern von Grund auf neu geregelt werden sollte.

Als erste Frage müsste in so einem Konvent das Ziel des Wirtschaftens geklärt werden, denn davon leitet sich alles andere stringent ab. Ist das Ziel nicht klar, können weder wirtschaftspolitische Maßnahmen sinnvoll ausgerichtet noch der Erfolg wirtschaftlicher Aktivitäten kohärent gemessen werden. Die Menschen sollen genau diese basalste aller Grundsatzfragen entscheiden: Wollen wir im Kapitalismus (»chrematistike«) oder in der Gemeinwohl-Ökonomie (»oikonomia«) leben? Sollen wirtschaftliche Aktivitäten ganz allgemein dem Wachstum des Kapitals oder des Gemeinwohls dienen? Falls der Widerstand gegen den Kapitalismus geringer sein sollte als gegen die Gemeinwohl-Ökonomie (und allfällige weitere Alternativen), dann kann mit dem gegenwärtigen Wirtschaftsmodell fortgefahren werden – es müssten lediglich die Verfassungstexte geändert werden. Zum Beispiel die bayrische Verfassung auf: »Die gesamte wirtschaftliche Tätigkeit dient der Kapitalmehrung.« Oder das Grundgesetz: »Eigentum verpflichtet zu nichts. Sein Gebrauch muss niemandes Wohl dienen.« Wie geschildert haben wir einen klaren Hinweis darauf, wie diese Wahl ausgehen würde: 67 Prozent der Deutschen wünschen sich die Ablöse des BIP als obersten Maßstab der Wirtschafts- und Sozialpolitik durch einen breiteren Indikator für Lebensqualität. Ich habe bereits ausführlich dargestellt[18], dass es in den Verfassungen demokratischer Staaten ausnahmslos Übereinstimmung zum übergeordneten Ziel des Wirtschaftens gibt: das Gemeinwohl. Soweit haben wir klare Hinweise darauf,

a) dass die Verfassungen Klartext sprechen über das Ziel des Wirtschaftens;
b) dass sie glasklar zwischen Ziel und Mittel unterscheiden;

c) dass sie nicht den Kapitalismus stützen (»chrematistike«), sondern eine Gemeinwohl-Ökonomie (»oikonomia«);
d) dass die Bevölkerung (in Deutschland) dies ebenso sieht und nicht anders;
e) dass die deutsche und viele andere Regierungen konträr zu diesen vier Grundeinsichten handeln.

Alles spricht dafür, dass die Souveräne diese Entscheidung treffen und das Ergebnis in den Verfassungen sowie im EU-Grundlagenvertrag verankern sollten. Dann werden viele politische Entscheidungen klarer und dadurch einfacher.

3. Rahmenmandat durch den Souverän

Dem Ziel des Wirtschaftens und damit der gesamten Wirtschaftspolitik, zu der auch die Handelspolitik zählt, kann ein Rahmenmandat gegeben werden. Um es noch einmal deutlich zu machen: Erst wenn klar ist, wer die Urquelle für das Mandat ist, wer das unmittelbare Mandat gibt und wer die Verhandlerin ist, kann der Prozess in einer Weise angewandt werden, dass es nicht zu massiven Irritationen, Verletzungen und Protesten kommt. In einer souveränen Demokratie ist die Urquelle für alle Verhandlungsmandate der Souverän. Es wäre demnach sinnvoll, dass der Souverän in der Verfassung ein Rahmenmandat verankert, auf dessen Basis eine vom Souverän beauftragte Instanz ein konkretes Verhandlungsmandat an eine verhandelnde Instanz erteilen kann – nach vorgegebenen Regeln.

Das Rahmenmandat beschränkt sich auf grundlegende Vorgaben: die Ziele der Verhandlungen, auf welcher Ebene verhandelt werden soll und nach welchen Spielregeln. Das wären drei ganz grobe, aber klare Richtungsvorgaben, die eindeutig geprüft werden könnten.

Als Ziele könnten zum Beispiel definiert werden:
– nachhaltiges Wirtschaften: Der ökologische Fußabdruck der EU-BürgerInnen muss kleiner werden in Richtung des global nachhaltigen und gerechten Maßes;

– Verteilungsgerechtigkeit: Die Einkommensungleichheit darf nicht größer werden; die Mindestlöhne dürfen nicht sinken und nicht angegriffen werden;
– voller Respekt der Menschenrechte, sämtlicher ILO-Arbeitsnormen sowie aller arbeitsrechtlichen Errungenschaften in der EU und den Mitgliedsstaaten, die darüber hinausgehen;
– Verringerung der Kluft zwischen den Geschlechtern bei Einkommen und Macht in der Wirtschaft;
– Erhalt der kulturellen Vielfalt etc.

Zur Frage der Ebene könnte grundsätzlich dem multilateralen Ansatz Vorrang gegeben werden, damit das Handelsrecht in Ab- und Übereinstimmung mit den UN-Abkommen gestaltet werden kann und grundsätzlich für alle die gleichen Regeln gelten. An dieser Stelle könnte auch geklärt werden, ob ein multilaterales Handelssystem innerhalb oder außerhalb der Vereinten Nationen angesiedelt sein sollte. Ein Votum für die UNO zöge folgerichtig den »kontrollierten Ausstieg« aus der WTO nach sich. Selbst schuld, muss man den Regierungen attestieren, die auf die Idee kamen, das Handelssystem außerhalb der UNO anzulegen – hätten sie es doch gleich vernünftig gemacht. Aber aus Fehlern dürfen alle lernen.

Bei einem Vorrang für die multilaterale Ebene bedürften Ausnahmen einer Rückfrage bei den Souveränen. Das hätte zur Folge, dass Parlamente, die neben dem multilateralen System zusätzlich ein bilaterales Abkommen vorschlagen, dem Souverän einleuchtende Gründe nennen müssten. Außerdem hätte es zur Folge, dass die Serie von Verhandlungen, welche die EU-Kommission nach ihrer eigenen »Mitteilung« 2006 aufgenommen hat, illegal wäre bzw. sie zuerst dem Parlament vorschlagen müsste, damit dieses die Zustimmung des Souveräns einholt. Im Klartext: Die Rechtsgrundlage für den Start der – bilateralen – CETA- und TTIP-Verhandlungen wäre gar nicht gegeben gewesen!

Was die Spielregeln betrifft, genügen zwei klare Vorgaben: Es muss transparent und öffentlich verhandelt werden. Und es werden alle betroffenen Sektoren der Bevölkerung eingebunden, nach einem zu befolgenden Protokoll. Dieses kann als einfaches Ausführungsgesetz vom Parlament ausgearbeitet und verabschiedet, jedoch im Zweifelsfall vom Souverän korrigiert werden.

4. Unmittelbares Mandat durch die direkte Vertretung

Wenn die inhaltliche Richtungsvorgabe und der Prozess für den Ablauf der Verhandlungen klar sind, kann in diesem Rahmen eine Instanz des Vertrauens des Souveräns das direkte Verhandlungsmandat erteilen. Auf EU-Ebene kommt derzeit am ehesten das EU-Parlament in Frage, weil es das einzige direkt vom Souverän gewählte Organ ist. Inhaltlich kohärent wäre, dass der Handelsausschuss des EU-Parlaments im Sinne des Grundlagenvertrages die Außenhandelspolitik gestaltet, entsprechende Initiativen setzt und dem Plenum zur Entscheidung vorlegt. Stimmt das Plenum mehrheitlich zu, liegt ein Entwurf für ein Verhandlungsmandat vor.

5. Prüfung des Mandats durch EuGH

Beschließt das Parlament ein Verhandlungsmandat, tritt der EuGH auf den Plan und prüft das Mandat an der Rahmenvorgabe. Spielen wir das Verfahren am Beispiel TTIP durch. Liegt eine verfassungsmäßige Präferenz des Souveräns für ein multilaterales Abkommen vor, dann gäbe es keine Rechtsgrundlage für bilaterale Abkommen, der EuGH würde das Mandat allein dadurch schon für nichtig erklären – oder das Parlament auffordern, die Souveräne um eine Ausnahme anzufragen.

Aber wir wollen es uns nicht so einfach machen. Sehen wir uns die konkreten Auswirkungen von TTIP an. In der schon angesprochenen eigenen Folgeabschätzungsstudie der EU-Kommission ist im Bereich Landwirtschaft wörtlich von einem »initialen Schock« durch TTIP die Rede, der zu »Restrukturierungen« führen wird, die im Falle von »Produktivitätssteigerungen« langfristig zu »positiven Ergebnissen« führen werden.[19] Das klingt ein wenig nach der finalen Schlacht zwischen chinesischen und indischen Backkonzernen. Das Effizienzgespenst schleicht wieder durchs Land. Die EU-Agrarindustrie zählt bereits zu den produktivsten der Welt, was jedoch zunehmend auf Kosten der Böden, der Artenvielfalt, der Qualität der Lebensmittel, der Gesundheit von Tier und Mensch, der Sinnstiftung der Arbeit sowie der bäuerlichen Struktur der Landwirtschaft geht. Dennoch ist der durchschnittliche landwirtschaftliche Betrieb in der EU immer noch kleiner als 15 Hektar (Österreich: 19 Hektar, Deutschland: 56 Hektar). In den USA misst die durchschnittliche Farm 175 Hektar. Zwangshandel bedeutet, dass die durchschnittliche EU-BäuerIn die Betriebsgröße verzehnfachen muss – durch entsprechende »Produktivitätssteigerungen« –, oder sie hat keine Überlebenschance. Vor dem Hintergrund dieser Prognose kommt nun der EuGH und prüft das TTIP-Mandat. Er fragt: Fördert der Strukturschock durch Zwangshandel: die Menschenrechte? Die ökologische Nachhaltigkeit? Die Sinnerfüllung in der Arbeit? Die Verteilungsgerechtigkeit? Die Gleichberechtigung der Geschlechter? Die kulturelle Vielfalt? Die Demokratie? Ich schätze: ausnahmslos durchgefallen. Somit: rotes Licht für TTIP. So schnell wäre die Reise zu Ende gewesen, und die Seifenblase der Freihändler wäre zerplatzt.

6. Transparente und partizipative Verhandlungen

Unabhängig von der Frage, wer die Verhandlungen führt, sind in einer zeitgemäßen Demokratie nur öffentliche und volltransparente Verhandlungen akzeptabel. Die Verhandlungen werden dadurch nicht schlechter – warum auch? Der Geist, aus dem die Idee der vorteilhaften Intransparenz – ich lasse mir nicht in die Karten schauen – fließt, ist jener der Raffgier und des Gegeneinanders. Der hat beim Abschluss eines Kooperationsabkommens nichts zu suchen, die EU-Regierungen sind auf dem Holzweg mit diesem »Spirit«. Entweder wird von Beginn an transparent und partizipativ verhandelt oder gar nicht – so das Rahmenmandat. Zudem wird eine Liste aller Stakeholder erstellt, die von den Verhandlungen betroffen sind. Die Verhandlerin ist verpflichtet, VertreterInnen dieser Gruppen gleich häufig zu treffen. Der Verhandlerin ist es untersagt, Unternehmen und InteressenvertreterInnen, die nicht ins Lobby-Register eingetragen sind, zu treffen. Stehen für ein bestimmtes Thema mehrere Unternehmen zur Auswahl, kann dem Unternehmen mit dem besten Gemeinwohl-Bilanz-Ergebnis der Vorzug gegeben werden.

7. Abstimmung durch den Souverän

Das Verhandlungsergebnis wird der höchsten Instanz, in deren Namen verhandelt wird, zur Entscheidung vorgelegt. Nur wenn der Souverän dem in seinem Namen verhandelten Vertrag zustimmt, kann dieser vom Parlament ratifiziert werden. Das »Alternative Trade Mandate« der europäischen Zivilgesellschaft geht hier nicht weit genug. Es verlangt lediglich, dass das Endergebnis von den nationalen Parlamenten mit abgestimmt werden soll.[20] Dass dies eindeutig zu wenig sein kann, sahen wir beim Lissabon-Vertrag. Dieser ist das beste Beispiel für die schlimme Tatsache, dass Parlamente selbst grundlegende Vertragswerke mit maximaler Ahnungslosigkeit und Passivität durchwinken können. Nachdem die Souveräne in drei Mitgliedsstaaten *gegen* den Verfassungs- und Lissabon-Vertrag gestimmt hatten, stimmten die Parlamente *zu*. Unter anderem beschlossen sie damit, dass sie in Zukunft bei internationalen Handels- und Investitionsschutzverträgen selbst nicht mehr mitstimmen dürfen.

Allenfalls wäre zu überlegen, dass zwar grundsätzlich die Parlamente entscheiden, jedoch der Souverän, falls er dem ausverhandelten Inhalt nicht traut, die Entscheidung an sich ziehen kann. Bei den über 100 bilateralen »Freihandels- und Investitionsschutzabkommen« erscheint dieser Weg plausibel. Wenn es jedoch statt diesem – auch für die Abgeordneten – unüberschaubaren Vertragsgewirr ein einheitliches globales Handelsabkommen gäbe, wäre die Abstimmung ein einsames Ereignis in langen Zeiträumen, und der Souverän wäre nicht überfordert. Im Gegenteil, die direkte Abstimmung hätte dann den zusätzlichen Vorteil, dass die Souveräne über die grundlegenden Inhalte der Handelspolitik Bescheid wüssten. Ob ethischer Handel oder Freihandel, zählt jedenfalls zu solch ganz grundlegenden Entscheidungen. Entscheidend ist, dass in einer souveränen Demokratie der Souverän das letzte Wort haben kann – wenn er dies wünscht.

Postdemokratie (aktuell)	Souveräne Demokratie (Alternative)
Verfassungsgrundlage von der Vertretung des Souveräns – Rahmenmandat zum »Abbau von Zollschranken und anderen Schranken«	(Alternative) Verfassungsgrundlage vom Souverän – (alternatives) Rahmenmandat vom Souverän
Verhandlungsmandat kommt vom Rat (nicht direktdemokratisch legitimiert) auf Empfehlung der Kommission (dito)	Verhandlungsmandat ergeht vom Parlament (direktdemokratisch legitimiert) an den Handelsausschuss
Mandat wird nicht geprüft	EuGH prüft Vertragskonformität des Mandats
Kommission kann das Begehren des Souveräns zur Rücknahme des Verhandlungsmandats für unzulässig erklären	Begehren zur Rücknahme des Mandats führt ab einer in der Verfassung definierten Erfolgsschwelle zu einer Volksabstimmung über den Abbruch der Verhandlungen
Keine verpflichtende unabhängige Folgenabschätzung	Drei unabhängige Folgenabschätzungsstudien prüfen Legitimität und Zielkonformität
Geheime Verhandlungen	Verhandlungen vollkommen transparent
Verhandlerin trifft, wen sie will	Kommission ist verpflichtet, alle betroffenen Sektoren der Bevölkerung nach einem gesetzlichen Protokoll in die Verhandlungen einzubeziehen
Rat entscheidet auf Vorschlag der Kommission, ob nationale Parlamente mit abstimmen dürfen	Souverän entscheidet, ob die Handelspolitik ausschließliche Kompetenz der EU ist, gemischte Kompetenz oder Kompetenz der Mitgliedsstaaten
Souverän ist von der Abstimmung ausgeschlossen	Souverän hat das letzte Wort – entweder standardmäßig oder dann, wenn er es will

2. Demokratische Genese des (Wirtschafts-)Völkerrechts

Die Zeiten, in denen Regierungen und Parlamente systematisch gegen die Interessen der Bevölkerung agieren können, sollten wir ein für alle Mal hinter uns lassen. Damit es nicht passieren kann, dass die Vertretungen der Souveräne
- Zwangshandelsabkommen geheim verhandeln und selbst beschließen;
- diese hochoffiziell mit David Ricardo begründen;
- Konzernen Klagerechte geben und die Menschenrechte schwächer schützen;
- eine Handelsorganisation ohne Kartellbehörde gründen;
- systemrelevante Banken dulden und retten;
- den US-Dollar als Weltleitwährung akzeptieren;
- freien Kapitalverkehr in Steueroasen beschließen;
- den Eintrag ins Lobby-Register auf freiwillige Basis stellen;
- Patente auf Lebewesen zulassen;
- gentechnisch veränderte Lebensmittel nicht kennzeichnen lassen;

bedarf es der radikalen Demokratisierung der internationalen Politik. Ein Meilenstein auf dem Weg der globalen Emanzipation ist die Übergabe der Grundsatzentscheidungen über das Völkerrecht an die Souveräne.

2a) Demokratischer Verfassungsprozess

Das Herzstück einer souveränen Demokratie ist ein demokratischer Prozess zur Überarbeitung und Präzisierung der Verfassung – die Wahrnehmung des ersten souveränen Grundrechtes.

In den vorgeschlagenen dezentralen Wirtschaftskonventen würden die wichtigsten Fragen eines Politikfeldes von einer demokratisch konstituierten Hundertschaft von BürgerInnen in mehreren Alternativen aufbereitet. Die Bevölkerung wird während des Prozesses laufend informiert und zur Mitsprache eingeladen. Am Jahresende werden die finalen Alternativen von der Bevölkerung »systemisch konsensiert«. Dieses innovative Entscheidungsverfahren wurde von zwei Mathematikern der Universität Graz entwickelt, es überzeugt in der Anwendung. Seine beiden entscheidenden Vorteile sind: Es werden mehrere Alternativen abgestimmt, mindestens aber zwei: der Ist-Zustand und eine Alternative dazu. Die Zahl der zur Wahl stehenden Alternativen ist grundsätzlich nicht begrenzt. Diese Methode erlaubt es, die ganze Breite an Positionen und Werten einer demokratischen Gemeinschaft abzubilden und transparent zu machen. Gleichzeitig verhindert die Vielfalt, dass sich die gesamte politische Energie auf einen Vorschlag zuspitzt und die Bevölkerung in zwei Lager »dafür« und »dagegen« aufspaltet, was eine kampfähnliche Situation herbeiführt, in der Sensibilität und Differenzierung verlorengehen.

Bei den zur Wahl stehenden Alternativen wird nicht die Zustimmung gemessen, sondern der Widerstand. Es gewinnt derjenige Vorschlag, der den geringsten Widerstand in der Bevölkerung hervorruft. Hinter dieser Methode steckt eine tiefe Weisheit: Jede Regel, egal ob Freihandel, Protektionismus oder irgendeine andere Alternative, löst bei einem Teil der Menschen Widerstand aus, weil sie ihre Freiheit einschränkt: in höherem oder geringerem Maße. Das ist unvermeidlich, keine Regel macht alle vollkommen glücklich. Jede Regel löst einen gewissen Schmerz aus. Die Methode des systemischen Konsensierens erlaubt es, diejenige Regel zu finden, die den geringsten Summenschmerz in der Bevölkerung auslöst, weil sie die Freiheit aller Menschen zusammen betrachtet am geringsten einschränkt und deshalb den geringsten Widerstand auslöst. Das Geniale an diesem Verfahren ist, dass ein schon ziemlich guter Vorschlag, der die vorhandenen Interessen und Bedürfnisse weitgehend ausgleicht, aber noch irgendetwas – einen Wert, eine Randgruppe, eine Rücksichtnahme – übersehen hat, schwerkraftgleich von einem noch besseren Vorschlag, der auch diesen Aspekt noch berücksichtigt und integriert, »unterboten« wird (an Schmerz und Widerstand). Polarisierende Vorschläge, die zum Beispiel einer starken Gruppe, aber eben nur dieser Vorteile verschaffen, werden sofort am Widerstand aller anderen scheitern: Friedman, Bhagwati, Pegida, Trump, Freihandel und Protektionismus haben keine Chance. Gewinnen wird hingegen derjenige Vorschlag, der die meisten Rücksichten nimmt: der das Gemeinwohl maximiert. Oder, wer es so lieber hat: der den Schaden an Freiheit und Gemeinwohl so gering wie möglich hält.

Im Herbst stünden die Verfassungspositionen der betreffenden Gemeinde, des Bezirks oder Landkreises fest. Das wird zum einen gebührend gefeiert, zum anderen wird eine Person gewählt, die das Ergebnis im Bundeskonvent vertritt und mit den anderen Delegierten weiterbearbeitet. Der Bundeskonvent könnte konstituiert sein, nachdem 100 dezentrale Konvente ihre Delegierten entsandt haben. Dieser führt die lokalen Ergebnisse zusammen, synthetisiert sie und konsensiert die finalen Varianten zu den 20 fundamentalen Fragestellungen. Diese werden am Ende in einem Verfassungsreferendum systemisch konsensiert. Die siegreichen Vorschläge, die beim jeweiligen Thema den geringsten Widerstand auslösen, gehen in die zukünftige Verfassung ein – so entsteht die erste demokratische Wirtschaftsverfassung. In anderen Fällen, über die Nachbargemeinden, die Geldverfassung oder, in diesem Fall, die Handelsverfassung. Fluchtpunkt dieses Prozesses ist die erste souveräne (Gesamt-)Verfassung.

2b) Handelspolitischer Konvent

Eine mögliche Variante wäre, dass je 100 Gemeinden sich eines Themas annehmen, wie zum Beispiel der Handelspolitik. Bei rund 20 Politikfeldern wären insgesamt 2000 dezentrale Konvente nötig – doch in jeder Kommune nur einer! In Österreich gibt es rund 2300 Gemeinden, das würde gut passen. In Deutschland könnten je zehn Landkreise ein Thema bearbeiten, womit insgesamt zwei Drittel aller Landkreise beteiligt wären. Ziel ist die maximale Einbindung des Souveräns. Es werden ohnehin nicht alle Menschen in einem Konvent sitzen, sondern nur gewählte Personen. Aber je mehr Konvente tagen, desto mehr Menschen haben die Möglichkeit, in einem Konvent direkt mitzugestalten und nicht erst an den Abstimmungen – dezentral und bundesweit – teilzunehmen. In Bezug auf den Wahlmodus für die Konventsmitglieder liegen bisher vier Modelle vor: 1. Zufallswahl gewichtet nach Alter, Geschlecht und Beruf; 2. Delegation durch alle größeren Vereine in der Kommune/Region; 3. Persönliche Wahl mit freier Kandidatur nach Sammlung einer Mindestanzahl von Unterstützungsunterschriften; 4. Wer kommt, macht mit. Die Idee der GWÖ ist, alle vier Methoden – und auch weitere, so sie auftauchen – auszuprobieren, wissenschaftlich zu beobachten und zu evaluieren, welche Methode am besten funktioniert. Diese kann dann beim formal gültigen bundesweiten Konventprozess angewandt werden.

2c) TTIP-freie Gemeinden voran

Am Beginn werden voraussichtlich informelle Konvente stehen, die zwar vom Gemeinderat anerkannt und unterstützt werden, jedoch vermutlich nicht sofort vom Bundestag oder vom österreichischen Parlament mit Zweidrittelmehrheit. Das ist allerdings das Ziel, um den Prozess formal auf Basis der aktuellen Verfassungen zu legitimieren. Dennoch wird schon der erste informelle Konvent ein kraftvolles politisches Signal aussenden, allein schon aufgrund der Tatsache, dass er von den BürgerInnen organisiert wurde – und entsprechende Nachahmung finden. Sobald eine kritische Masse von informellen Konventen stattgefunden hat, wird es nur noch eine Frage der Zeit sein, bis die Parlamente diesen Prozess formal billigen und legitimieren.

Die Parade-Kandidaten für Pilotprojekte mit einem kommunalen Handelskonvent sind TTIP- und CETA-freie Kommunen, die sich per Gemeinderatsbeschluss oder BürgerInnen-Entscheid gegen

TTIP und CETA ausgesprochen haben. Sie könnten nach dem Niederringen unliebsamer Zwangshandelsabkommen als nächsten Schritt das Projekt der Gestaltung eines zukunftsfähigen Handelssystems angehen. Dieses Buch enthält einen *inhaltlichen* Leitfaden für einen kommunalen Handelskonvent; ein Vorschlag für den *Ablauf* desselben ist auf der Website der Gemeinwohl-Ökonomie zum kostenlosen Download bereit.[21] Alle Kommunen sind herzlich eingeladen, diese beiden Werkzeuge der Demokratie anzuwenden und damit die Weltpolitik ein Stück weit mitzugestalten.

Eine zweite naheliegende Gruppe sind Gemeinwohl-Gemeinden. Ihnen stehen nun bereits drei konkrete Konvente zur Auswahl: Wirtschaftskonvente, Geldkonvente und nun ein Handelskonvent. Aber auch LA21-Gemeinden, Klimaschutz-Gemeinden, gentechnik- oder pestizidfreie Gemeinden, BürgerInnen-Beteiligungs-Gemeinden und ähnlich politisch aktive Gemeinden sind praktisch prädestiniert für einen demokratischen Handelskonvent nach dem Scheitern von TTIP und CETA.

2d) Jugendkonvente

Als weitere Option könnten Kommunen, denen die politische Bildung und das gesellschaftspolitische Engagement ihrer Jugend am Herzen liegt, eigene Jugendkonvente oder -parlamente organisieren, um die Meinung des zukünftigen Souveräns zu erfahren. Ich bin mir ziemlich sicher, dass die Jungen in vielen völkerrechtlichen Grundsatzentscheidungen anders vorgehen würden als die aktuellen Regierungen und Parlamente. Auch wenn dem nicht so ist: Allein das herauszufinden wäre ein lohnendes politisches Bildungs- und Demokratieprojekt. Wenn »die Bürger das Recht haben müssen, dass ihre Belange wahrgenommen werden«, dann sollte das auch für die Jugend gelten. Jugendkonvente müssen nicht zwingend von der Kommune organisiert werden, dazu eignen sich auch Vereine, Organisationen, Gewerkschaften, Kirchen und Bildungseinrichtungen. Die GWÖ-Jugend ist dabei, ein geeignetes Format für unterschiedliche AnwenderInnen zu entwickeln, in Anlehnung an Jugendparlamente, die bereits in zahlreichen Kommunen mit großem Erfolg stattgefunden haben.

3. Ermutigende Beispiele

3a) Bericht von der WU Wien

Ich unterrichte seit 2008, an der Wirtschaftsuniversität Wien als externer Lektor im Bereich »Zukunftsfähiges Wirtschaften«. Zu Beginn hieß meine Lehrveranstaltung »Globalisierungskritik in Theorie und Praxis«, derzeit heißt sie »Gemeinwohl-Ökonomie und andere Alternativen«. Meine Ziele in dieser Lehrveranstaltung sind a) das Aufzeigen, dass Wirtschaft theoretisch und praktisch nicht auf Naturgesetzen beruht, sondern auf sich wandelnden Ideensystemen und politischen Entscheidungen; b) das Aufzeigen von vielfältigen Alternativen zum Status quo; c) die Ermutigung zur Bildung einer Urteilsfähigkeit und eigenen Meinung; d) das selbständige und kreative Nachdenken über zukünftige Alternativen.

Eine meiner Sternstunden bisher war, als die Studierenden verschiedene Modelle der Handelspolitik »systemisch konsensierten«. Eines von verschiedenen Themen, die wir behandeln, ist der Welthandel. Ich war überzeugt, dass »Freihandel« gewinnen würde – es handelte sich überwiegend um StudentInnen der Betriebswirtschaftslehre. Wie immer um mehrere Alternativen bemüht, leistete ich zunächst Kritik am Freihandel – der einzigen Option, die sie aus dem bisherigen Unterricht kannten. Dann versuchte ich darzustellen, dass die KritikerInnen des Freihandels keine ProtektionistInnen seien, auch wenn sie oft reflexhaft als solche dargestellt werden. Beispielsweise verorteten mich in einer der zahlreichen Mediendebatten sowohl der ehemalige Chefökonom der österrei-

chischen Industriellenvereinigung, Erhard Fürst, als auch der Leiter des Nachhaltigkeitszentrums der Wirtschaftsuniversität Wien, Fred Luks, mit meinen Vorschlägen in »Nordkorea«.[22] Diese Option charakterisierte ich mit »Handel ist schlecht« (je weniger Handel, desto besser = Protektionismus). Als dritte Alternative stellte ich meine Vorstellung von »Ethischem Handel« vor (Handel ist ein Mittel zum Zweck). Danach stimmten wir ab. Hier ist das Ergebnis:
Freihandel: 28 Widerstandsstimmen
Protektionismus: 44 Widerstandsstimmen
Ethischer Handel: 0 Widerstandsstimmen
Ein so klares Ergebnis hat mich wirklich überrascht. Wenn nach nur zwei Stunden Diskussion über die Vor- und Nachteile verschiedener Optionen ethischer Handel sich so glasklar gegen Freihandel durchsetzt, dann wäre das Ergebnis in der Gesamtbevölkerung garantiert nicht weniger deutlich – angesichts der Klagen prominenter Ökonomen, dass die breite Bevölkerung bzw. Nicht-ÖkonomInnen dem Freihandel so wenig abgewännen, sowie eindrücklicher Umfrage-Ergebnisse. Das würde aber bedeuten, dass in direktdemokratischen Abstimmungen Freihandel und Protektionismus keine Chance hätten – und ethischer Handel oder eine noch bessere Alternative gewinnen würde.

Selbstverständlich frage ich stets auch, ob jemand noch einen vierten oder fünften Vorschlag habe, und dieser wird genauso selbstverständlich abgestimmt. Einmal machte ein Student den Vorschlag, dass ethischer Handel »auf freiwilliger Basis« als weitere Option abgestimmt werden sollte. Ergebnis: Der Widerstand dagegen war exakt gleich hoch wie gegen Freihandel.

3b) Diplomarbeit über Geldreform-Vorschläge

Ein weiteres ermutigendes Beispiel ist eine Master-Thesis an der Universität Kassel, welche sich dem Fragebogen des Geld-Buches, völlig analog zum hier gemachten Fragebogen, widmete. 121 TeilnehmerInnen aus der Schweiz, der EU und anderen Ländern beantworteten nicht weniger als 30 Fragen – zu den Themen Demokratisches Design des Geldsystems, Zielvorgabe für Banken, Kreditvergaberegeln und Geldschöpfung. In 92,6 Prozent der Fälle stimmten die ProbandInnen mit meinen Vorschlägen überein – die jedoch im Fragebogen nicht gekennzeichnet waren und in allen (!) Fällen von den aktuell gültigen Entscheidungen der Parlamente abweichen. Vorgeschlagen wurden zum Beispiel eine Größengrenze für Banken, Kredite nur für reale Geschäfte, eine ethische Kreditprüfung sowie Übertragung des Geldschöpfungsmonopols auf die Zentralbanken. Mein Favorit: Den Vorschlag »Das Gemeinwohl sollte oberstes Ziel einer Bank sein« lehnten 14 Prozent der Befragten ab, 68 Prozent stimmten zu.[23]

3c) Begrenzung der Ungleichheit

In rund 20 Staaten spielte ich bisher bei Vorträgen und Workshops den »Demokratischen Konvent« mit der Beispielfrage »Begrenzung der Ungleichheit bei Einkommen« durch. Das Publikum macht Vorschläge vom Faktor 1 (heißt: Die Höchsteinkommen dürfen maximal das Einfache des Mindesteinkommens betragen, also gleich hoch sein) bis zum Faktor »unlimited« (heißt: Es soll keine Grenze für die Ungleichheit geben). Alle Vorschläge – in der Regel fünf bis zehn – werden systemisch konsensiert. In verlässlichen 90 Prozent der Fälle gewinnt der Faktor 10: Die Höchsteinkommen dürfen bis zum Zehnfachen der Mindesteinkommen betragen. Dieses Ergebnis kam bisher von Skandinavien über Großbritannien und die USA bis Lateinamerika zustande, zuletzt in der Handelskammer Santiago de Chile. Zum Vergleich: Die von den Parlamenten verantwortete aktuelle Ungleichheit zwischen den Höchst- und Mindesteinkommen beträgt in der Schweiz das 900-Fache, in Österreich das 1150-Fache, in Deutschland das 6000-Fache und in den USA das 360 000-Fache (Daten der Gemeinwohl-Ökonomie).

4. Fragen an den Handelskonvent

Für die Handelspolitik schlage ich zwölf Themen mit insgesamt 20 Fragestellungen vor – als konkreten und praktischen Leitfaden für handelspolitische Konvente aller Größen und Formate.

Thema 1: Ziel des Wirtschaftens
1A: Die Mehrung des Kapitals ist das Ziel aller wirtschaftlichen Aktivitäten. Das Gemeinwohl ist ein Nebeneffekt, der sich von selbst ergibt (»Chrematistik«). WP: ___ von 10
1B: Die Mehrung des Gemeinwohls ist das Ziel aller wirtschaftlichen Aktivitäten. Kapital und Geld sind Mittel dazu (»Ökonomie«). WP: ___ von 10

Thema 2: Rolle und der Stellenwert des Handels
2A: Handel ist eine hohe Wirtschaftsfreiheit und damit ein übergeordnetes Ziel, dem die Menschen- und Arbeitsrechte, Umweltschutz, soziale Sicherheit und Zusammenhalt, untergeordnet werden (»Freihandel«). WP: ___ von 10
2B: Handel ist ein Mittel, das den Zielen Menschenrechte, Umweltschutz, gerechte Verteilung, sozialer Zusammenhalt dient und diesen untergeordnet wird (»Ethischer Handel«). WP: ___ von 10
2C: Internationale Arbeitsteilung und Handel sind abzulehnen, Länder sollen ihre Grenzen für den Waren- und Dienstleistungsverkehr schließen (»Protektionismus«). WP: ___ von 10

3A: Zollschranken und andere Handelsschranken sollen schrittweise abgebaut werden (»EU-Vertrag«). WP: ___ von 10
3B: Zölle sind ein Steuerungsinstrument der Handels- und Wirtschaftspolitik und je nach Ziel gezielt, differenziert und dosiert einzusetzen (»Ethischer Welthandel«). WP: ___ von 10

Thema 3: Ort der Regelung des Welthandels

4A: Handel soll innerhalb der Vereinten Nationen geregelt werden, unter Abstimmung mit den Menschen- und Arbeitsrechten, Umweltschutzabkommen, Klimaschutz, kulturelle Vielfalt, Ernährungssouveränität, Begrenzung der Ungleichheit u. a. (»UNO-Ansatz«). WP: ___ von 10

4B: Handel soll außerhalb der Vereinten Nationen geregelt werden, denn die Menschen- und Arbeitsrechte, Umwelt- und Klimaschutz sind »handelsfremde Themen«, von deren Erfüllung der freie Handel nicht abhängen darf (»WTO-Ansatz«). WP: ___ von 10

4C: Es braucht überhaupt keine internationale Regelung des Handels. Weder inner- noch außerhalb der Vereinten Nationen (»Anti-Globalisierungs-Ansatz«). WP: ___ von 10

Thema 4: Auf welcher Ebene sollen Abkommen angestrebt werden?

5A: Die EU soll versuchen, ein einheitliches Handelssystem auf multilateraler Ebene zu entwickeln, auch wenn dies nicht rasch vorangeht (»UNO-Ansatz«). WP: ___ von 10

5B: Die EU soll möglichst rasch möglichst viele bilaterale oder regionale Abkommen abschließen (»CETA-TTIP-Ansatz«). WP: ___ von 10

5C: Die EU soll ohne Priorität auf allen Ebenen gleich ehrgeizig versuchen, Handelsabkommen zu schließen (»WTO/UNO-CETA-TTIP-Ansatz«). WP: ___ von 10

Thema 5: Verhandlungsprozess

6A: Das Rahmenmandat – die übergeordneten Ziele, deren Erreichung unabhängig evaluiert werden muss – kommt vom Souverän (souveräne Demokratie). WP: ___ von 10

6B: Das Rahmenmandat kommt von EU-Rat, EU-Parlament und den Parlamenten der Mitgliedsstaaten (Lissabon-Vertrag). WP: ___ von 10

Das **unmittelbare Verhandlungsmandat** kommt

7A:	vom EU-Rat	WP: ___ von 10
7B:	vom EU-Parlament	WP: ___ von 10
7C:	vom EU-Parlament unter Zustimmung der Parlamente der Mitgliedsstaaten	WP: ___ von 10
8A:	Der Verhandlungsprozess verläuft geheim.	WP: ___ von 10
8B:	Der Verhandlungsprozess verläuft transparent.	WP: ___ von 10
9A:	Die verhandelnde Instanz kann sich treffen, mit wem sie will.	WP: ___ von 10
9B:	Die verhandelnde Instanz muss alle betroffenen Sektoren der Bevölkerung nach einem vorgegebenen Protokoll konsultieren und in die Verhandlungen einbeziehen.	WP: ___ von 10
10A:	Über das Verhandlungsergebnis entscheiden EU-Rat und EU-Parlament.	WP: ___ von 10
10B:	Über das Verhandlungsergebnis entscheiden die EU-Institutionen und die Parlamente der EU-Mitgliedsstaaten.	WP: ___ von 10
10C:	Über das Verhandlungsergebnis entscheidet der Souverän.	WP: ___ von 10

Thema 6: Ethische Zölle zum Schutz der Menschenrechte, Arbeitsrechte, Umwelt und Gesundheit

11A: Die Regierung soll sich an einem Handelssystem beteiligen, in dem sich Länder, die folgende UN-Abkommen ratifiziert haben und einhalten, gegenüber Ländern, die diese Abkommen nicht ratifizieren und einhalten, mit Zollaufschlägen schützen:

Menschenrechte	WP: ___ von 10
Arbeitsrechte	WP: ___ von 10
Umweltschutzabkommen	WP: ___ von 10
Kulturelle Vielfalt	WP: ___ von 10
Unternehmenspflichten	WP: ___ von 10

Steuerdatenaustausch WP: ___ von 10
HNWI-Steuer (zum Beispiel ein Prozent) WP: ___ von 10

11B: Die Regierung soll sich an einem Handelssystem beteiligen, unabhängig davon, ob die Handelspartner folgende UN-Abkommen ratifiziert haben und einhalten:
Menschenrechte WP: ___ von 10
Arbeitsrechte WP: ___ von 10
Umweltschutzabkommen WP: ___ von 10
Kulturelle Vielfalt WP: ___ von 10
Unternehmenspflichten WP: ___ von 10
Steuerdatenaustausch WP: ___ von 10
HNWI-Steuer (zum Beispiel ein Prozent) WP: ___ von 10

Thema 7: Globale Institutionen

12A: Globale Märkte benötigen globale Institutionen. Deshalb soll die multilaterale Handels- und Wirtschaftsordnung aufweisen (»Global-Governance-Ansatz«):
Kartellbehörde WP: ___ von 10
Weltsteuerbehörde WP: ___ von 10
Finanzmarktaufsicht WP: ___ von 10
Clearing Union WP: ___ von 10

12B: Märkte regulieren sich selbst am besten. Es braucht daher für den Weltmarkt keine (»Die-Welt-ist-flach-Ansatz«)
Kartellbehörde WP: ___ von 10
Weltsteuerbehörde WP: ___ von 10
Finanzmarktaufsicht WP: ___ von 10
Clearing Union WP: ___ von 10

Thema 8: Ausgeglichene Handelsbilanzen

13A: Abweichungen von Handelsbilanzen werden nicht korrigiert – sie sind das Ergebnis des freien Kräftespiels auf den Märkten (»Laissez-faire-Ansatz«). WP: ___ von 10

13B: Alle Staaten verpflichten sich zu ausgeglichenen Handelsbilanzen, um die Weltwirtschaft im Gleichgewicht zu halten. Kleine und vorübergehende Abweichungen werden toleriert, größere und längere Abweichungen progressiv sanktioniert – mit Zinsen, günstigen Krediten der Überschuss- an die Defizitländer sowie der Aufwertung/Abwertung der Wechselkurse (»Keynes-Ansatz«). WP: ___ von 10

Thema 9: Reziprozität – Gleichbehandlung von Entwicklungsländern?

14A: Von Ländern unterschiedlichen Wohlstandsniveaus wird keine »symmetrische« oder reziproke Öffnung und Liberalisierung erwartet. Länder mit geringerem Industrialisierungs-/Diversifizierungsgrad dürfen Erziehungszölle und andere »Infant Industry Policy«-Maßnahmen ergreifen und ihre Märkte in höherem Maß schützen (»Nichtreziprozität zwischen Ungleichen«). WP: ___ von 10

14B: Gleiches Recht für alle. Alle Teilnehmer an einem multilateralen Handelssystem müssen grundsätzlich symmetrisch Zölle abbauen und ihre Märkte öffnen (»Reziprozität zwischen Ungleichen«). WP: ___ von 10

Thema 10: Demokratischer Handlungsspielraum

15A: Beschränkungen der demokratischen Regulierungskompetenz, wie zum Beispiel das Verbot von Subventionen, einheitliche Regeln für die öffentliche Beschaffung, das Verbot oder die Einschränkung der Regulierung ausländischer Investitionen oder der Zwang zum Schutz geistiger Eigentumsrechte, dürfen Bestandteile des multilateralen Handelssystems sein (»Zwangsjacken-Ansatz«). WP: ___ von 10

15B: Beschränkungen der demokratischen Regulierungskompetenz, wie zum Beispiel das Verbot von Subventionen, einheitliche Regeln für die öffentliche Beschaffung, das Verbot oder die Einschränkung der Regulierung ausländischer Investitionen oder der Zwang zum Schutz geistiger Eigentumsrechte, dürfen nicht Bestandteile des multilateralen Handelssystems sein (»Autonomie-Ansatz«). WP: ___ von 10

Thema 11: Vorrang für lokale Märkte und Resilienz

16A: Kommunen, Landkreise, Regionen und Staaten dürfen lokale Wirtschaftskreisläufe fördern und Vorrang geben vor fernen und globalen Wirtschaftsbeziehungen (»Ökonomische Subsidiarität«). WP: ___ von 10

16B: Es darf keinen Vorrang für lokale oder regionale Wirtschaftskreisläufe oder -beziehungen geben (»level playing field«). WP: ___ von 10

17A: Alle Länder sollen sich auf die Produktion von Gütern und Dienstleistungen spezialisieren, bei denen sie komparative Vorteile haben, und den Rest importieren (»Spezialisierungs-Ansatz«). WP: ___ von 10

17B: Alle Länder sollten versuchen, möglichst viele Güter und Dienstleistungen selbst herzustellen, und den Handel wohldosiert als Ergänzung und Stimulus nutzen (»Resilienz-Ansatz«). WP: ___ von 10

Thema 12: Regulierung von Konzernen und Eigentum

18A: Unternehmen, die auf dem Weltmarkt mitspielen wollen, müssen eine Gemeinwohl-Bilanz erstellen. Deren Ergebnis entscheidet über günstigeren oder teureren Marktzugang (»Gemeinwohl-Ansatz«). WP: ___ von 10

18B: Alle Unternehmen erhalten einheitlich freien Marktzugang, unabhängig von ihren ethischen Leistungen (»Märkte-sind-wertfrei-Ansatz«). WP: ___ von 10

19A: Unternehmen, die Zugang zum Weltmarkt wollen, dürfen einen bestimmten Weltmarktanteil (zum Beispiel ein Prozent) und eine bestimmte Größe (zum Beispiel 50 Milliarden Euro Umsatz oder Bilanzsumme) nicht überschreiten (»Liberaler Ansatz«). WP: ___ von 10

19B: Die Eigentumsfreiheit darf nicht durch die Vorgabe von Größengrenzen beschnitten werden (»Eigentum-ist-heilig-Ansatz«). WP: ___ von 10

20A: Internationale Handels- und Wirtschaftsabkommen sollen ausschließlich Privateigentum schützen und mit Rechten ausstatten (»Kapitalismus-Ansatz«) WP: ___ von 10

20B: Internationale Handels- und Wirtschaftsbeziehungen sollen für Vielfalt unter den Eigentumsformen sorgen (öffentliches, privates, kollektives, Gesellschafts- und Nichteigentum), alle Formen schützen und allen Formen Pflichten, Bedingungen und Grenzen auferlegen (»Kulturelle-Vielfalt-Ansatz«). WP: ___ von 10

Dank

Ich danke Pia Eberhardt (Corporate Europe Observatory), Peter Fuchs (Power Shift), Magdalena Hanke (TdU Wien), Harald Klimenta (wissenschaftlicher Beirat von Attac Deutschland), Karin Küblböck (Österreichische Forschungsstiftung für Entwicklungszusammenarbeit), Jürgen Meier (Forum Umwelt und Entwicklung), Manfred Nowak (Ex-UNO-Sonderberichterstatter über Folter), Kunibert Raffer (Universität Wien), Gerardo Wijnant (Fair Trade und GWÖ Chile) sowie Gerd Zeitler (Wirtschaftsdidakt) für Anregungen, Materialhinweise und die Durchsicht von Manuskriptteilen und ihre wertvollen Verbesserungsvorschläge.

Ein weiteres Mal bedanke ich mich beim Deuticke-Team rund um Bettina Wörgötter für dieses achte gemeinsame Buch, dessen Planung, Entwicklung und Produktion wie immer große Freude bereitet hat.

Anmerkungen

I. Einleitung

1 SAMUELSON (2004b).
2 KRUGMAN (1987), 131.
3 BHAGWATI (2003), 9–10.
4 BHAGWATI (2003), 5.
5 BERTELSMANN STIFTUNG (2016), 7.
6 OGM-Umfrage. Die Presse, 6. September 2016.
7 STIGLITZ (2006), 132.
8 ORF online, 25. Juli 2016.
9 STIGLITZ (2006), 90.
10 RODRIK (2011), 239.
11 WTO (2013), 47, und WTO (2015), 17.
12 FELBERMAYR/HEID/LEHWALD (2013), 10.
13 EUROPÄISCHE KOMMISSION (2016), 2.
14 FRIEDMAN (2000), 105.
15 FRIEDMAN (2000), 104
16 FRIEDMAN (2000), 106
17 SAMUELSON (2004a/b).
18 EU (2014) und GD Haushalt: http://ec.europa.eu/taxation_customs/facts-figures/customs-duties-mean-revenue_de
19 WORLD CUSTOMS ORGANISATION (2016), 22, 29, 36, 46 und 52.
20 WTO (2013), 56.
21 UNDP (2005), 115.
22 WORLD CUSTOMS ORGANISATION (2016), 22–23.
23 STIGLITZ (2006), 95.
24 STIGLITZ (2006), 92.
25 DIERKSMEIER (2016).
26 EUROPÄISCHE KOMMISSION (2006), 5.
27 MORRIS (2002), 163.

II. Entstehung und Kritik der Freihandelsreligion

1 SMITH (2005), 351 und 370.
2 SMITH (2005), 368.
3 SMITH (2005), 371–372.
4 SMITH (2005), 371–372.
5 RICARDO (2006), 114.
6 RICARDO (2006), 115.
7 RICARDO (2006), 116.
8 DIERKSMEIER/PIRSON (2009).
9 KIRCHGÄSSNER (2013), 152 ff.
10 FÄSZLER (2007), 210.
11 WTO (2016). Englisches Original: »single most powerful insight into economics«.
12 SAMUELSON (1969), 1–11.
13 INTERIM COMMISSION FOR AN INTERNATIONAL TRADE ORGANISATION (1948), Art. 4 (Zahlungsbilanzen), 7 (Faire Arbeitsstandards) sowie 55–66 (Inter-Regierungs-Rohstoff-Abkommen).
14 MONBIOT (2003), 236.
15 WTO: »Understanding the WTO: The case for open trade«: https://www.wto.org/english/thewto_e/whatis_e/tif_e/fact3_e.htm, abgerufen am 30. Juli 2016.
16 DALY/COBB (1994), 222.
17 SMITH (2005), 371.
18 DALY (1994).
19 EUROPÄISCHE KOMMISSION (2016), 15.
20 MORRIS (2002), 169.
21 ZEITLER (2006), 87.
22 RICARDO (2006), 116.
23 RICARDO (2006) 114–117. Vgl. RICHTER (2004).
24 SMITH (2005), 371.
25 ULRICH (2005), 36.
26 ZEITLER (2006), 94.
27 ALTVATER/MAHNKOPF (1999), 158–159.
28 ZEITLER (2006), 88.
29 WUPPERTAL INSTITUT (2005), 101.
30 WTO (2013), 66.
31 WUPPERTAL INSTITUT (2005), 148.
32 Matthew Allen: »Die Kosten des Frankenschocks«, Swissinfo.ch, 14. Januar 2016.
33 Statistisches Bundesamt, Pressemitteilung 40/16 vom 9. Februar 2016.

34 https://www.wto.org/english/res_e/reser_e/cadv_e.htm, abgerufen am 1. Oktober 2016.
35 Nach der Ricardo-Logik würde ein Land die ganze Welt mit Kartoffeln beliefern, ein weiteres mit Mais, ein drittes mit Erdbeeren, ein viertes mit Wein ...
36 Bundesgesetz zur Förderung der Stabilität und des Wachstums in der Wirtschaft (StabG) vom 8. Juni 1967.
37 IWF, World Economic Outlook, Oktober 2015
38 RODRIK (2011), 355.
39 SMITH (2005), 17.
40 WUPPERTAL INSTITUT (2005), 71.
41 WACKERNAGEL/BEYERS (2010), 19 ff.
42 WWF (2014), 35, und WWF (2016), 77.
43 www.footprintnetwork.org/ecological_footprint_nations/ecological_per_capita.html
44 WORLD RESOURCES INSTITUTE (2005), 1–6.
45 WWF (2016b), 9.
46 WWF (2016a), 19 und 27.
47 MARTÍNEZ-ALIER (2002) und MARTÍNEZ-ALLIER/OLIVERES (2010).
48 WORLD RESOURCES INSTITUTE (2005), 1–6.
49 PAECH (2012), 83.
50 JACKSON (2011), 87.
51 WUPPERTAL INSTITUT (2005), 71.
52 WUPPERTAL INSTITUT (2005), 64.
53 WTO (2015), 17.
54 BÖGE (1992).
55 KLIMENTA (2016).
56 ZEITLER (2006), 110.
57 UNDP (2005), 127.
58 ILO (2004), 41.
59 UNDP (1999), 31.
60 CHRISTIAN AID (2005), 6–7.
61 WUPPERTAL INSTITUT (2005), 99.
62 UNITED NATIONS (2015), 9–10.
63 BAIROCH (1993), 89.
64 STIGLITZ (2006), 109.
65 Patrick Herman und Richard Kuper: »Food for Thought: Towards a Future for Farming«, London 2003, XIII.
66 UNDP (2014), 38.
67 STIGLITZ (2016).

68 JAKOBS (2016), 669.
69 CAPGEMINI (2016), 8–10, und eigene Berechnungen.
70 OXFAM (2016), 2.
71 RODRIK (2011), 91.
72 ROGOFF (2005), 2.
73 MARTIN/SCHUMANN (1996), 17.
74 ZEITLER (2006), 94.
75 Der Standard, 31. Dezember 2004.
76 Der Standard, 24. Februar 2005.
77 Der Standard, 19. April 2004.
78 Die Presse, 18. Juni 2005.
79 Der Standard, 31. Oktober 2006.
80 Der Standard, 27. August 2004.
81 Profil, 17. März 2008.
82 Interview in: Die Presse, 20. Januar 2007.
83 Der Standard, 10. März 2007.
84 Der Standard, 21. Juli 2005.
85 DRÄGER (2005), 19.
86 ATTAC (2006), 69.
87 BPB: Zahlen und Fakten Globalisierung.
88 ROACH (2007), 3.
89 UNCTAD (2009), 1.
90 www.statista.com
91 STIGLITZ (2006), 86.
92 Adrian Rehn: »6 Mega Corporations Control Almost the Entire Global Cigarette Industry«, in: Mic, 12. Februar 2014. https://mic.com/articles/81365/6-mega-corporations-control-almost-the-entire-global-cigarette-industry#.2n00tEMVn
93 Süddeutsche Zeitung, 14. Oktober 2015.
94 ETCGROUP (2008), 4, 11 und 15.
95 Kathrin Werner: »Bei Bayer und Monsanto reden auf beiden Seiten dieselben Investoren mit«, in: Süddeutsche Zeitung, 21. September 2016.
96 VITALI/GLATTFELDER/BATTISTON (2011), 6.
97 VITALI/GLATTFELDER/BATTISTON (2011), 7–8.
98 DALY (1994).
99 ZEITLER (2006), 93.
100 GALLUP (2013), 13.
101 SCHEIDLER (2015).
102 SMITH (2005), 10.
103 Anm. d. Autors: Karl Marx schrieb später: »Das Sein bestimmt das Bewusstsein.«

104 SMITH (2005), 662.
105 BAIROCH (1993), 16.
106 BAIROCH (1993), 30–35.
107 CHANG (2003), 24.
108 BAIROCH (1993), 55.
109 CHANG (2016).
110 CHANG (2003), 25.
111 LIST (1841), 476.
112 LIST (1841), 499.
113 LIST (1841), 283.
114 LIST (1841), 499.
115 LIST (1841), 62.
116 LIST (1841), 53 und 61.
117 BAIROCH (1993), 53.
118 BAIROCH (1993), 50–53.
119 CHANG (2003), 128–129.
120 STIGLITZ (2004), 218.
121 BHAGWATI (1998).
122 SAMUELSON (2004b).

III. Die inhaltliche Alternative: Ethischer Welthandel

1 Bernhard Kempen: »Das europäisch-kanadische Freihandelsabkommen CETA: Verfassungswidrig?«, Münchner Seminar am ifo-Institut am 5. Dezember 2016.
2 UNDP (2005), 113.
3 MANDER/CAVANOUGH (2003), 338 und 348.
4 Lisa Nienhaus: »Falsche Gegner«, in: Die Zeit, 20. Oktober 2016.
5 Othmar Lahodinsky: »CETA: Feindbild Freihandel«, in: Profil, 30. Oktober 2016.
6 Andreas Exner: »Solidarische Ökonomien statt Gemeinwohl-Ökonomie«, Social Innovation Network (online), 17. Juli 2011. www.social-innovation.org/?p=2548, oder Christian Zeller: »Gemeinwohl-Ökonomie«, scharf-links.de, 12. Dezember 2013.
7 Wirtschaftskammer Österreich: »Gemeinwohl-Ökonomie auf dem Prüfstand. Eine umfassende und kritische Analyse«, Dossier Wirtschaftspolitik, 27. August 2013.
8 Wissenschaftliche Arbeitsgruppe für weltkirchliche Aufgaben der Deutschen Bischofskonferenz (2006), 23.
9 Zitiert in BRUNI/ZAMGANI (2013), 74.

10 https://www.mitgruenden.at/
11 MISEREOR (2015), 8–9.
12 www.gnhcentrebhutan.org/what-is-gnh/gnh-today/a-policy-screening-tool/, abgerufen am 9. Oktober 2016.
13 DEUTSCHER BUNDESTAG (2013), 28.
14 BUNDESUMWELTMINISTERIUM/UMWELTBUNDESAMT (2015), 22 und 35.
15 FELBER (2014).
16 WUPPERTAL INSTITUT (2005), 204.
17 Henry Samuel: »US punishes France with Roquefort tariff«, in: The Telegraph, 16. Januar 2009; Matthew Dalton: »U.S. Drops Tariffs on Roquefort«, in: The Wall Street Journal, 7. Mai 2016.
18 EUROPÄISCHE KOMMISSION (2006), 10.
19 EUROPÄISCHE KOMMISSION (2006), 11.
20 BODE (2015), 78.
21 U.S. CHAMBER OF COMMERCE (2013), 5.
22 DEUTSCHER RICHTERBUND (2016), 1.
23 EUROPÄISCHE KOMMISSION (2011), 4.
24 Christian Felber: »Warnung vor einer neuen TTIP-Finte«, in: Der Standard, 6. Dezember 2015.
25 PINZLER (2016).
26 UNCTAD (2014), 125.
27 http://investmentpolicyhub.unctad.org/ISDS
28 Vgl. FELBER (2014), 28–33.
29 ATTAC MÜNCHEN (o.J.).
30 PINZLER (2015), 162.
31 Arbitrator and counsel: the double-hat syndrome, Global Arbitration Review, Vol. 7 – Issue 2, 3/15/12.
32 CORPORATE EUROPE OBSERVATORY (2012), 9.
33 UNCTAD (2014), 114.
34 Markus Becker: »Ein Schritt zur Zerstörung der EU«, Spiegel online, 25. Oktober 2016.
35 KLIMENTA (2006), 245.
36 MANDER/CAVANOUGH (2003), 348–349.
37 ZEITLER (2006), 121.
38 SLIWKA/ROSIK-KÖLBL (2007).
39 SAMUELSON (2004a), 143.
40 DAVIS (2009), 5.
41 Reuters, 29. Juli 2016.
42 ORF online, 15. November 2016.
43 STIGLITZ (2006), 125.

44 STIGLITZ (2006), 128.
45 https://treaties.un.org/Pages/ViewDetails.aspx?src=TREATY&mtdsg_no=IV-4&chapter=4&lang=en
46 MIRETSKI/BACHMANN (2012), 12.
47 KOZMA/NOWAK/SCHEININ (2010).
48 KOZMA/NOWAK/SCHEININ (2010), 9–10.
49 KOZMA/NOWAK/SCHEININ (2010), 29.
50 UNDP (2015), 6.
51 https://www.evb.ch/kampagnen-aktionen/eilaktionen/rana-plaza-fabrikeinsturz-in-bangladesch/
52 Felicity Lawrence: »Costco and CP Foods face lawsuit over alleged slavery in prawn supply chain«, in: The Guardian, 19. August 2015.
53 www.ilo.org/dyn/normlex/en/f?p=NORMLEXPUB:10011:0::NO::P10011_DISPLAY_BY,P10011_CONVENTION_TYPE_CODE:2,F
54 STAHLMANN (2015) und SEIDEL/SEIFERT/WINTER (2015).
55 STAHLMANN (2015), 13.
56 www.harmonywithnatureun.org/rightsofnature.html
57 www.rightsofnature.eu/
58 PAECH (2012), 100–101.
59 SEIDL/ZAHRNT (2010).
60 PAECH (2012).
61 http://steadystate.org/discover/definition/
62 Johan Schloemann: »Ödnis statt Vielfalt«, in: Süddeutsche Zeitung, 20. Februar 2015.
63 HERRMANN (2010), MARTERBAUER (2011).
64 TJN: »TJN responds to new OECD report on automatic information exchange«, Pressemitteilung, 13. Februar 2014.
65 EUROPÄISCHES PARLAMENT (2016).
66 ZUCMAN (2014), 12–14 und 87.
67 CAPGEMINI (2016), 7–8.
68 OXFAM INTERNATIONAL/DEVELOPMENT FINANCE INTERNATIONAL (2015), 30.
69 WEED (2016), 1.
70 Der Standard, 24. Dezember 2015.
71 UNITED NATIONS (2009), 96.
72 RADERMACHER/(2011), 338.
73 GIEGOLD (2003), 62.
74 EURODAD (2016), 36.
75 KORTEN (1995), 56–57.
76 BAKAN (2005), 13.
77 STEPHENS (2002), 55.

78 KORTEN (1995), 59.
79 STEPHENS (2002), 57.
80 DEUTSCHE BISCHOFSKONFERENZ (2006), 32.
81 MONBIOT (2014).
82 EUCKEN (2012), 85.
83 REINHART/ROGOFF (2008), 32.
84 STIGLITZ (2002), 244.
85 BERENSMANN/HERZBER (2007), 2-3.
86 RAFFER (2011), 84.
87 KEYNES (1943).
88 Lionel Robbins zitiert nach MONBIOT (2003), 178.
89 KEYNES (1943), 20.
90 KEYNES (1943), 27.
91 KEYNES (1943), 36.
92 STIGLITZ (2002), KLEIN (2007), FELBER (2006).
93 GEORGE (2007).
94 MONBIOT (2003), 185.
95 UNITED NATIONS (2009), 110.
96 HERRMANN (2016).
97 FRITZ (2005), 7.
98 FRITZ (2005), 8.
99 TORTORA (2003), 5.
100 RAFFER (2005), 10.
101 STIGLITZ (2006), 112.
102 Pressemitteilung Oxfam Deutschland, 20. Dezember 2015.
103 MONBIOT (2003), XX.
104 RODRIK (2011), 355.
105 RODRIK (2011), 20.
106 RODRIK (2011), 17.
107 RODRIK (2011), 264-266.
108 RODRIK (2011), 310, 326 und 318.
109 DALY (1994).
110 DOUTHWAITE/DIEFENBACHER (1997), 60.
111 KEYNES (1933), 755.
112 KEYNES (1933).
113 GOLDSMITH (2002), 487.
114 KLIMENTA (2016b).
115 HOPKINS (2014).
116 INTERNATIONALE ARBEITSORGANISATION (2004), X.
117 BAKAN (2005), 139.
118 BAKAN (2005), 153-158.

119 KORTEN (1995), 276.
120 Grundgesetz für die Bundesrepublik Deutschland, Art. 14 (2).
121 Enzyklika Populorum Progressio 1967, Rundschreiben von Papst Paul VI, Rn 23.
122 THE PEOPLES TREATY WORKING GROUP (2014), 7.
123 HONEGGER/NECKEL/MAGNIN (2010).
124 EMMERIJ/JOLLY (2009), 1.
125 UN SUB-COMMISSION ON THE PROMOTION AND PROTECTION OF HUMAN RIGHTS (2003).
126 Ebenda, Art. 18.
127 MIRETSKI/BACHMANN (2012), 13.
128 Australiens permanente Botschaft bei der UNO, zitiert in MIRETSKI/BACHMANN (2012), 33.
129 ICC/IAE (2004), 44.
130 Allgemeine Erklärung der Menschenrechte, Präambel.
131 CAMPAGNA (2004), 2018–2019 und 2023.
132 STEPHENS (2002), 71 und 73.
133 STEPHENS (2002), 82.
134 CAMPAGNA (2004), 1251.
135 MIRETSKI/BACHMANN (2012), 17.
136 MIRETSKI/BACHMANN (2012), 34.
137 UNITED NATIONS HUMAN RIGHTS OFFICE TO THE HIGH COMMISSIONER (2014), 8.
138 CAMPAGNA (2004), 1248.
139 UNITED NATIONS HUMAN RIGHTS COUNCIL (2014): »Resolution 26/9 adopted by the Humans Rights Council«, 26. Juni 2014.
140 MARTENS/SEITZ (2016), 5 und 49.
141 FELBER (2012).
142 FELBER (2016).
143 MIES/WERLHOF (1998).

IV. Die prozessuale Alternative: Souveräne Demokratie

1 www.christian-felber.at/schaetze.php
2 FELBER (2014), 38.
3 CROUCH (2008).
4 Die Weimarer Verfassung trat am 14. August 1919 in Kraft; die österreichische Bundesverfassung am 1. Oktober 1920.
5 Robert Menasse: »Der Europäische Landbote«, Zsolnay, 2012. Christian Felber: »Retten wir den Euro!«, Deuticke, 2012.

6 EUROPÄISCHE KOMMISSION (2005), 2–3.
7 RAT DER EUROPÄISCHEN UNION (2013), 2 und 3.
8 VAEU, Art. 218, Abs. 2.
9 EUROPÄISCHE KOMMISSION (2013).
10 www.corporateeurope.org/international-trade/2014/07/who-lobbies-most-ttip
11 https://www.ecogood.org/de/gemeinwohl-bilanz/gemeinwohl-matrix/
12 Der Rechtstext zur Bürgerinitiative ist bemerkenswert: »Im Sinne dieser Verordnung bezeichnet ›Bürgerinitiative‹ eine Initiative, die der Kommission gemäß dieser Verordnung vorgelegt wird und in der die Kommission aufgefordert wird, im Rahmen ihrer Befugnisse geeignete Vorschläge zu Themen zu unterbreiten, zu denen es nach Ansicht von Bürgern eines Rechtsakts der Union bedarf, um die Verträge umzusetzen (…).« Art. 2 der Verordnung des Europäischen Parlaments und des Rates vom 16. Februar 2011 über die Bürgerinitiative (EU 211/2011).
13 EUROPÄISCHE KOMMISSION (2014), 2 und 3.
14 www.stop-ttip.org/
15 EUROPÄISCHE KOMMISSION (2014), 4.
16 www.sk-prinzip.eu/
17 www.gemeinwohl-oekonomie.org/sites/default/files/Konvent-Leitfaden-GW%C3%96-Gemeinde.pdf
18 FELBER/HEINDL (2015).
19 EUROPÄISCHE KOMMISSION (2013), 37–38.
20 THE ALTERNATIVE TRADE MANDATE (2013), 7.
21 https://www.ecogood.org/de/gemeinwohl-bilanz/gemeinden/
22 Erhard Fürst: »Katastrophe Gemeinwohlökonomie«, Der Standard, 17. April 2016. Fred Luks: »Schulbuch-Posse: Meinung oder Wissen«, Der Standard, 8. April 2016.
23 SCHMITT (2015), 36, 52 und 77–78.

Literatur

ALTVATER, Elmar/MAHNKOPF, Birgit (1999): »Grenzen der Globalisierung. Ökonomie, Ökologie und Politik in der Weltgesellschaft«, 6. Auflage, Westfälisches Dampfboot, Münster.
ATTAC MÜNCHEN (o. J.): »Materialsammlung: Fallbeispiele zu Konzernklagen gegen Staaten«, München.
BAIROCH, Paul (1993): »Economics and World History – Myths and Pardoxes«, The University of Chicago Press.
BAKAN, Joel (2005): »The Corporation. The Pathological Pursuit of Profit and Power«, Free Press, New York.
BERENSMANN, Kathrin/HERZBERG, Angélique (2007): »Insolvenzrecht für Staaten: Ein Vergleich von ausgewählten Vorschlägen«, Discussion Paper 9/2007, Deutsches Institut für Entwicklungspolitik, Bonn.
BERNSTEIN, Jared/WALLACH, Lori (2016): »The New Rules of the Road: A Progressive Approach to Globalization. The new president needs a fresh approach to trade«, in: The American Prospect, 22. September 2016.
BERTELSMANN STIFTUNG (2016): »Einstellungen zum globalen Handel und TTIP in Deutschland und den USA«, GED Study, Gütersloh.
BERTHELOT, Jacques (2014): »Unfair Trade. Die neuen Wirtschaftsabkommen mit der EU übervorteilen die westafrikanischen Länder«, in: Le Monde diplomatique, 11. September 2014. Im Netz: https://monde-diplomatique.de/artikel/!297495
BETZ, Thomas (2010): »Keynes' Bancor-Plan reloaded. Eine moderne Idee kommt endlich in Mode«, Zeitschrift für Sozialökonomie, 164/165. Folge, S. 38–49.
BHAGWATI, Jagdish (1998): »Free Trade: What now?«, Keynote auf dem International Management Symposium, Universität St. Gallen, 25. Mai 1998.
BHAGWATI, Jagdish (2003): »Free Trade Today«, Princeton University Press, Princeton/Oxford.
BODE, Thilo (2015): »Die Freihandelslüge. Warum TTIP nur den Konzernen nützt – und uns allen schadet«, Deutsche Verlags-Anstalt, München.
BÖGE, Stefanie (1992): »Auswirkungen des Straßengüterverkehrs auf den Raum. Die Erfassung und Bewertung von Transportvorgängen in einem Produktlebenszyklus«, Diplomarbeit am FB Raumplanung der Universität Dortmund.

BROT FÜR DIE WELT (2014): »Nachhaltige Handelspolitik statt TTIP. Das EU-USA-Freihandelsabkommen birgt Gefahren für den Süden«, Aktuell 39, Oktober 2014.
BRUNI, Luigi/ZAMAGNI, Stefano (2013): »Zivilökonomie. Effizienz, Gerechtigkeit, Gemeinwohl«, Ferdinand Schöningh, Paderborn.
BUNDESUMWELTMINISTERIUM/UMWELTBUNDESAMT (2015): »Umweltbewusstsein in Deutschland 2014«, Berlin, März 2015.
CAMPAGNA, Julie (2004): »United Nations Norms on the Responsibilities of Transnational Corporations and Other Business Enterprises with Regard to Human Rights: The International Community Asserts Binding Law on the Global Rule Makers«, in: The John Marshall Law Review, Volume 37, Issue 4, Sommer 2004, S. 1205–1252.
CAPGEMINI (2016): »World Wealth Report 2016«, Paris.
CHANDLER, Sir Geoffrey (2004): »Response to the joint views of the International Chamber of Commerce (ICC) and International Organisation of Employers (IOE) on the United Nations Human Rights Norms for Companies«, Stellungnahme, 1. April 2004. Im Netz: www.reports-and-materials.org/Chandler-response-to-IOE-ICC-April04.htm
CHANG, Ha-Joon (2003a): »Kicking Away the Ladder. Development Strategy in Historical Perspective«, Anthem Press, London/New York.
CHANG, Ha-Joon (2003b): »Was der Freihandel mit einer umgestoßenen Leiter zu tun hat«, in: Le Monde diplomatique, 13.6.2003, S. 12–13.
CORPORATE EUROPE OBSERVATORY (CEO)/TRANSNATIONAL INSTITUTE (TNI) (2012): »Profiting from Injustice. How law firms, arbitrators and financiers are fuelling an investment arbitration boom«, Studie, 76 Seiten, Brüssel.
CROUCH, Colin (2008): »Postdemokratie«, Suhrkamp, Frankfurt am Main.
DALY, Herman (1994): »Die Gefahren des freien Handels«, Spektrum der Wissenschaft 1/1994, S. 40.
DALY, Herman E./COBB, John B., Jr. (1994): »For the Common Good. Redirecting the Economy toward Community, the Environment, and a Sustainable Future«, Beacon Press, 2., aktualisierte Auflage, Boston.
DEUTSCHE BISCHOFSKONFERENZ (2006): »Welthandel im Dienst der Armen«, Studie der Sachverständigengruppe »Weltwirtschaft und Sozialethik«, herausgegeben von der wissenschaftlichen Arbeitsgruppe für weltkirchliche Aufgaben der Deutschen Bischofskonferenz, Bonn.
DEUTSCHER BUNDESTAG (2013): »Schlussbericht der Enquete-Kommission ›Wachstum, Wohlstand, Lebensqualität – Wege zu nachhaltigem Wirtschaften und gesellschaftlichem Fortschritt in der Sozialen Marktwirtschaft‹«, Drucksache 17/13300, 3. Mai 2013.

DEUTSCHER RICHTERBUND (2016): »Stellungnahme zur Errichtung eines Investitionsgerichts für TTIP – Vorschlag der Europäischen Kommission vom 16.09.2015 und 12.11.2015«, Nr. 4/Februar 2016, Berlin.

DIERKSMEIER, Claus/PIRSON, Michael (2009): »*Oikonomia* Versus *Chrematistike*, Learning from Aristotle About the Future Orientation of Business Management«, Journal of Business Ethics, Volume 88, Issue 3, September 2009, S. 417–430.

DIERKSMEIER, Claus (2016): »Qualitative Freiheit. Selbstbestimmung in weltbürgerlicher Verantwortung«, transcript Verlag, Bielefeld.

DOUTHWAITE, Richard/DIEFENBACHER, Hans (1998): »Jenseits der Globalisierung. Handbuch für lokales Wirtschaften«, Matthias-Grünewald-Verlag, Mainz.

DRÄGER, Klaus (2005): »Alternativen zur Lissabon-Strategie in der EU. Europa braucht eine integrierte Nachhaltigkeitsstrategie«, in: »Widerspruch« 48/1. Halbjahr 2005, S. 17–29.

DUNN, Malcolm M. (2004): »Is Free Trade Passé? An Evolutionary-Economic Answer to a Current Debate«, am 2. Juli 2004 gehaltener Vortrag am Jahrestreffen des »Evolutorischen Ausschusses« des Vereins für Socialpolitik, Universität Potsdam.

EBERHARDT, Pia (2014): »Investitionsschutz am Scheideweg. TTIP und die Zukunft des globalen Investitionsrechts«, Internationale Politikanalyse der Friedrich-Ebert-Stiftung, Mai 2014.

EKARDT, Felix (2007): »Ökozölle als erste Umwelt-Hilfe. Nationale Alleingänge sind auch ohne globale Klima-Abkommen möglich – trotz des globalen Wettbewerbs«, Frankfurter Rundschau vom 13. November 2007, S. 13.

EKARDT, Felix (2015): »Der Klimaschutz ist die große Herausforderung der gesamten Menschheit«, in: TheEuropean.de, 16. Dezember 2015. Im Netz: www.theeuropean.de/felix-ekardt/10601-warum-klimaschutz-draengender-denn-je-wird

EMMERIJ, Louis/JOLLY, Richard (2009): »The UN and Transnational Corporations«, UN Intellectual History Project, Briefing Note Nr. 17, Juli 2009.

ETC GROUP (2008): »Who Owns Nature? Corporate Power and the Final Frontier in the Commodification of Life«, Communiqué Issue #100, Kanada, November 2008.

EUCKEN, Walter (2012): »Wirtschaftsmacht und Wirtschaftsordnung«, Londoner Vorträge zur Wirtschaftspolitik mit zwei Vorträgen zur Monopolpolitik, herausgegeben vom Walter-Eucken-Archiv, LIT Verlag, Berlin.

EURODAD (Koord.) (2016): »Survival of the Richtest. Europe's role in supporting an unjust global tax system 2016«, Studie, Brüssel.

EUROPÄISCHE KOMMISSION (2005): »Der Beitrag der Kommission in der Zeit der Reflexion und danach: Plan D für Demokratie, Dialog und Diskussion«, Brüssel, 13. Oktober 2005.

EUROPÄISCHE KOMMISSION (2006): »Ein wettbewerbsfähiges Europa in einer globalen Welt. Ein Beitrag zur EU-Strategie für Wachstum und Beschäftigung«, Mitteilung, Brüssel, 4. Oktober 2006.

EUROPÄISCHE KOMMISSION (2011a): »A Trade SIA Relating to the Negotiation of a Comprehensive Economic and Trade Agreement (CETA) between the EU and Canada«, Brüssel, Juni 2011.

EUROPÄISCHE KOMMISSION (2011b): »Recommendation from the Commission to the Council on the modification of the negotiating directives for an Economic Integration Agreement with Canada in order to authorise the Commission to negotiate, on behalf of the Union, on investment«, erweitertes CETA-Verhandlungsmandat, Dokument 9036/09, Brüssel, 14. Juli 2011. Öffentlich gemacht am 15. Dezember 2015.

EUROPÄISCHE KOMMISSION (2013): »Impact Assessment Report on the future of EU-US trade relations«, Commission Staff Working Document, 12. März 2013.

EUROPÄISCHE KOMMISSION (2014a): Letter to Michael Efler: »Your request for registration of a proposed citizens' initiative entitled ›STOP TTIP‹«, Brüssel, 10. September 2014.

EUROPÄISCHE KOMMISSION (2014b): »The EU customs union. Protecting people and facilitating trade«, aus der Reihe »The European Union explained«, Brüssel, November 2014.

EUROPÄISCHE KOMMISSION (2016): »Die Vorteile von CETA. Umfassendes Wirtschafts- und Handelsabkommen (CETA) zwischen der EU und Kanada«, Propaganda-Broschüre, Luxemburg.

EUROPÄISCHES PARLAMENT (2016): »MEPs call for tax haven blacklist, patent box rules, CCCTB and more«, Pressemitteilung, 6. Juli 2016.

FÄSZLER, Peter E. (2007): »Globalisierung. Ein historisches Kompendium«, UTB-Taschenbuch, Böhlau, Weimar/Köln/Wien.

FELBER, Christian (2006): »50 Vorschläge für eine gerechtere Welt. Gegen Konzernmacht und Kapitalismus«, Deuticke, Wien.

FELBER, Christian (2012): »Gemeinwohl-Ökonomie. Eine demokratische Initiative wächst«, 2., überarbeitete und aktualisierte Auflage, Deuticke, Wien.

FELBER, Christian (2014): »TTIP: Alle Macht den Konzernen?«, Hanser, E-Book, München.

FELBER, Christian/HEINDL, Gisela (Mitarbeit) (2015): »Verfassungen und Gemeinwohl«, in: PFEIL, Walter/URNIK, Sabine (Hg.): »Gesellschaftliche Verantwortung und Gemeinwohl als Unternehmensziele«, Manz, Wien, S. 15–42.

FELBERMAYR/Gabriel, HEID/Benedikt, LEHWALD/Sybille (2013): »Die Transatlantische Handels- und Investitionspartnerschaft (THIP): Wem nützt ein transatlantisches Freihandelsabkommen? Teil I: Makroökonomische Effekte«, Studie der Bertelsmann-Stiftung, Gütersloh.

FLASSBECK, Heiner (2016): »Deutschland ist der größte Sünder«, Kommentar in: taz, 15. April 2016.

FRIEDMAN, Thomas L. (2000): »The Golden Straitjacket«, in: »The Lexus and the Olive Tree«, NY Anchor Books, New York, S. 101–111.

FRIEDMAN, Thomas L. (2008): »Die Welt ist flach. Eine kurze Geschichte des 21. Jahrhunderts«, Suhrkamp Taschenbuch, Frankfurt am Main.

FRITZ, Thomas (2005): »Sonder- und Vorzugsbehandlung für Entwicklungsländer«, Global Issue Paper Nr. 18, im Auftrag von Germanwatch und Heinrich-Böll-Stiftung, Juli 2005.

GALLUP (2013): »State of the American Workplace 2013«, Washington, DC.

GEORGE, Susan (2007): »Zurück zu Keynes in die Zukunft«, in: Le Monde diplomatique, deutsche Ausgabe Nr. 8173, 12. Januar 2007.

GIEGOLD, Sven (2003): »Steueroasen: trockenlegen! Die verborgenen Billionen für Entwicklung und soziale Gerechtigkeit heranziehen«, VSA-Verlag, Hamburg.

GOLDSMITH, Edward (2002): »Das letzte Wort: Ein persönlicher Kommentar«, in: GOLDSMITH/MANDERS (2002), S. 485–500.

HABISCH, André/POPAL, Pia (2013): »Ethik und Globaler Handel«, in: Aus Politik und Zeitgeschichte, Bundeszentrale für Politik und Bildung, 63. Jahrgang, 1–3/2014, 30. Dezember 2013, S. 3–8.

HERRMANN, Ulrike (2010): »Hurra, wir dürfen zahlen! Der Selbstbetrug der Mittelschicht«, Westend, Frankfurt am Main.

HERRMANN, Ulrike (2016): »Geschichte und theoretische Grundlagen des internationalen Freihandels«, Bundeszentrale für Politische Bildung, Debatte »Freihandel und Protektionismus«, 8. September 2016.

HERSEL, Philipp (1997): »Das Londoner Schuldenabkommen und die aktuelle HIPC-Initiative der Weltbank. Ein Vergleich der ökonomischen Rahmenbedingungen und ihrer Berücksichtigung beim Schuldenmanagement«, Studie der Berliner Landesarbeitsgemeinschaft Umwelt und Entwicklung, Berlin, August 1997.

HINES, Colin (2000): »Localization. A Global Manifesto«, Routledge, London.

HONEGGER, Claudia/NECKEL, Sighard/MAGNIN, Chantal (2010): »Strukturierte Verantwortungslosigkeit. Berichte aus der Bankenwelt«, Suhrkamp, Berlin.

HOPKINS, Rob (2014): »Einfach. Jetzt. Machen! Wie wir unsere Zukunft selbst in die Hand nehmen«, oekom, München.

ICC/IAE (2004): »Joint views of the IOE and ICC on the draft ›Norms on the responsibilities of transnational corporations and other business enterprises with regard to human rights‹«, Positionspapier, 1. März 2004.

ILO (2004): »Eine faire Globalisierung. Chancen für alle schaffen«, Bericht der Weltkommission für die soziale Dimension der Globalisierung, Genf.

ILO (2006): »Tripartite Declaration of Principles concerning Multinational Enterprises and Social Policy. 4th edition«, Genf.

INTERIM COMMISSION FOR THE INTERNATIONAL TRADE ORGANISATION (1948): »Final Act and Related Documents of the United Nations Conference on Trade and Employment«, stattgefunden in Havanna von 21. November 1947 bis 24. März 1948 (beinhaltet die »Havanna Charta for an International Trade Organisation«), Lake Success, New York, April 1948.

IRWIN, Douglas A. (1990): »Free Trade at Risk? A Historical Perspective«, Board of Governors of the Federal Reserve System International Finance Discussion Papers, Nr. 391, Dezember 1990.

JACKSON, Tim (2011): »Wohlstand ohne Wachstum. Leben und Wirtschaften in einer endlichen Welt«, oekom, München.

JAKOBS, Hans-Jürgen (2016): »Wem gehört die Welt? Die Machtverhältnisse im globalen Kapitalismus«, Knaus, München.

KANT, Immanuel (1977): »Zum ewigen Frieden. Ein philosophischer Entwurf«. Immanuel Kant: Werke in zwölf Bänden. Herausgegeben von Wilhelm Weischedel. Band 11, Suhrkamp, Frankfurt am Main, S. 195.

KAPELLER, Jakob/SCHÜTZ, Bernhard/TAMESBERGER, Dennis: »Von freien zu zivilisierten Märkten. Ein New Deal für die europäische Handelspolitik«, Policy Brief 5/2015 der Europäischen Gesellschaft für Europapolitik, 9. Februar 2015.

KAPELLER, Jakob (2016): »Internationaler Freihandel: Theoretische Ausgangspunkte und empirische Folgen«, in: WISO 1/2016, S. 100–122.

KEYNES, John Maynard (1930): »Economic possibilities of our grand children«, Essays in Persuasion, New York: W. W. Norton & Co., 1963, S. 358–373.

KEYNES, John Maynard (1933): »National Self-Sufficiency«, The Yale Review, Vol. 22, Nr. 4 (Juni 1933), S. 755–769.

KEYNES, John Maynard (1943): »Proposals for an International Cleaning Union«, in: International Monetary Fond: »The International Monetary Fond 1945–1965. Twenty Years of International Monetary Cooperation. Volume III: Documents«, edited by J. Keith Horsefield, Washington 1969, S. 17–36.

KIRCHGÄSSNER, Gebhard (2013): »Homo Oeconomicus. Das ökonomische Modell individuellen Verhaltens und seine Anwendung in den Wirtschafts- und Sozialwissenschaften«, Mohr Siebeck, 4., ergänzte und aktualisierte Auflage, Tübingen.

KLEIN, Naomi (2007): »Die Schock-Strategie. Der Aufstieg des Katastrophen-Kapitalismus«, S. Fischer, Frankfurt am Main.

KLIMENTA, Harald (2006): »Das Gesellschaftswunder. Wie wir Gewinner des Wandels werden«, Aufbau-Verlag, Berlin.

KLIMENTA, Harald/FISAHN, Andreas u. a. (2014): »Die Freihandelsfalle. Transatlantische Industriepolitik ohne Bürgerbeteiligung – das TTIP«, AttacBasisTexte 45, VSA-Verlag, Hamburg.

KLIMENTA, Harald (2016a): »Was hilft es, nur Freihandelsverträge anzuprangern?«, in: Telepolis, 29. Juni 2016. Im Netz: www.heise.de/tp/druck/mb/artikel/48/48573/1.html

KLIMENTA, Harald (2016b): »Weniger Freihandel wagen«, in: Telepolis, 29. Oktober 2016.

KORTEN, David (1995): »When Corporations Rule the World«, Kumarian Press/Berrett-Koehler Publishers, West Hartford/San Francisco.

KOZMA, Julia/NOWAK, Manfred/SCHEININ, Martin (2010): »A World Court of Human Rights – Consolidated Statute and Commentary«, Studienreihe des Ludwig Boltzmann Instituts für Menschenrechte, Band 22, Neuer Wissenschaftlicher Verlag, Wien/Graz.

KRUGMAN, Paul R. (1987): »Is Free Trade Passe?«, in: The Journal of Economic Perspectives, Volume 1, Issue 2 (Herbst 1987), S. 131–144.

LIST, Friedrich (1841): »Das nationale System der politischen Ökonomie. Erster Band: Der internationale Handel, die Handelspolitik und der deutsche Zollverein«, J. G. Cotta'scher Verlag, Stuttgart-Tübingen.

MANDER, Jerry/GOLDSMITH, Edward (2002): »Schwarzbuch Globalisierung. Eine fatale Entwicklung mit vielen Verlierern und wenigen Gewinnern«, Riemann, München.

MANDER, Jerry/CAVANOUGH, John (2003): »Eine andere Welt ist möglich. Alternativen zur Globalisierung«, Riemann, München.

MARTENS, Jens/SEITZ, Karolin (2016): »The Struggle for a UN Treaty. Towards global regulation on human rights and business«, Studie von Global Policy Forum und Rosa-Luxemburg-Stiftung – New York Office, Bonn/New York, August 2016.

MARTERBAUER, Markus (2011): »Zahlen bitte! Die Kosten der Krise tragen wir alle«, Deuticke, Wien.

MARTIN, Hans-Peter/SCHUMANN, Harald (1996): »Die Globalisierungsfalle. Der Angriff auf Demokratie und Wohlstand«, Rowohlt, Reinbek.

MARTÍNEZ-ALIER, Joan (2002): »The Ecological Debt«, Kurswechsel 4/2002, S. 5–16.
MARTÍNEZ-ALIER, Joan/OLIVERES, Arcadi (2010): »¿Quién debe a quién?: Deuda ecológica y deuda externa«, Icaria, Barcelona.
MEINZER, Markus (2015): »Dringender Nachbesserungsbedarf beim Gesetzentwurf zum automatischen Informationsaustausch«, Stellungnahme des Tax Justice Network für die öffentliche Anhörung des Finanzausschusses des Deutschen Bundestages zum Gesetzentwurf der Bundesregierung »zum automatischen Austausch von Informationen über Finanzkonten in Steuersachen und zur Änderung weiterer Gesetze«, 22. Oktober 2015.
MEINZER, Markus (2016): »Steueroase Deutschland. Warum bei uns viele Reiche keine Steuern zahlen«, C. H. Beck, München.
MIES, Maria/WERLHOF, Claudia (1998): »Lizenz zum Plündern. Das Multilaterale Abkommen über Investitionen MAI. Globalisierung der Konzernherrschaft – und was wir dagegen tun können«, Rotbuch Verlag, Hamburg.
MIES, Maria (2001): »Globalisierung von unten. Der Kampf gegen die Herrschaft der Konzerne«, Rotbuch Verlag, Hamburg.
MIRETSKI, Pini Pavel/BACHMANN, Sascha-Dominik (2012): »Global Business and Human Rights – The UN ›Norms on the Responsibility of Transnational Corporations and Other Business Enterprises with Regard to Human Rights‹ – A Requiem«, Deakin Law Review, Vol. 17, Nr. 1, S. 5–41.
MISEREOR (Hg.) (2015): »Weltgemeinwohl. Globale Entwicklung in sozialer und ökologischer Verantwortung. Ein interkulturelles Dialogprojekt 2012–2015«, Systematische Zusammenfassung eines gemeinsamen Projekts des kirchlichen Entwicklungshilfswerks MISEREOR (Aachen) und des Instituts für Gesellschaftspolitik IGP (München).
MONBIOT, George (2003): »United People. Manifest für eine neue Weltordnung«, Riemann, München.
MONBIOT, George (2014): »Taming corporate power: the key political issue of our age«, The Guardian, 8. Dezember 2014.
MORRIS, David (2002): »Freihandel: Der große Zerstörer«, in: GOLDSMITH/MANDER (2002), S. 163–177.
NARR, Wolf-Dieter/SCHUBERT, Alexander (1994): »Weltökonomie. Die Misere der Politik«, Suhrkamp, Frankfurt am Main.
NORBERG-HODGE, Helena (2015): »Strengthening Local Economies: The Path to Peace?«, in: Tikkun, 29. Juli 2015. Im Netz: www.tikkun.org/nextgen/strengthening-local-economies-the-path-to-peace
NOWROT, Karsten (2003): »Die UN-Norms on the Responsibility of Transnational Corporations and Other Business Enterprises with Regard

to Human Rights. Gelungener Beitrag zur transnationalen Rechtsverwirklichung oder das Ende des Global Compact?«, Beiträge zum transnationalen Wirtschaftsrecht, Institut für Wirtschaftsrecht, Juristische Fakultät, Martin-Luther-Universität Halle-Wittenberg, Heft 21/September 2003.

OXFAM (2015): »Wealth: Having it all and wanting more«, Oxfam Issue Briefing, Oxford, Januar 2015.

OXFAM INTERNATIONAL/DEVELOPMENT FINANCE INTERNATIONAL (2015): »Financing the Sustainable Development Goals. Lessons from Government Spending on the MDGs«, Research Report, May 2015.

OXFAM (2016): »An Economy for the 1 %. How privilege and power in the economy drive extreme inequality and how this can be stopped«, Briefing Paper, Oxford, 18. Januar 2016.

PAECH, Niko (2012): »Befreiung vom Überfluss. Auf dem Weg in die Postwachstumsökonomie«, oekom, München.

PAPST FRANZISKUS (2015): »Laudato si'. Über die Sorge für das Gemeinsame Haus«, Enzyklika, Rom, 24. Mai 2015.

PIKETTY, Thomas (2014): »Capital in the Twenty-First Century«, The Belknap Press of Harvard University Press, Cambridge/London.

PINZLER, Petra (2015): »Der Unfreihandel. Die heimliche Herrschaft von Konzernen und Kanzleien«, Rowohlt Taschenbuch Verlag, Reinbek.

RAFFER, Kunibert (2011): »EU-Finanzkrise – Marktlösung statt Spekulantensubvention«, Kurswechsel 3/2011, S. 83–88.

RADERMACHER, Fanz Josef/BEYERS, Bert (2011): »Welt mit Zukunft. Die ökosoziale Perspektive«, 2., überarbeitete Auflage, Murmann, Hamburg.

RANDERS, Jorgen/MAXTON, Graeme (2016): »Ein Prozent ist genug. Mit wenig Wachstum soziale Ungleichheit, Arbeitslosigkeit und Klimawandel bekämpfen«, Der neue Bericht an den Club of Rome, oekom, München.

RAT DER EUROPÄISCHEN UNION (2013): »Leitlinien für die Verhandlungen über die transatlantische Handels- und Investitionspartnerschaft zwischen der Europäischen Union und den Vereinigten Staaten von Amerika«, Brüssel, 17. Juni 2013. Öffentlich freigegeben am 9. Oktober 2014.

REINHART, Carmen M./ROGOFF, Kenneth S. (2008): »This Time is Different. A Panoramic View of Eight Centuries of Financial Crisis«, National Bureau of Economic Research Working Paper Nr. 13882, Cambridge, März 2008.

RICARDO, David (2006): »Über die Grundsätze der Politischen Ökonomie und der Besteuerung«, Metropolis-Verlag, 2., überarbeitete Auflage, Marburg.

RICHTER, Edelbert (2004): »Ricardo und die Realität des Welthandels«, in: Ossietzky 3/2004.

ROACH, Brian (2007): »Corporate Power in a Global Economy«, A GDAE Teaching Module on Social and Environmental Issues in Economics, Global Development And Environment Institute, Tufts University.

RODRIK, Dani (2011): »Das Globalisierungs-Paradox. Die Demokratie und die Zukunft der Weltwirtschaft«, C. H. Beck, München.

ROGOFF, Kenneth (2005): »Paul Samuelson's Contributions to International Economics«, Text für einen von Michael Szenberg herausgegebenen Band zu Paul Samuelsons 90. Geburtstag, Universität Harvard, 11. Mai 2005.

RÖVEKAMP, Marie/SCHUMANN, Harald (2015): »Vorzüge und Gefahren des Freihandels«, in: Tagesspiegel, 18. Oktober 2015.

SACHS, Jeffrey (2016): »The truth about trade«, in: The Boston Globe, 17. Oktober 2017.

SAMUELSON, Paul A. (1969): »The Way of an Economist«, in: P. A. Samuelson (Hg.): »International Economic Relations: Proceedings of the Third Congress of the International Economic Association«, Macmillan, London.

SAMUELSON, Paul A. (2004a): »Where Ricardo and Mill Rebut and Confirm Arguments of Mainstream Economists Supporting Globalization«, in: Journal of Economic Perspectives, Volume 18, Nummer 3, Sommer 2004, S. 135–146.

SAMUELSON, Paul A. (2004b): »Wir sollten das Tempo der Globalisierung drosseln«, Interview im Handelsblatt, 20. September 2004.

SCHAAF, Jürgen (2004): »Samuelson's criticism of free trade theory: unsuited support for globalisation opponents«, Deutsche Bank Research, Talking Point, 10. Juni 2004.

SCHEIDLER, Fabian (2015): »Das Ende der Megamaschine. Geschichte einer scheiternden Zivilisation«, Promedia, Wien.

SCHMITT, Martina (2015): »To what extent are Christian Felber's monetary reform proposals favoured by the respondents of the questionnaire?«, Master-Thesis an der Universität Kassel bei Prof. Dr. Christoph Scherrer, 20. April 2015.

SEIDEL, Eberhard/WINTER, Georg (2015): »Rechte der Natur/Biokratie«, Drei Sonderdrucke zur Vorbereitung einer Betriebswirtschaftlichen Schriftenreihe und Wissenschaftlichen Tagung am 27. November 2015 in Hamburg, Metropolis-Verlag, Marburg.

SEIDL, Irmi/ZAHRNT, Angelika (Hg.) (2010): »Postwachstumsgesellschaft. Konzepte für die Zukunft«, Metropolis-Verlag, Marburg.

SLIWKA, Manfred/ROSIK-KÖLBL, Agnieszka (Hg.) (2007): »Globale Spielregelsysteme in Wirtschaft, Politik und Sport«, echomedia Verlag, Wien.
SMITH, Adam (2005): »Der Wohlstand der Nationen. Eine Untersuchung seiner Natur und seiner Ursachen«, dtv, 11. Auflage, München.
STAHLMANN, Volker (2015): »Eigenrecht der Natur – Gewinn für wen?«, Betriebswirtschaftliche Schriften über Rechte der Natur/Biokratie, Band 4, Metropolis-Verlag, Marburg.
STEINER, Silke (2008): »Entwicklungsländer in der WTO«, Zeitschrift für Verfassung und Recht in Übersee, Hamburg, Jg. 48 (2008), Nr. 3, S. 336–354.
STEPHENS, Beth (2002): »The Amorality of Profit: Transnational Corporations and Human Rights«, Berkeley Journal of International Law, Vol. 20, Issue 1, S. 45–90.
STIGLITZ, Joseph (2002): »Die Schatten der Globalisierung«, Siedler, München.
STIGLITZ, Joseph (2004): »Die Roaring Nineties. Der entzauberte Boom«, Siedler, München.
STIGLITZ, Joseph (2006): »Die Chancen der Globalisierung«, Siedler, München.
STIGLITZ, Joseph (2016): »Die neuen Unzufriedenen der Globalisieurng«, derstandard.at, 22. August 2016.
TANDON, Yash (2016): »Handel ist Krieg. Nur eine neue Wirtschaftsordnung kann die Flüchglingsströme stoppen«, Quadriga, Köln.
TAX JUSTICE NETWORK (2014): »OECD's Automatic Information Exchange Standard: A watershed moment for fighting offshore tax evasion?«, Hintergrundpapier, United Kingdom.
THE ALTERNATIVE TRADE MANDATE ALLIANCE (2014): »Trade: Time for a new vision: The Alternative Trade Mandate«. Im Netz: http://corporateeurope.org/sites/default/files/trade-time_for_a_new_vision-print.pdf
THE PEOPLES TREATY WORKING GROUP (2014): »International Peoples Treaty on the Control of Transnational Corporations«, Base Document for Global Consultation, Dezember 2014.
TORTORA, Manuela (2003): »Special and differential treatment and development issues in the multilateral trade negotiations: The skeleton in the closet«, UNCTAD-Arbeitspapier WEB/CDP/BKGD/16, Genf, Januar 2003.
ULRICH, Peter (2005): »Zivilisierte Marktwirtschaft. Eine wirtschaftsethische Orientierung«, Herder, Freiburg.
UN SUB-COMMISSION ON THE PROMOTION AND PROTECTION OF HUMAN RIGHTS (2003): »Norms on the Responsibilities of Trans-

national Corporations and Other Business Enterprises with Regard to Human Rights«, Resolution 2003/16.

UNCTAD (2009): »UNCTAD Training Manual on Statistics for FDI and the Operations of TNCs Volume II Statistics on the Operations of Transnational Corporations UNDP (2015): ›Human Development Report 2015‹«, New York.

UNCTAD (2014): »World Investment Report 2014«, Genf.

UNDP (1999): »World Development Report 1999«, New York.

UNDP (2005): »World Development Report 2005«, New York.

UNITED NATIONS (2009): »Report of the Commission of Experts of the President of the United Nations General Assembly on Reforms of the International Monetary and Financial System«, New York, 21. September 2009.

UNITED NATIONS (2015): »Handbook on the Least Developed Country Category: Inclusion, Graduation and Special Support Measures«, 2nd edition, herausgegeben vom Committee for Development Policy und Department of Economic and Social Affairs der UNO, New York.

UNITED NATIONS HUMAN RIGHTS OFFICE TO THE HIGH COMMISSIONER (2014): »Frequently Asked Questions about the Guiding Principles on Business and Human Rights«, New York und Genf.

U.S. CHAMBER OF COMMERCE (2013): »Statement on the Transatlantic Trade and Investment Partnership to the U.S. Trade Representative«, Washington, 10. Mai 2013.

VITALI, Stefania/GLATTFELDER, James B./BATTISTON, Stefano (2011): »The network of global corporate control«, wissenschaftliche Studie, ETH Zürich, 28. Juli 2011.

WACKERNAGEL, Mathis/BEYERS, Bert (2010): »Der Ecological Footprint. Die Welt neu vermessen«, Europäische Verlagsanstalt, Hamburg.

WEED/NETZWERK STEUERGERECHTIGKEIT (2016): »Gemeinsame Stellungnahme zur Anhörung des Finanzausschusses am 19.10.2016 zum Gesetzesentwurf der Bundesregierung zur Umsetzung der Änderungen der EU-Amtshilferichtlinie und von weiteren Maßnahmen gegen Gewinnkürzungen und -verlagerungen (BT Drs. 18/9536)«, Berlin.

WEISBRODT, David/KRUGER, Muria (2003): »Norms on the Responsibilities of Transnational Corporations and Other Business Enterprises with Regard to Human Rights«, in: The American Journal of International Law, Vol. 97, S. 901–922.

WEISBROT, Mark/BAKER, Dean/KRAEV, Egor/CHEN, Judy (2001): »The Scorecard of Globalization 1980–2000: Twenty Years of Diminished Progress«, Center for Economic and Policy Research (CEPR) Briefing Paper, 11. Juli 2001.

WORLD CUSTOMS ORGANISATION (2016): »Annual Report 2015–2016«, Brüssel, 13. Juli 2016.
WORLD RESOURCES INSTITUTE (2005): »Millennium Ecosystem Assessment, 2005. Ecosystems and Human Well-being: Synthesis«, Iceland Press, Washington.
WTO (2013): »World Trade Report 2013. Factors shaping the future of world trade«, Genf, 2013.
WTO (2015): »International Trade Statistics 2015«, New York/Genf.
WTO (2016): »The case for open trade«, Understanding the WTO, Basics. Im Netz: https://www.wto.org/english/thewto_e/whatis_e/tif_e/fact3_e.htm (30. Juni 2016).
WUPPERTAL INSTITUT (2005): »Fair Future. Begrenzte Ressourcen und globale Gerechtigkeit«, C. H. Beck, München.
WWF (2014): »Living Planet Report 2014. Species and spaces, people and places«, Gland/Schweiz.
WWF (2016a): »Living Planet Report 2016. Risk and resilience in a new era«, Gland/Schweiz.
WWF (2016b): »Living Planet Report 2016. (Deutsche) Kurzfassung«, Gland/Schweiz.
ZEITLER, Gerd (2006): »Der Freihandelskrieg. Von der neoliberalen zur zivilisierten Globalisierung«, Edition Octopus, Münster.
ZUCMAN Gabriel (2014): »Steueroasen. Wo der Wohlstand der Nationen versteckt wird«, Suhrkamp, Berlin.